中等职业教育精品教材

中职生劳动教育

主　编　雷　鸣　勾　俊　马永玲
副主编　黄志华　肖文瀚　杨秀雄　周为泽
　　　　谭文富　陈华军　张　腾　伍　瑶

中国人民大学出版社
· 北京 ·

图书在版编目（CIP）数据

中职生劳动教育 / 雷鸣，勾俊，马永玲主编. --北京：中国人民大学出版社，2023.9
中等职业教育精品教材
ISBN 978-7-300-32083-0

Ⅰ.①中… Ⅱ.①雷… ②勾… ③马… Ⅲ.①劳动教育－中等专业学校－教材 Ⅳ.①G40-015

中国国家版本馆 CIP 数据核字（2023）第 143707 号

中等职业教育精品教材
中职生劳动教育
主　编　雷　鸣　勾　俊　马永玲
副主编　黄志华　肖文瀚　杨秀雄　周为泽
　　　　谭文富　陈华军　张　腾　伍　瑶
Zhongzhisheng Laodong Jiaoyu

出版发行	中国人民大学出版社		
社　　址	北京中关村大街 31 号	邮政编码	100080
电　　话	010－62511242（总编室）		010－62511770（质管部）
	010－82501766（邮购部）		010－62514148（门市部）
	010－62515195（发行公司）		010－62515275（盗版举报）
网　　址	http://www.crup.com.cn		
经　　销	新华书店		
印　　刷	北京七色印务有限公司		
开　　本	787 mm×1092 mm　1/16	版　　次	2023 年 9 月第 1 版
印　　张	14	印　　次	2024 年 1 月第 2 次印刷
字　　数	282 000	定　　价	39.00 元

PREFACE

前 言

二十大报告指出，我们要在全社会弘扬劳动精神、奋斗精神、奉献精神、创造精神、勤俭节约精神，培育时代新风新貌。要在学生中弘扬劳动精神，教育引导学生崇尚劳动、尊重劳动，懂得劳动最光荣、劳动最崇高、劳动最伟大、劳动最美丽的道理，同学们长大后能够辛勤劳动、诚实劳动、创造性劳动。要努力构建德智体美劳全面培养的教育体系，形成更高水平的人才培养体系。

可以说，劳动是人类社会存在和发展的基本条件。劳动创造世界、改变未来，同时也改变劳动者自身。卢梭曾说："在人的生活中最主要的是劳动训练。没有劳动就不可能有正常的人的生活。"劳动创造了美，它是脑力劳动和体力劳动的完美结合。

为培养中职生的劳动精神，做好劳动教育，我们编写了本书。本书包括劳动文化篇、劳动体验篇、劳动境界篇、安全与法律篇四个方面的内容，其中劳动文化篇包括劳动教育和劳动技能等内容；劳动体验篇包括日常劳动和社会劳动等内容；劳动境界篇包括劳动精神、劳模精神、工匠精神等内容；安全与法律篇包括劳动安全和与劳动相关的法律法规等内容。

本书以中等职业学校学生为授课对象，结合职业学校教学、生活实际，科学合理地选取内容，切实做到"以学生为中心"；在理论启发上切实考量学生已有的知识技能及本身具有的生活经验；书中活动设计操作性强，具有普适性与实效性。

在编写过程中，编者参考了大量的资料，广泛借鉴国内众多专家、学者的研究成果，在此表示由衷的感谢！由于编者水平、时间有限，书中还存在许多不足之处，敬请广大读者批评指正，以便不断完善和提高。

编 者
2023 年 5 月

CONTENTS

目 录

劳动文化篇

劳动体验篇

劳动境界篇

安全与法律篇

劳动文化篇

伟大的成绩和辛勤的劳动是成正比例的，有一分劳动就有一份收获，日积月累，从少到多，奇迹就可以创造出来。

——鲁迅

在劳力上劳心，是一切发明之母。事事在劳力上劳心，便可得事物之真理。

——陶行知

项目一 劳动缔造美好人生

学习目标

知识目标

了解劳动的意义。

认识当代青少年正确的劳动观。

了解劳动教育的主要内容。

了解劳动教育的意义与目标。

能力目标

理解劳动的价值。

体悟新时代劳动的新内涵。

理解职业学校劳动教育的意义。

素质目标

在生活中体会“劳动缔造美好人生”的含义。

认识到劳动不分贵贱，热爱劳动，尊重普通劳动者。

在日常生活中培养自己的实干精神。

能够自觉做到热爱劳动，学会生活、感恩生活，继承中华民族的传统美德。

榜样示范

甘于奉献的“农民院士”

1977 年，有一位青年走进云南农业大学开始了学农、为农之路；2015 年，有一位院士在澜沧县竹塘乡云山村蒿枝坝带领老乡开启了致富之路。他就是我国植物病理学专家、中国工程院院士——朱有勇。

朱有勇 1977 年进入云南农业大学学习植物保护专业，1982 年获得农学学士学位，之后留校任教，并加入中国共产党。他开创性地从栽培角度探索了利用生物多样性时空优化配置控制病虫害的新途径。几十年来，他坚持信念、学农爱农、潜心研究、开拓创新，把论文写在广袤的祖国大地上，一生坚守在农业这片热土之上。他曾说自己是农民的孩子。他读博士时被称为“农民博士”，当选院士时被称为“农民院士”，现在是乡亲们的“农民教授”，一辈子都在为农民服务。他把“家”安在了田间地头，把自己的劳动成果无偿传授给村民，让村民摆脱贫困，用科技托起强国梦。

他注重发展绿色农业。追溯世界农业历史，依赖化学农药控制作物病虫害的历史不足百年。然而在几千年的传统农业生产中，农民靠什么控制病虫害？为了解答这道难题，朱有勇开始了数十年的科学探索之路。

作物品种单一化大面积种植易造成病虫害爆发流行，这是世界农业生产的重大难题。如何既减少农药用量又控制病虫害，这个命题难倒了世界农科专家。

经过 30 多年的研究，朱有勇和他的团队逐渐掌握了生物多样性是如何控制病虫害的科学原理。“天拉长、地拉宽、站好队、换好位”。朱有勇将生物多样性抗病虫害的机理，编成简单的十二字顺口溜。改变播种节令，打破传统的农业结构；以前都是散种，现在排好队，科学地排列行距和株距；今年这里种这一品种，明年就种另一品种，利用植物间的相克相生减少病虫害，达到优质高产。以科学的方法对病虫害进行有效防控，为绿色农业的发展奠定基础。

推广间作套种，优化农业结构。朱自勇带领团队在传统技术基础上，进行了品种搭配、空间配置和时间优化的技术创新，发明了马铃薯间套玉米、玉米间套辣椒、烟间套粮（豆）等一系列生物多样性控制病虫害的新技术，优化农业结构。

以科研成果发展农村特色产业。烈日炎炎的中午，在一个拉祜族村寨的农家小院门口，常可以看见这样一个场景：一位年逾六旬的老人招呼身边几位年轻人“走，铲地去”，说罢扛起一把锄头就往村外马铃薯地走去，几位年轻人也抓起锄头紧随其后。这位老人不是别人，他就是朱有勇，几个年轻人是他团队里的博士。

朱有勇和他的团队经过对澜沧县气候、土壤、降雨等自然条件的分析，利用云南“冬无严寒”的特殊气候条件，避开降雨导致的病害多发期，将马铃薯在 11、12 月播种，翌年 3、4 月收获，这使澜沧县成为全国最早上市马铃薯鲜薯的产区之一。从 2013 年开始，他带领团队在云南种植冬季马铃薯，并不断扩大规模，现已推广种植了 1 000 多万亩。由于气候条件严苛，可种植产地较少，冬季马铃薯鲜薯的价格是平常价格的 5 倍左右。朱有勇将不起眼的马铃薯变成了拉祜族村寨的特色产业和致富产业。

同时，朱有勇和他的团队调研发现，澜沧县境内有大面积退耕还林的思茅松，“林下经济”大有文章可做。他们发现，松树的挥发物具有很好的驱虫防病作用，在澜沧县发展林下优质中药材种植具有得天独厚的优势，是发财的好路子。于是他决定在海拔 1 500 米至 1 900 米竹塘乡的思茅松下开展具有高经济价值的林下三七种植试验，建立林下三七种植技术标准，促进澜沧县乃至整个普洱市林下经济的发展。

但三七种植有个难题，就是种完一茬后，十几年都不能在这片土地上继续种植三七，农业上称这种现象为“连作障碍”。朱有勇带领团队改变三七的生产方式，模仿适合三七生长的温度、光照条件以及水肥的需求条件，形成一套克服连作障碍的人工仿生技术，较好地解决了中药材种植中连作障碍这一难题。

一阵春风吹过，思茅松沙沙作响，干燥的松针轻轻飘落，覆盖在林下的三七苗床上，成为天然的保湿层，让三七避过了冬春干旱季节，改写了三七只能在田地里种植的历史，也让中药材种植成为澜沧县的一大特色产业，成为澜沧县新型特色农业的一张亮眼的名片。

经过多年的努力，村民们的钱包鼓了起来，种植、养殖产业壮大了起来，日子逐渐好了起来。朱有勇带领团队将昔日贫穷的小山村变成了集特色农业、绿色农业、有机农业于一身的新型农村。

任务一 认识劳动

一、劳动是创造一切财富的源泉

劳动是人类创造物质财富或精神财富的活动，是人类维持自我生存和自我发展的唯一手段。劳动是万物之源。从传说中盘古开天辟地以来，劳动让人们从结绳记事、钻木取火的时代，走向了现代文明，走向了富足。是劳动，创造了历史；是劳动，改变了世界。只有劳动，才能创造崭新的世界！劳动是人类生存的本能，劳动使整个世界充满了希望，劳动改变与加快人类自身的发展进化进程。劳动促进人类语言的产生，加速信息的生产和传播；劳动促进人的手与脚的分工，使人学会制造和使用工具；劳动促进人类的大脑和机体的进化，加速信息的积累与处理；劳动促进人与人之间的合作，推动社会的进步和发展。

1. 劳动创造了人

劳动是人和自然之间的互动过程，是人以自身的活动来引起、调整和控制人和自然之间的物质变换的过程。人类作为一种自然力与自然物质相对立，人类通过劳动作用于身外的自然并改变自然时，同时改变了自身的自然，使自身的潜力发挥出来，这种活动受人的控制。由于要和日新月异的动作相适应，因此引起肌肉、韧带以及在更长时间内引起骨骼的发展；而且由于这些遗传下来的灵巧性以越来越新的方式运用于新的越来越复杂的动作中，因此人的手才达到高度完善的境界。在这个基础上，从制造工具开始，劳动创造了人的双手，继而创造了人的语言和大脑，最终使人区别于其他动物。劳动是人类生活的基本条件，以致在某种意义上不得不说劳动创造了人类。以人脑为例，现代人脑平均重量为 1 400 克，约占体重的 1/50，而人类的“近亲”——黑猩猩的脑重只有 400 克，占体重的 1/150。人脑比世界上电信通信网络还要复杂，这都是人类长期在劳动中进化的结果。

2. 劳动创造了人类社会

劳动是社会性的劳动，社会是在人类共同劳动的过程中形成的。劳动是生产力诸要素密切结合并付诸实施的过程，生产力的活跃性、积极性和革命性只有在劳动中才得以体现；正是这种积极性、活跃性和革命性，才使生产力不断发展，劳动不断深化，在此基础上社会不断进步。因此，我们强调生产力是社会发展的决定力量，这也就表明劳动对社会发展的决定性作用。人类正是通过世代的辛勤劳动逐步丰富自己的物质和精神生活，推动社会的日益发展，使人类从野蛮、愚昧、简陋的原始社会逐渐过渡到高级社会。

3. 劳动创造了一切社会物质财富和精神财富

人类所需要的一切，都是通过自己的劳动创造出来的。一部人类史，就是一部劳动史。自然界不会自己形成社会生产力。自然界没有创造任何机器，没有制造机车、铁路、电报等，这些都是人化劳动的产物，是劳动力量的体现和延伸，从而变成了人类意志驾驭自然的工具。通过劳动，人类不只是简单地得到自然物，而是对自然物进行加工，改造其形状、性质，并改变它的位置，使其更加适合人类的各种需要，把“自在自然”转变成“人化自然”。人类要世代生存和发展下去，就必须反复地进行生产劳动。人类通过劳动谋取自己生存和发展所必需的物质资料，首先解决吃、喝、住、穿等问题，在此基础上，才能从事政治、科学、艺术、宗教等活动，人类的国家观念、法律观念、艺术以及宗教观念，都是从这个基础上发展起来的，从而形成了丰富多彩的精神财富。因此，不论物质财富，还是精神财富，都源于人类的辛勤劳动。

二、劳动没有高低贵贱之分

古有士农工商，今有农民、工人、教师、科学家、外卖员、程序员、电子竞技员、人工智能工程技术人员、职业经理人等。随着社会分工的不断细化，不同形态的劳动层出不穷。但无论是传统劳动还是新型劳动，简单劳动还是复杂劳动，生产性劳动还是消费性劳动，每一种劳动都有其独特的价值与意义，都是促使社会正常运转、不断发展的动力。劳动没有高低贵贱之分，只有社会分工的不同。

有人说，当农民太辛苦，当工人不太体面而且挣钱少……实际上，真正决定一份工作贵贱的，是人类对它的看法和态度。每个行业出色的人都有一些共同的特点，他们坚持把本职工作做好、做精，他们追求自身成长，他们追求工作的成就感、价值感，他们是这个时代躬身入局的人，是这个时代的创造者，他们值得所有人学习和尊敬。

三、劳动的价值

劳动，让我们的生活变得色彩斑斓。我们无论从事哪个行业，只要付出了劳动，都会有相应的收获。所以说劳动会创造价值，劳动会提高人们的幸福指数。

1. 劳动可以净化心灵，增强人们的体魄

（1）劳动能够强身健体，为人类的健康长寿打下良好的基础；

（2）劳动能使人心情舒畅、精神愉快，增强对生活的情趣和热爱；

（3）劳动能够磨砺人的心智，使人的毅力更坚韧，做事更有恒心和定力；

（4）劳动还可以开发脑细胞，提高人的智慧，增强灵敏度。

2. 劳动可以创造物质，满足人们的需求

物质是人类赖以生存的基础，物质是由劳动创造的。人类在世界上，最基本的目的是生存，人活着需要物质生活，只有劳动才能使人自食其力，创造满足人类所需的一切物质。人类的劳动是为谋生，掌握谋生的本领，过上好日子。

3. 劳动可以创造财富，赋予人们精彩的人生

劳动是财富的源泉，劳动是打开财富之门的金钥匙。勤劳致富，奋斗才能走向成功。唯有勤勉踏实的劳动，才能使个人体现价值，才能牢牢托起一个又一个致富的梦想，才能推动社会进步。许多品牌，从小作坊到走向中国，冲出亚洲走向全世界，靠的就是踏踏实实的劳动；义乌，从手摇拨浪鼓，到今天赫赫有名的义乌小商品世界，靠的就是脚踏实地、点点滴滴的劳动积累。我们要知道，只有通过自己的勤奋劳动、诚实劳动、创造劳动，才能实现从“小作坊”到“大企业”的腾飞，才能实现财富梦！劳动创造财富是永恒的真理，劳动创造的财富不浮躁、不奢华，是真正建立在牢固基础上的财富。劳动是永不褪色的旗帜，这面旗帜指引我们创造幸福美丽的人生，引领梦想，铸造美丽的社会主义生活！

知识链接

劳动的价值

劳动教育是通过身体力行的方式获取知识，是人类文明发展的主要手段。

据调查，绝大部分学生认识到劳动可以有体力劳动和脑力劳动，一部分学生认为社会上没有低贱的劳动，少部分学生将来愿意做一个有技术技能的工人或农民。

但有些人对“劳动”概念的理解过于狭窄。我们必须更新劳动观念。劳动不能简单理解为洗衣、做饭、打扫卫生等。将劳动引入教育，就应该懂得劳动是知识的躬身修行，是创造真实价值的手段。

劳动是务实、做事、操作、实践。劳动教育的意义，是用身体丈量物理和心灵的世界。

四、新时代劳动的新内涵

“辛勤劳动、诚实劳动、创造性劳动”，既是满足人民日益增长的美好生活需要的客观要求、实现人的自由全面发展的现实路径，也是实现全面建成小康社会进而建成富强民主文明和谐美丽的社会主义现代化强国、实现中华民族伟大复兴的必然选择，更是参与激烈竞争的必由之路。

1. 辛勤劳动

人生在勤，勤则不匮。辛勤劳动是诚实劳动、创造性劳动的基本前提。辛勤劳动，既有“辛”也有“勤”。新时代，辛勤劳动有勤学和勤劳两方面的内容。

勤学，强调的是锐意进取、勤勉为人。一名劳动者要想有所作为，就应当树立终身学习理念，立足岗位，向师傅、同事、书本、实践学文化、科学、技能和各方面知识，增强自身综合素质、增长新本领，不断更新自我，积极应变，主动求变，与时俱进。

勤劳，强调的是脚踏实地、奋发干事。回溯历史，任何一点进步、任何一次成功都是由人类的艰苦奋斗、辛勤劳动创造出来的。越是美好的未来，越需要我们不畏艰辛、不辞辛苦。新时代面对各种新挑战，需要我们笃行不怠，勇毅前行。

2. 诚实劳动

诚实劳动是辛勤劳动的延伸和表现，是创造性劳动的重要前提。诚实劳动，是指劳动者以积极、实干、诚信的态度为他人和社会提供产品、服务，合法合理劳动，在不违背法律法规的前提下从事道德的劳动。

要做到诚实劳动，需要我们从以下方面入手：一方面，我们应对所从事的劳动必备的知识、技能、技巧有正确认识，对自身劳动素质理性判断并做出合理的自我定位；另一方面，立足岗位踏实劳动，求真学问、练真本领。同时，实事求是地对待劳动成果，摒弃虚假之风，反对一切不劳而获和投机取巧的思想，积极弘扬劳动精神、劳模精神和诚信文化，依靠诚实劳动实现人生梦想。

于个人而言，唯有诚实劳动，才能最好地保障和实现人的自由质，创造体面劳动和全面发展的“资本”。于国家而言，诚实劳动是提升国力的基石和坚守国格的精神基因。

3. 创造性劳动

创造性劳动是理解未来社会发展的关键。所谓创造性劳动，是指人类充分利用劳动技能、科学知识，通过技术、知识、思维的创新，创造新的生产条件、方式、劳动成果和社会需求的劳动。它建立在开放性思维和挑战性实践的基础上，是不断探索创新的过程。

要想完成创造性劳动，首先我们必须以自身的专业知识技能为基础、以科学知识为依托，同时在这个基础上找准专业优势和社会发展的结合点，找准先进知识和我国实际的结合点，促使创新创造落地生根、开花结果。

创造性劳动，是新时代建设创新型国家的发展战略需要，也是培养自由全面发展的人的内在要求。可以说，创造性劳动的本质是进取创新，创新关乎国家前途命运、关乎人民福祉，体现了中国人民的创造精神。

如今，一些冉冉升起的新兴行业越来越引人注目，VR 安全培训员、无人驾驶技术研发工程师……这些新行业正是新时代劳动者创造性劳动的成果。

说到 VR，可能大家首先想到的是游戏娱乐，可实际上，VR 的用途远不止于此。如今，VR 已被搬到建筑工地，为施工现场插上了智慧的翅膀。例如，VR 安全培训员的主要工作是给工人做安全培训（如图 1－1 所示）。建筑工地上的 VR 安全体验馆的 VR 设备可视屏幕上显示 14 项体验内容，包括基坑防护桩坍塌、塔吊坍塌、宿舍火灾伤害、脚手架坍塌、挖掘机伤害等，覆盖施工的方方面面。

在 VR 虚拟世界中，不仅能够还原事故发生现场，而且还会进行现实案例讲述、事件还原，让人真正意识到这些伤害都是可能发生的。体验者可以选择“再体验”或“返回”，来决定继续留在虚拟世界还是回到现实世界。VR 安全培训员说：“大部分的建筑工人都非常喜欢体验 VR，这不仅让他们提高了安全意识，而且让他们有种在‘玩游戏’的快感，一般体验完 VR 后，会感到非常放松、解压。”谈到未来的发展方向，VR 安全培训员希望能为“智慧工地”做更多事情。之前建筑工地和互联网的结合并不紧密，一些安全问题时有发生。接下来，希望互联网与建筑工地更紧密地联系起来。

图 1－1　VR 安全培训现场

课堂实训

“致敬普通劳动者”主题活动

没有环卫工人，哪有干净整洁的大街；没有保安员，哪有小区的祥和平安；没有快递员，哪能方便、快捷地买到心爱之物……每一座城市的美丽，都离不开基层劳动者辛勤的汗水和无私的付出。只要为社会创造价值、服务于人民，就是光荣的。只要是劳动者，就应得到承认和尊重。

请以小组（8～10 人）为单位组织一次“致敬普通劳动者”主题活动，选择一个普通劳动者群体，向他们致敬。致敬的形式不限，既可以发动社会力量为普通劳动者谋求福利，也可以向普通劳动者献花等。活动过程用短视频的形式记录。

【过程记录】

活动开展计划：

活动开展关键点：

活动开展难点及解决方案：

心得体会：

【结果评价】

教师可参考表1-1对各小组“致敬普通劳动者”主题活动进行评价。

表1-1 “致敬普通劳动者”主题活动评价表

评价标准	分值	分数小计	教师评价
提前做好活动方案的策划	20分		
给劳动者带来了感动	20分		
分工合理，各成员均积极参与	20分		
活动形式有新意	20分		
短视频剪辑精美	20分		

任务二 新时代劳动观

一、辛勤劳动创造了灿烂的文化

中华儿女自强不息，用劳动创造了生活、创造了灿烂文化，在劳动中培养了互助和团结精神。劳动人民在创造生活的同时，发挥聪明才智，创造了举世瞩目的灿烂文明，在建筑、科技、天文、地理等诸多领域都取得了无可比拟的成就。万里长城、龙门石窟、都江堰、京杭大运河以及榫卯结构等，无一不是凝聚劳动人民勤劳智慧的伟大成果。

二、当代青少年正确的劳动观

1. 劳动最光荣

实干兴邦，劳动最美。新中国成立后，“五一”国际劳动节被正式确定为国家法定节日。中国共产党团结带领广大工人阶级和劳动人民砥砺奋进，依靠“逢山开路，遇水搭桥”的坚强精神和“脚踏实地、齐心协力”的辛勤劳动，取得了中国特色社会主义事业的伟大成就，谱写了中华民族发展史上最为波澜壮阔的篇章。

民族复兴需要依靠劳动，个人美好幸福生活同样需要靠劳动来创造。世界上没有坐享其成的好事，要幸福就要劳动。劳动可以改变个人命运。古今中外出身贫寒的人通过个人劳动和奋斗，最后取得成功的例子不计其数。劳动还可以帮助个人实现自我价值。“三百六十行，行行出状元”。那些“身怀绝技”的大国工匠，即使他们是在最普通的岗位上，也能持之以恒、精益求精，将平凡的工作做到极致，这样就一定能取得事业的成功，并在劳动中收获幸福和快乐，在劳动中让自己的人生价值得以升华。

2. 劳动最崇高

只有尊重劳动者的成果，尊重劳动者创造的价值，社会才会不断地取得进步，才会有更多的劳动者崇尚劳模精神和工匠精神。“中国制造 2025”需要更有本领、有知识、有担当的技术工人，需要更多的大国工匠。劳动最崇高的社会价值定位，就是为了重塑劳动者的自豪感和自信心。

3. 劳动最伟大

2015 年 4 月 28 日，习近平总书记在庆祝“五一”国际劳动节暨表彰全国劳动模范和先进工作者大会上曾说过：“中华民族是勤于劳动、善于创造的民族，正是因为劳动创造，我们拥有了历史的辉煌；也正是因为劳动创造，我们拥有了今天的成就。”劳动的伟大之处，就在于它推动历史进步，成就历史辉煌，绘就宏伟蓝图。改革开放 40 多年的成果是劳动创造的，新中国取得的辉煌成就是劳动者书写的。“劳动最伟大”，说出了千千万万劳动者的心声。

4. 劳动最美丽

“劳动最美丽”是指劳动主体在对象化的劳动实践活动中，通过改变、改造劳动客体而产生的获得感，以及在此基础上对劳动过程和结果所形成积极的自我感受、自我评价和心理愉悦，并被社会所关注、接受、肯定和认同，赋予其积极、普遍的社会意义，进而升华为人类劳动活动所追求的重要实践形式。“劳动最美丽”作为新时代劳动精神的体现，这一理念正在成为我国工人阶级的思想共识和行动逻辑。

“劳动最美丽”在本质上是劳动者基于其劳动实践而实现的美的创造，并通过各种美的劳动形式，彰显劳动者的本质力量和劳动美的价值。

三、中职生劳动观念的培养

1. 热爱劳动、崇尚劳动

热爱劳动、崇尚劳动是一种道德观念，也是一种道德规范。历史唯物主义认为，劳动是人类生存和发展的基础，是最为高尚、最为道德的实践活动，人类社会中一切美好的事物都来自劳动创造，都是劳动者劳动创造的结果。因此，劳动应该成为世界上最受尊敬的事情，劳动者应该成为世界上最受尊敬的人。热爱劳动、崇尚劳动，就是在思想观念上和社会生活中，重视和尊敬劳动者，重视和尊敬劳动者的劳动和劳动成果。

热爱劳动、崇尚劳动也是社会主义社会生活的必然要求。在我们的时代里，一切光荣都是劳动的产物。劳动是推动社会发展进步的根本途径。劳动既是劳动者生存发展的根本手段，也是劳动者实现自身价值和社会价值的根本方式；既具有个人意义，也具有社会意义；既具有生存性质，也具有道德内涵。只有确立热爱劳动、崇尚劳动的道德规范，劳动才能够成为最受尊敬的事情，劳动者才能够成为最受尊敬的人，体现社会主义社会生活的特点和要求，才能使劳动者科学确立权利与义务、公正与偏私、正义与非正义的界限，树立正确的理想追求，形成具有鲜明时代特征和历史进步意义的社会主义生活。

热爱劳动、崇尚劳动是对人类一切优秀道德品质的必然继承和发展。人类一切优秀的道德品质和传统美德，是劳动人民在劳动中形成的，这些都能在热爱劳动、崇尚劳动中得到发展和体现。社会主义的职业道德、社会公德，都必须符合热爱劳动、崇尚劳动的要求，都应当是热爱劳动、崇尚劳动的道德规范在不同社会道德领域的具体表现。脱离热爱劳动、崇尚劳动这一要求，社会主义的职业道德、社会公德就失去了基本规定，也就不可能建立科学的社会主义职业道德和社会公德，更不可能形成完整的社会主义道德体系。

热爱劳动、崇尚劳动必然表现为对劳动和劳动成果的尊重，因而也是对作为社会劳动主体的劳动者的尊重，是对人的尊重，是对人权的尊重。热爱劳动、崇尚劳动的实质，简单来说，就是尊重劳动者从事劳动创造的权利，尊重劳动者通过劳动获取社会利益的权利。

2. 尊重劳动、尊重知识、尊重创造

劳动包括有目的地为生产物品和提供劳务而付出的一切脑力和体力的耗费。尊重劳动不仅要尊重物质生产领域的劳动，同时也要尊重非物质生产领域的劳动。在知识经济、经济全球化和市场经济条件下，特别是互联网的出现，大大地改变了人们的生产方式、工作方式和生活方式，人们的劳动也出现了一些新的特征，即由体力劳动为主转变

为以脑力劳动为主。因此，在实际生活和工作中，尊重劳动与尊重知识是完全一致的，具有同等重要的社会价值和社会意义。

在第一次、第二次工业革命时期，科学知识创造的价值在价值总额中占很小的比例，往往不被人们所重视。随着科学技术的进步和社会的发展，科学知识创造的价值在价值总额中所占的比例越来越大，从事脑力劳动的人越来越多。在生产高度自动化的现代社会，在信息技术、高新技术、金融服务等企业，各类操作人员、设计人员和科研人员的脑力劳动对企业的生产和发展具有关键的作用，脑力劳动者的人数也大大超过体力劳动者。简言之，在科学技术成为第一生产力的今天，掌握先进科学技术的人才已经成为先进生产力的代表，劳动力和自然资源的多少已不再是社会经济发展水平、国力强弱的决定因素，而掌握知识创新、技术创新的人才在新经济形态中已显露出十分特殊的地位和重要性，知识创新和技术创新已成为一个国家和地区领先发展的原动力，以科学知识为基础的创造型劳动，在社会发展中的作用越来越重要和突出，只有贯彻落实尊重劳动、尊重知识的基本方针，才能不断提升我国的科技竞争力，提升我国的综合国力，在世界经济的发展中立于不败之地。

尊重劳动与尊重知识、尊重人才、尊重创造，都是为了促进社会的发展和进步，其实质是营造鼓励人们干事业、支持人们干成事业的社会氛围，放手让一切劳动、知识、技术、管理和资本的活力竞相迸发，让一切创造社会财富的元素充分涌现，以造福于人民。现在，在价值创造与财富生产过程中，除了劳动以外，先进技术、科学知识、经营管理以及信息等已经成为十分重要的生产要素，尤其是现代科学技术的不断创新与推广，对生产的发展和财富积累的贡献越来越大。当然，劳动仍然起着十分重要的作用，先进技术、科学知识、经营管理、信息等要素都要通过劳动者的现代科学劳动才能表现和发挥。尊重劳动、尊重知识，放手让劳动和其他一切生产要素最优组合，才能使创造财富的一切元素充分发挥作用，以便创造更多更好的物质财富，不断提高人民的物质文化生活水平，为广大人民造福。

3. 尊重和保护一切有益于人民和社会的劳动成果

习近平总书记指出，要建设知识型、技能型、创新型劳动者大军，弘扬劳模精神和工匠精神，营造劳动光荣的社会风尚和精益求精的敬业风气。这充分体现了党对劳模、技能人才以及广大劳动者的重视和关怀。不论是体力劳动还是脑力劳动，不论是简单劳动还是复杂劳动，一切为我国社会主义现代化建设做出贡献的劳动，都是光荣的，都应该得到承认和尊重。劳动在现实生活中表现为各种不同形式，有脑力劳动和体力劳动、简单劳动和复杂劳动、个体劳动和协作劳动、私人劳动和社会劳动等，所有直接地、间接地从事物质生产或精神生产的工作，都属于劳动的范畴。不同的劳动形式在社会生产发展的不同阶段，具有不同的地位和作用。但不论哪种形式的劳动，都是人类历史发展中不可缺少的内容和推动力量，都应该得到承认、保护和尊重。我们要充分认识普通工人、农民从事的生产、服务劳动是创造社会财富的基础性劳动，他们的劳动应该得到尊重，必须切实维护他们的劳动权益；要充分认识知识分子的脑力劳动是具有更多创造性的劳动，必须尊重知识的价值，尊重人才的成长规律，营造有利于优秀人才脱颖而出的环境和机制；要充分认识个体户、私营企业主、中介组织的从业人员、自由职业人员、民营企业的创业人员和技术人员、受聘于外资企业的管理技术人员的劳动也是社会主义劳动的组成部分，他们为发展社会主义社会的生产力和其他事业做出了贡献，也应该得到应有的尊重。总之，在现实社会中，劳动的形态是多种多样的，各种不同形态的劳动之间是互相依存、互相补充的，只要有益于人民和社会的劳动都应该得到尊重和保护。

尊重和保护一切有益于人民和社会的劳动，有助于形成良好社会风气，形成全体人民各尽所能、各得其所而又和谐相处的局面。社会由从事不同职业、不同劳动的人组成。社会主义分工不同，人们的劳动实际上是互为劳动，即“我为人人，人人为我”。尊重劳动，实际上就是从事不同职业、不同劳动的人之间的相互尊重，即体力劳动和简单劳动者要尊重脑力劳动和复杂劳动者，脑力劳动和复杂劳动者要尊重体力劳动和简单劳动者；群众要尊重领导，领导要尊重群众；非公有制经济所有者和管理者要尊重被聘（雇）用的员工，员工要尊重所有者和管理者；各行各业从业人员之间以及各自之间都要相互尊重。同时，鼓励劳动者的创业精神，保护他们的合法权益，表彰他们中的优秀分子，努力形成良好的社会风气，形成全体人民各尽所能、各得其所而又和谐相处的局面。

尊重和保护一切有益于人民和社会的劳动，有助于进一步增强社会各阶层人民的团结，最广泛、最充分地调动一切积极因素，共同为社会主义做贡献。在不同社会制度下，劳动具有不同性质。在社会主义条件下，劳动的性质、地位发生了变化，自主劳动成为主要的劳动形式，包括个体、私营业主等非公有制经济所有者、管理者的劳动以及被其聘用的一般工人、农民的劳动和海内外各类投资者的劳动。这就是说，劳动只有分工的不同而没有贵贱尊卑之分，人人的劳动都是在为人民和社会劳动，为人民和社会做贡献，是光荣的、伟大的，因此都应该受尊重和保护。这样，广大工人、农民、知识分子、传统服务业和现代服务业从业人员、海内外广大投资者以及新型社会阶层都要在尊重劳动的方针下，团结起来共同建设社会主义，为中华民族的伟大复兴做出贡献。

4. 继承和发扬奉献精神

奉献精神从来就是我们的民族精神。在中华民族生生不息的历史进程中，奉献作为中华民族的光荣传统，在不朽的历史巨卷中留下许多可歌可泣的篇章，发扬光大这种优秀的民族精神，就是增加我们的精神财富。“先天下之忧而忧，后天下之乐而乐”“春蚕到死丝方尽，蜡炬成灰泪始干”“天下兴亡、匹夫有责”等，这些千古流传的名句，是奉献精神生动而真实的写照。无论时代发生怎样的变化，中华民族这种优良传统将永远熠熠生辉，是永远激励人们无私奉献的巨大力量。同时，奉献精神也是中国共产党在长期的革命和建设中一贯坚持和倡导的革命精神和优良作风，是中国共产党克服困难、战胜险情，取得革命和建设巨大胜利的重要保证。当前，我国正处在社会主义现代化建设的新时期，处在加快改革和完善社会主义市场经济体制的阶段，更需要继承和发扬奉献精神。

继承和发扬奉献精神是社会主义建设的客观要求。我国近代的历史和当今世界的现实清楚地表明，经济落后就会非常被动，就会受制于人。当前国际竞争的实质是以经济和科技实力为基础的综合国力的较量。肩负重要历史使命的我们，必须站在前列，认真继承和发扬无私奉献的优良品质和作风，以加快社会主义现代化建设进程。

继承和发扬奉献精神是提高人民生活水平的重要保证。社会主义革命和建设的出发点和归宿，就是要通过发展经济，逐步改善和提高人民群众的物质文化生活质量和水平。在中国共产党的领导下，全国人民解放思想，抓住机遇，加快经济建设步伐，人民生活有了较大改观，这是一个十分可喜的局面。但是，我们也要深刻认识到，一个国家、一个民族，如果不提倡艰苦奋斗、无私奉献，人们只想在前人创造的物质文明成果上坐享其成、贪图享乐、不思进取，那么这样的国家、这样的民族，是毫无希望的，是没有不走向衰落的。因此，我们必须始终强调无私奉献，树立全心全意为人民服务的思想，甘做人民公仆，永远把人民的疾苦、人民的利益放在首位；既要与时俱进开拓创新，又要勤勤恳恳干好本职工作；把方便留给他人，把困难留给自己，吃苦在前、享受在后，这样才能无愧于我们所处的时代，才能为振兴中华做出应有的贡献。

课堂实训

做有尊严的劳动者

一、活动主题

做有尊严的劳动者。

二、活动宗旨

通过本次活动，品味劳动者的喜悦与自豪，并懂得运用有关法律法规保护劳动者的合法权益。

三、活动时间

1 周。

四、活动主体

全班同学。

五、活动实施

1. 把班级成员分成若干小组，寻找你身边的“幸福劳动者”，听听他们的劳动故事，重点了解他们是如何通过劳动收获幸福、赢得尊严的。完成表 1-2，准备在班会课上进行交流。

表 1-2 采访记录

小组成员	
访谈对象	
访谈内容	
总结感悟	

2. 各小组上网搜集一个侵犯劳动者合法权益的典型案例，然后查阅并学习与案例相关的保护劳动者权益的法律法规，完善表 1-3。

表 1-3 资料收集

小组成员	
资料来源	
典型案例	
法律法规	

3. 分小组进行交流讨论，根据上述两方面的案例得出结论，并制作海报。
4. 各小组代表上台完成活动汇报。
5. 评选出最佳调研小组、最佳海报等。

任务三 劳动教育

一、劳动教育的主要内容

1. 树立正确的劳动观点，懂得劳动的重要意义

人类的历史首先是生产发展的历史，是劳动人民创造的历史；辛勤劳动是建设社会主义和共产主义的根本保证；劳动是公民的神圣义务和权利；轻视体力劳动和体力劳动者，是数千年来剥削阶级的思想残余；脑力劳动同体力劳动相结合具有重要意义。

2. 培养热爱劳动和劳动人民的情感

养成劳动的习惯，形成“以劳动为荣，以懒惰为耻”的品质；消除好逸恶劳、贪图享受、不劳而获、奢侈浪费等恶习的影响。

3. 学习是学生的主要劳动

学生从小勤奋学习，将来担负艰巨的建设任务。学生正确对待升学、就业。劳动教

育，还要通过生产劳动和公益劳动等来实施。学生在校期间，要按照教学计划，适当参加劳动。

二、劳动教育的意义与目标

劳动是促进社会发展之动力，是人类成长所需的课堂。我国古人有“一室之不治，何以天下家国为”之训。

2018 年 9 月，习近平总书记在全国教育大会上明确提出：“要在学生中弘扬劳动精神，教育引导学生崇尚劳动、尊重劳动，懂得劳动最光荣、劳动最崇高、劳动最伟大、劳动最美丽的道理，长大后能够辛勤劳动、诚实劳动、创造性劳动。”这对劳动教育提出了新的更高要求。习近平总书记对“在学生中弘扬劳动精神”的指示主要有三个层次：一是积极引导，努力让学生崇尚劳动、尊重劳动，对劳动有端正的态度；二是持续教育，让学生懂得劳动最光荣、劳动最崇高、劳动最伟大、劳动最美丽的道理，对劳动有正确的认识；三是大力提倡，让学生长大后能辛勤劳动、诚实劳动、创造性劳动，为党、国家和人民做出更大的贡献，对劳动有具体的行动。

1. 劳动教育的意义

我们要努力“培养德智体美劳全面发展的社会主义建设者和接班人”“培养一代又一代拥护中国共产党领导和我国社会主义制度、立志为中国特色社会主义奋斗终生的有用人才。”“有用人才”的一个重要特征就是具备劳动的素质，能够弘扬劳动精神、崇尚劳动、懂得劳动最光荣，能够辛勤劳动、诚实劳动、创造性劳动。

（1）重视劳动、强调教育与劳动相结合是马克思主义重要的主张。马克思主义认为，劳动推动社会历史进步，是人作为人之最本质、最显著的特征。马克思指出：正是在改造对象世界中，人才真正地证明自己是类存在物。人类创造历史，劳动开创未来。劳动是推动人类社会进步的根本力量，是人民美好生活的源泉。构建德智体美劳全面培养的教育体系，加强劳动教育，是回归人之本质、回归学生自身的主体性教育方式，能够帮助学生在自主实践中发现自我，通过双手改变和创造自己的生活。

（2）加强辛勤劳动教育，培养奋斗精神。《周易》中说：“天行健，君子以自强不息。”自强不息是中华民族的优良传统，是改善民生、创造人民幸福生活的重要保证。2012 年 11 月 15 日，习近平同采访十八大的中外记者见面时指出：“人世间的一切幸福都需要靠辛勤的劳动来创造”。从一定意义上说，学生德行的养成、奋斗精神的培养始于劳动教育。我们在成长过程中能辛勤劳动并以此为荣，树立劳动最光荣、劳动最崇高、劳动最伟大、劳动最美丽的信念，这是教育的重点与方向。我们要从小主动辛勤劳动，践行孝敬父母、尊重老师、乐于助人，通过日积月累的劳动塑造正确的人生观、价值观。

（3）加强诚实劳动教育，培养诚信品质。所谓“诚实劳动”，在于敬业实干，热爱并踏实做好自己的工作，充分发扬工匠精神；还在于发乎本心，遵循天道。2013 年，习近平总书记在同全国劳动模范代表座谈时讲道：“人世间的美好梦想，只有通过诚实劳动才能实现；发展中的各种难题，只有通过诚实劳动才能破解。”“诚者，天之道也。”每个人要从集体利益出发，不弄虚作假、消极怠工，要诚实劳动，遵守职业道德，学习并遵循社会发展的规律，努力为国家社会经济发展做贡献。在诚实劳动教育的实践中，重在“诚”的品质的培养。

（4）加强创造性劳动教育，提高创造能力。建设中国特色社会主义现代化强国，要大力实施创新驱动发展战略，将经济发展与科技创新紧密结合。这对我国教育事业的发展提出了新的更高要求。通过提倡“创造性劳动”，重点培养一支专业技能过硬、自主创新能力高的新型劳动者队伍，以适应时代发展需要，实现教育、科技与经济三者协调统一发展。推动教育与劳动相结合，发挥劳动教育在人才全面发展中的重大作用，为国家人才培养、科技创新、经济发展提供强有力的力量。正如马克思所言，“问题在于改变世界”，而劳动教育就是新时代我们砥砺前行、创造美好生活最有力的实践。

2. 劳动教育的目标

（1）劳动教育的总体目标，是让学生有创造幸福生活的能力。劳动教育是对学生进行人生教育的根本。只有劳动，人类才能生存、繁衍和发展；只有劳动，社会才能进步、繁荣和昌盛。开展劳动教育，就是要让学生懂得幸福的生活是基于辛勤劳动的。

让教育回归实际的劳动实践，如杜威和陶行知他们所主张的开设烹饪、缝纫、家用电器维修、农作物种植与培管等课程，这些与我们实际生活密切相关，而又力所能及的操作，使我们的创造力被激活，使成长与生活紧密地联系起来了。劳动教育，不但要致力于观念培育，而且重在从劳动中体验生活的乐趣；培育一种现代“新生活”方式，将其推向社会，使我们获得持续创造好生活的能力。

（2）职业学校的劳动教育目标，是培养与社会主义现代化建设要求相适应，德智体美劳全面发展，具有综合职业能力，在生产、服务、技术和管理第一线工作的高素质劳动者、专门人才。职业教育以培养各行各业的高素质劳动者为主旨，注重培养学生的从业技能，同时加强学生的创业意识与就业能力的培养，使学生具有较强的职业适应能力、职业变换能力和自谋职业的能力。

三、新时代劳动教育的使命

1. 劳动树德

（1）劳动教育在人才培养体系中具有独特地位。劳动教育是全面教育体系的重要组成部分，劳动教育与德育、智育、体育、美育既密切联系又有自身特点。劳动教育在整个学校的教育体系中处于突出、重要的地位，它决定了劳动教育的自身课程体系建设应汲取德育、智育、体育、美育之精华，在劳动教育的载体上以德育中塑造的世界观、人生观、价值观为指引，充分发挥在智育中培养的专业技能，以体育中练就的顽强毅力和坚强体魄为基础，呈现美育熏陶下的劳动成果，尽情发展我们自身的能力，在展现创造力的普遍性和连续性劳动中，真实体验劳动所带来的尊严感、幸福感和价值感。这体现了劳动可以树德、增智、强体、育美。但五育又各有侧重，不能彼此替代。德育侧重于解决学生“对世界怎么看”的问题，体现“善”的要求；智育侧重于开发学生“改造世界的能力”，体现“真”的要求；体育为学生“看世界、改造世界”提供身体机能支撑，体现“健”的要求；美育注重学生“看世界、改造世界”过程中的心灵塑造，体现“美”的要求。劳动教育侧重于用系统的科学知识与技能化的教育教学来加强劳动知识与技能的教育，为培养劳动态度、劳动习惯、劳动品德和劳动价值观奠定坚实基础，体现“实”的要求。将劳动教育与德智体美育并列，既是对劳动教育本身的有效加强，也是对德智体美育的有力支撑，劳动教育应该是完善人才培养目标、支持德智体美育的重要平台。

（2）劳动教育支撑职业学校立德树人的逻辑维度。在劳动教育发挥以文化人作用的具体实施层面，大体上是“以理服人、以情感人、以行带人”的传统思路。所谓以理服人，就是老师“晓之以理”，做传道“经师”，用讲道理和摆事实的方法进行劳动价值观的传递，解决受教育者的思想认识问题；同时老师还做立德“人师”，引导学生树立正确的劳动价值观。所谓以情感人，就是老师对学生“动之以情”，用真正为学生谋福利的情感去打动人的教学方法。所谓以行带人，就是老师“导之以行”，通过各种传播途径用榜样的事迹感染人的一种教学方法，如校园里勤学苦练的励志传奇、向上向善的动人故事、刻苦努力的勤奋模范。老师通过“大国工匠进校园”等活动，大力宣传劳模故事，宣传大国工匠，让学生能够近距离感受工匠精神和劳模精神，这种方式的关键就在于用优秀的劳动品格影响人。目前，职业学校多角度、多层次地渗透劳动光荣、劳动伟大精神的校园文化建设已经成为新时代劳动教育的有效载体。

（3）劳动教育在职业学校“立德树人”中的功能整合。劳动教育不是一蹴而就的，而是融于青少年成长成才的全过程。劳动教育具有鲜明的实践性特征，因此，劳动教育的有效开展既需要与人才培养体系有机匹配，又必须在现实中予以实施，从而实现对立德树人的支撑。

人只有在劳动中能动地发挥聪明才智，才能真正地认识自己。通过劳动，特别是集体劳动和一些富有创造性的劳动，有助于培养和激发人的集体意识、责任意识和担当意识。同时，我们也要在日常生活、学习中发扬敢于吃苦、勇于奋斗的精神。在生活上，提倡勤俭节约、艰苦朴素，反对铺张浪费的生活作风；在学习上，刻苦钻研、奋发图强，孜孜不倦地学习专业知识。另一方面，艰苦锻炼铸就干事本领。在恶劣的自然条件下，繁重的劳动生活能够磨炼顽强拼搏的品质、坚毅刚强的意志和勇于担当的风范。在创业就业的初始阶段都是艰辛的，只有通过吃苦耐劳的拼搏、艰苦卓绝的努力，才有可能实现人生价值。而这些都需要我们树立正确的劳动观，展现热爱劳动、磨炼劳动意志的精神，拥有推陈出新的魄力和勇气，提升劳动能力，克服一道道难关，真正承担起为中华民族伟大复兴而奋斗的历史担当。

2. 劳动强智

（1）劳动是发展青少年智力和能力的阶梯。灵敏的身体动作会促进大脑的发育。人在劳动时，信号从手传到脑，又从脑传到手，脑指挥手，手又丰富了脑，刺激了脑细胞，使大脑状态更加活跃。通过对动手操作能力的培养，不仅能够规范我们的实验操作，而且能够让学生通过具体的实验操作，增强对相关知识的理解和应用，从而构建更加完备的知识体系。

（2）劳动是开发青少年思维能力和创造力的桥梁。十四五岁的青少年，想象力丰富，思维灵活，而且动手能力、实践应用能力强，具有丰富的创造力。通过擦、洗、修理、种植，认识纸、木、铁、铝等物质的性质、特点、用途等；做饭可以使我们懂得烹调知识；修理手机可以使我们了解电器知识；洗碗时，发现筷子漂浮、勺子下沉，从而懂得物理学的浮沉知识……在劳动中观察现象、感受知识，在劳动中解决问题、运用知识，这既可以丰富我们的知识，拓宽眼界，把书上的知识运用到实践活动中，又能够培养观察、分析、判断、创造的能力，促进逻辑思维和形象思维的发展，更有助于提高动手能力和学习能力。

随着科技进步，未来社会需要的是开拓型、创新型人才。而开拓创新，既需要动脑能力，也需要动手能力。我们只有在实践活动中，才能有所发现、有所发明、有所创新，才具有敏锐的洞察力、质疑能力、辨识能力、善于思考和探索的能力。而只有参加劳动实践活动，才能把课堂、书本上学到的知识，应用到实践中去，创造性思维才能得到开发。以劳启智是提高智力水平有效的途径。

3. 劳动健体

劳动在培养健康体魄上也起着必不可少的作用，是有助于青少年身体健康发展的方式。劳动能锻炼身体、增强体质，经常劳动可以锻炼肌肉筋骨，从而使肌肉结实、关节灵活。医学研究表明，劳动过程是多种生理器官协调活动的过程，有利于改善呼吸和血液循环，促进肌肉、骨骼的发育，促进身体各器官的发育。法国著名教育家卢梭认为，培养身心两健的人，必须在体力劳动中才能完成。

劳动在促进青少年身体正常发育、保证其健康成长等方面功不可没。适当的劳动，能促进青少年身体各器官的正常发育，能提高各器官功能和相互间的协调性；适当的劳动锻炼，能促进青少年的身高增长、体重增加，能强其体魄、增强体能。

劳动教育能够引导青少年树立健康生活的意识。青少年时期是长身体、长知识的关键时期，要劳逸结合，长时间使用大脑，大脑得不到放松，学习效率就降低，而紧张、繁重的学习之余，参加适当的劳动锻炼，能使大脑得到适当的调节、放松，从而提高学习效率。同时，在劳动中，学生能够逐渐培养卫生干净的良好生活习惯，自觉采取有益于健康的行为和生活方式，减轻、消除影响健康的危险因素，从而预防疾病，促进健康，提高生活质量。劳动教育为美育之发现者和创造者。

4. 劳动育美

（1）劳动发现美。美表现在劳动上，劳动发现美。青少年在劳动中形成发现美、鉴赏美的能力，从而提高审美能力和人文素养，培养健康的审美态度、加强审美的正能量，是当今素质教育的重要任务，是培育和践行社会主义核心价值观的有效途径。通过劳动教育强化美育，以劳育美、以美育人，让青少年在劳动中感受美的各种形式，感受冷盘热炒的色香味俱全，感受手工艺品的款式各异，感受科技发明的精巧匠心，也让青少年明白“劳动不仅创造美，劳动本身就是美”，明白辛勤耕耘、皮肤黝黑的农民最美，明白默默无闻、日晒雨淋的工人最美，明白坚守岗位、默默奉献的服务员最美。

在劳动中发现美、欣赏美，有利于青少年提高审美情趣，净化心灵。在劳动的同时，领略“采菊东篱下，悠然见南山”之美，审美经验丰富了，人文素养提高了，生活情趣自然而然地随之高雅起来。

（2）劳动创造美。人是社会的主体、生活的主人，人不仅能够发现美、鉴赏美，而且希望能够表现美和创造美。凡是有人生活的地方，必然有美。人类社会一切美好的东西，都离不开人聪明的大脑和勤劳的双手。青少年思想活跃、情感丰富，对美好的事物有无限的憧憬和不懈的追求。在劳动实践中发现美、鉴赏美的同时，会创造出属于自己心目中的美，这种审美创造力的源泉和动力来自青少年的心理需要，它为青少年张扬个性提供广阔的空间，让青少年的情感得到释放、思维受到启迪，并通过思考与想象，把所领悟到的美用自己的双手表现出来。在劳动中创造美、体现美，能够使青少年收获一种享受、一种鼓舞、一种慰藉，更能有效提高青少年的综合素质与社会实践能力，促进他们身心全面、健康地发展。

劳动与美紧密联系、不可分割。教育者应努力发现与利用劳动中的美育因素，培养青少年的审美能力，引导他们在实践中发现美、欣赏美、创造美、体验美。在求知中领略美，在实践中追求创新，通过对劳动美的感知、体验与追求，接受美的滋润和熏陶，使青少年成为具有一定审美创造能力的人，是当今素质教育的目标。

5. 劳动提能

（1）劳动能力就是生存能力。从某种意义上说，劳动教育是一种生存教育。素质教育，不仅要提高学习成绩，更要学会课本以外的知识；我们要了解劳动是推动历史前进的动力，是社会发展的纤绳，是时代进步的阶梯。劳动创造财富，劳动创造辉煌，劳动创造世界。中国的“四大发明”表明，推动世界历史前进的伟大成果都离不开劳动。劳动不仅推动历史前进，还创造我们的今天。

（2）职业学校提高劳动技能的途径。深入实施毕业生就业创业促进行动：鼓励高等院校、职业学校学生在校期间开展创业竞赛、技能竞赛、创业实训等“试创业”实践活动和电子商务培训活动，并按规定将其纳入创业培训政策支持范围。

1）实施毕业生就业创业促进计划：适应毕业生就业创业新需要，将就业创业有机融合，建立涵盖学校内外各阶段、求职就业各环节、就业创业全过程的服务体系。

2）继续深入实施基础学科拔尖学生培养试验计划：支持高水平研究型职业学校依托优势基础学科建设国家青年英才培训基地。

3）推进职业教育与普通教育分类管理：探索建立国家资历框架，引导各级各类职业学校科学定位、办出特色。建设一批高水平的职业学校和骨干专业，加快培育大批具有专业技能与工匠精神的高素质劳动者和人才。

4）制定实施企业参与职业教育的激励政策、有利于校企人员双向交流的人事管理政策，落实学生实习政策，全面推进现代学徒制试点工作。

5）实施高技能人才振兴计划和专业技术人才知识更新工程，突出“高精尖缺”导向，大力发展技工教育，培训急需紧缺人才。

四、劳动习惯的养成

1. 从家务做起，养成劳动习惯

首先，我们要认清做家务劳动的必要性，端正劳动态度；从小学会照顾自己，养成劳动习惯。其次，我们要有意识地进行家务劳动，培养劳动习惯。家务劳动是“生活的小百科全书”，对于增强体质、增长智力、健全品德都有积极的意义。最后，在家务劳动过程中，有意识地培养道德品质。我们要培养自己成为一个有道德、有理想、有文化、有纪律的劳动者，从家务劳动中培养自己爱劳动的品质。劳动时，我们不仅动体力，还要多动脑，培养自己巧干的精神。

2. 从社会实践做起，养成劳动习惯

良好的劳动习惯既影响劳动速度，也影响劳动质量。21 世纪是竞争激烈的时代，只有具有较高的劳动素质和一定的自理能力、动手能力、创新能力，才能立足于社会，创造美丽的人生。

社会实践是学校生活中一项重要的劳动项目。职业学校的学生如何在社会、实践中养成良好的劳动习惯呢？首先，主动形成劳动意识，通过多种途径体会劳动的重要性和必要性。没有良好的劳动习惯，害人又害己。其次，学会正确使用劳动工具。了解生活中常用工具的功能及使用方法，在保证安全的情况下，进行实践操作。最后，掌握保管劳动材料、工具的常识，知道工具的正确保管方法，学会分类存放，做到分类有序，从而逐渐养成规范操作、认真细致的劳动习惯。

3. 养成合理安排劳动程序的良好习惯

合理安排劳动程序是提高劳动效率的有效手段。在劳动中，我们要学会统筹安排，巧妙掌握技巧。我们在劳动之前要考虑：怎样安排时间最合理？怎样的流程操作避免窝工？这次劳动中哪个环节难度最大？长期坚持这样的训练，就能养成从小处着手、节省

时间的良好习惯，争取劳动前做到心中有数，杂而不乱。

4. 养成团结协作、勇于创新的劳动习惯

劳动离不开协作，遇到困难要善于发挥集体的智慧，这样才能获得更高的劳动价值，所以我们要养成尊重和虚心听取别人的意见，与别人团结协作的良好习惯。同时，在劳动中，我们还要养成勇于创新、热爱创造的劳动习惯。如果我们只做一种简单的体力劳动，机械地模仿、重复，天长日久，就会使自己懒于思考、疏于创造，这样，将来我们也只能是平庸劳动者。我们要想在现代竞争激烈的世界舞台上站稳脚跟，就要学会在劳动中思考、发明、创造，成为一个高素质、有智慧的劳动者。

课堂实训

“幸福劳动者”采访活动

农民、工人、快递员、外卖员、房产中介、程序员、美工、设计师、工程师、作家、科学家、图书管理员……在我们身边，有很多这样的劳动者，他们既普通也不普通，他们靠不懈的奋斗，过上了属于自己的幸福生活。

请以小组（4～6人）为单位，寻找身边或网络上至少3个行业（应至少包括一个新兴行业）的“幸福劳动者”，听听他们的劳动故事，了解他们是如何通过劳动收获幸福的。采访过程和结果以PPT或短视频的形式呈现。

【过程记录】

活动开展计划：

活动开展关键点：

活动开展难点及解决方案：

心得体会：

【结果评价】

教师可参考表1-4对各小组“幸福劳动者”采访活动进行评价。

表 1 - 4 "幸福劳动者"采访活动评价表

评价标准	分值	分数小计	教师评价
提前做好活动方案的策划工作	20 分		
达到采访目的	20 分		
分工合理，各成员均积极参与	20 分		
故事讲述精彩	20 分		
PPT 制作精美/短视频剪辑精美	20 分		

任务四 职业学校的劳动教育

一、新时代职业学校劳动教育的新内涵

新时代职业学校教育是为了培养高素质技术技能人才而实施的教育，重视学生德育和劳动方面的发展。以课堂教学和工学结合为基础，实行劳动教育，推动职业教育健康发展，帮助学生树立正确的人生观和价值观。其目的是：引导新时代职业学校的学生在劳动创造中追求幸福感、获得创新灵感，成为具有社会责任感、创新精神和实践能力的专门人才。

新时代职业学校劳动教育的内涵如下所述：

1. 在地位上，劳动教育应成为人才培养体系中专门的一部分

职业教育是劳动者大军培养的直接出口，是年轻人走向职场的最后一步，主要培养的是从事各行各业的专门人才。

2. 在内容上，劳动教育应反映新时代劳动发展趋势

新时代，劳动的内容越来越丰富，劳动者智力输出越来越多，生产率越来越高，人才的重要性越来越突出，世界各国对人才的争夺会逐渐加剧。

3. 在形态上，劳动教育应表现为思想教育、技能培育与实践锻炼三大任务

思想教育凸显劳动教育的德育属性，包括劳动价值观、情感态度、伦理责任、权益意识等方面内容；技能培育凸显劳动教育的智育价值，职业学校各专业的理论学习、实习实训、产教融合等更偏重劳动技能的培育；实践锻炼强调劳动教育的实践性，旨在引导学生在广阔的生产劳动与社会实践中增进知识、磨炼意志、增长才干、提高素质、培养社会责任感。

4. 在目标上，劳动教育以全面提升学生劳动素养为主要关注点

新时代职业学校劳动教育应充分发挥劳动教育树德、强智、健体、育美、提能的综合育人价值，提升学生的劳动素养。

二、职业学校劳动教育的意义

1. 引导学生在劳动过程中，培养习惯、磨炼意志、锤炼品格

劳动教育的关键就是引导学生从生活劳动做起，从体力活动做起，在劳动中动手、动腿、动身。在此基础上，可以围绕综合实践、专业技术实践等新型劳动形式开展劳动教育，进一步拓展劳动教育的内容与形式，丰富劳动教育的领域与形态，积累多样的劳动体验与不同的劳动经验。

2. 引导学生在劳动过程中，增强意识、拓宽视野、提升能力

通过劳动教育，发展学生的求真和创造能力；依托劳动教育发展的社会关系，提升学生的德行素养；通过劳动教育，生产美好的作品、体验生命的价值和力量，培育学生的审美能力。

3. 引导学生在劳动情境中感受创造的乐趣

劳动教育使学生充分享受劳动的成果，激活劳动中的审美体验，感受劳动的光荣、生命的价值和智慧的力量。充分发挥劳动教育的价值，培养学生吃苦耐劳、克服困难、敢于拼搏的意志品质，让劳动教育成为建构学生良性人格的活动。

课堂实训

关爱残疾人，从“头”开始

为弘扬中华民族传统美德，体现社会公益力量对残疾人的关爱，同时倡导“平等、参与、共享”，形成理解、尊重、关心、帮助残疾人的良好社会风气，某学院决定将爱心传递给某医院的残疾人，具体方案如下。

一、活动主题

关爱残疾人，从“头”开始——公益理发活动。

二、活动意义

通过社会各界爱心人士的义务活动，帮助残疾人解决生活中切实遇到的困难，同时倡导“奉献、友爱、互助、进步”的志愿精神，在全社会形成理解、尊重、关心、帮助残疾人的良好社会风气。让残疾人感受社会的关心，帮助他们树立信心，以积极的心态面对人生。

三、活动内容

1. 活动时间。

每月第一个（或最后一个）周六日。

上午 9:30—11:00。

下午 13:00—15:00。

2. 活动地点。

某医院康复训练室。

3. 活动形式。

老师带队，学生热情服务，协助理发师为医院残疾人义务理发。

四、经费预算

条幅：2 条×50 元，共计：100 元。

五、注意事项

1. 提前与医院沟通，确认相关事宜。

2. 提前准备好相关材料。

3. 维护现场秩序，有序进行活动。

校团委

20××年×月×日

学思之窗

《大中小学劳动教育指导纲要（试行）》的基本考虑与主要内容

劳动教育是新时代党对教育的新要求，是中国特色社会主义教育制度的重要内容，是全面发展教育体系的重要组成部分。《中共中央 国务院关于全面加强新时代大中小学劳动教育的意见》（以下简称《意见》），对新时代大中小学劳动教育作了全面部署。为全面贯彻落实《意见》，加快构建德智体美劳全面培养的教育体系，我局牵头组织研制了《大中小学劳动教育指导纲要》（以下简称《指导纲要》），于 2020 年 7 月印发试行。

一、基本考虑

《指导纲要》重点针对劳动教育是什么、教什么、怎么教等问题，面向各地和学校提供专业指导。注重处理三个关系：一是《指导纲要》和《意见》的关系。在劳动教育内涵和基本要求上，与《意见》保持贯通一致，如都强调了当前实施劳动教育的重点是组织学生参加劳动实践，出力流汗，磨炼意志，培养正确的劳动价值观和良好的劳动品质；同时依据《意见》，细化有关要求，强化可操作性。二是基础教育、职业教育和普通高等教育的关系。突出劳动教育面向全体学生的共性要求，同时适当兼顾各自特点。如基础教育以使用传统工具、传统工艺为主，引导学生体会劳动人民的艰辛与智慧；职业院校、普通高等学校要注重结合产业新业态、劳动新形态，提升创造性劳动能力。三是学校和教育行政部门的关系。把落脚点放在学校，加强对学校实施指导，兼顾教育行政部门的统筹管理。

二、主要内容

《指导纲要》包括劳动教育性质和基本理念，目标和内容，途径、关键环节和评价，学校劳动教育的规划与实施，条件保障与专业支持五个部分，着重强调了这样几点：

一是强调劳动教育注重发挥劳动的育人功能，对学生进行热爱劳动、热爱劳动人民的教育，具有鲜明的思想性、突出的社会性和显著的实践性，防止把劳动教育窄化为上课，或者泛化为学生的一切学习活动。

二是强调劳动教育以日常生活劳动、生产劳动和服务性劳动中的知识、技能与价值观为主要内容，注重全面提升学生劳动素养，防止把新时代劳动教育与过去的劳技训练混为一谈。

三是强调通过独立开设劳动教育必修课，在学科专业中有机渗透，在课外校外活动中安排，在校园文化建设中强化四个途径，将劳动教育贯穿到学校教育的各个方面，解决有教育无劳动的问题。

四是强调围绕讲解说明、淬炼操作、项目实践、反思交流、榜样示范等关键环节，加强劳动教育，努力克服有劳动无教育的问题。

五是强调通过配备实施机构和人员、加强劳动安全风险防范与管理、建立协同实施机制等措施，严格组织实施要求，把劳动教育做细做实。

探究与分享

小包参加了学校组织的学农活动，度过了一周与田野大地、劳作生活亲密接触的时光，回校后写的作文还获得了高分。“虽然累，但是很开心，比农家乐有意思。”小包回到家后对父亲说。当被问到对学农活动等一系列劳动教育活动深层次的感受时，小包一脸严肃地讲道：“体力劳动实在太辛苦了，所以我得用功学习，上好大学、选好专业，成长为高端人才。”

你认同小包的看法吗？为什么？

项目二

技能承载专业

学习目标

知识目标

了解适合中职生发展的职业群。

了解技能的定义和种类。

理解职业的含义。

了解我国职业教育的使命和发展。

能力目标

掌握中职生掌握专业技能的方式。

领略专业技术的魅力。

由我国职业教育的快速发展认识到自己的时代使命。

素质目标

清楚自己的时代使命，获得职业荣誉感。

立足现实，练就过硬本领，用技能成就梦想。

掌握进入社会生活的专业技能或必要本领，全面提高素质能力。

榜样示范

木拱廊桥营造技艺传承人

木拱廊桥是我国独有的一种桥梁形制。它以梁木穿插别压形成拱桥，足支撑在两岸的岩石上，底座由数十根粗大圆木纵横拼接，对拱而成“八字结构”，不用钉铆，完全靠自身的强度、摩擦力和圆木直径的大小、所成的角度、水平的距离等，搭接巧妙，结构简单，异常坚固。更令人叹服的是，这些木拱廊桥并不是那些用来点缀风景的亭台楼阁，它们大多建造在浙江与福建交界处的高山深谷之间。这些地区气候多变、雨水充沛，河床动辄三四十米，水深流急之处，过河比登天还难。我们的先人就地取材，不用一钉一铆，只用短小的木头，经纬编织成拱，就可横跨 40 米以上的深谷激流。几百年来，上百座这样的木拱廊桥在崇山峻岭之间屹立不倒，为当地老百姓提供来往交通的方便。

位于福建武夷山深处的余庆桥是国家级文物，不幸的是，2011 年该桥遭火焚毁。2014 年，当地政府决定重建该桥。

郑多雄，出身木工世家，是郑氏家族木拱廊桥营造技艺第七代传人郑多金的弟弟，郑多金是国家级非物质文化遗产项目代表性传承人。和先人一样，他造桥也不用图纸，一切设计都已在心中完成。斧头、竹笔、墨斗是加工木料的主要工具。他先根据杉木的大小、弯直分配木料，再用竹笔、墨斗在木料上做好记号，沿记号下锯、下凿。郑多雄说，要想让拱架的榫卯搭接严丝合缝，在木料上下的每一步都要非常精准。建造木拱廊桥，首先用三组圆木组成三折边拱，跨过河谷，再在三折边拱中穿插交织第二道折边拱，两套系统穿插别压，相互支撑、相互限制，形成稳定的整体。这个整体中的各个交叉的节点必须算得非常精确。如果精确，一座桥安装的时候就会顺利；如果不精确，就会有或大或小的间隙，不但安装不顺利，即便安装好了，桥面的压力也不会在桥的内部得到充分、均匀的传递，桥就会在重压下坍塌。

郑多雄反复强调，造这个拱架，一颗钉子也不用，钉子二三十年就掉了，木头是不会烂的，人活百岁，木寿千年。我们造桥的时候，必定会想到一百年、两百年以后。我们先人造的木拱廊桥有的已经七百多年了，现在还能走人。先人在看，后人在用。我们是不敢马虎的，该做的工一点也不能省，该流的汗一滴也不能少，该花的心思一丝也不能缺。

“闻道有先后，术业有专攻，如是而已”。一个人要想取得成就，应尽量做到专一，专注于自己所从事的职业，从而达到熟能生巧、精益求精。

作为学生，我们首先需要了解自己所学的专业，如所学专业需要学习哪些知识、将来可以从事何种职业，以及社会发展和产业升级对从业者职业素养的要求。

任务一　认识专业

一、专业的定义

专业是根据学科分类或生产部门的分工把学业分成的门类，如会计专业、物流专业、电子商务专业、文秘专业等。专业并不是自古就有的，而是社会分工的产物，专业的细化体现了社会分工的细化。

二、专业与职业的关系

职业是个人所从事的、可以取得收入的工作。专业与职业有着一定的联系。专业为职业提供必要的基础知识和基本技能，职业对专业有着引领作用。

三、专业对应的职业群

1. 职业群的含义

一个专业往往对应一个职业或者一个职业群。职业群，又称“职业岗位群”，是职业岗位之间相互联系的职业系统。例如，文秘专业对应的职业群包括前台接待、行政助理、档案管理等。

2. 适合中职生发展的职业群

中职生所学专业对应的职业群包括适合中职生横向发展和纵向发展的职业群。

（1）适合中职生横向发展的职业群。

适合中职生横向发展的职业群主要表现为首次就业的择业方向及岗位或今后可能转岗的职业，即专业所对应的就业岗位。这类职业群一是可以拓宽中职生的眼界，使其深入了解所学专业，进而找到适合自己个性发展的职业；二是能够为首次就业的中职生提供比较宽的择业范围。

（2）适合中职生纵向发展的职业群。

适合中职生纵向发展的职业群主要表现为技术等级和职务的提升，是中职生职业生涯发展过程中潜在的岗位。例如，数控专业的毕业生可从中级工做起，逐渐晋升为高级工、技师、高级技师等。

课堂实训

安装与制作活动

在本次课堂实训中，电工及相关专业学生可选择“安装声光控开关”，其他专业学生可选择“制作花灯活动”。

一、安装声光控开关

(1) 选用电源 220V 的开关，开关的最大功率要大于灯泡功率，选择合适的延时，还要保证质量，才能长时间使用，其基本配件如图 2-1 所示。

(2) 选择好开关后，接下来就要对参数进行调整。大家先将开关前盖打开，然后对光控和声控的参数进行调整，如图 2-2 所示。一般情况下，大家可以把光控调整为“黄昏”，声控调整为“低”，这样就能最大限度地发挥开关的作用而且不浪费电。

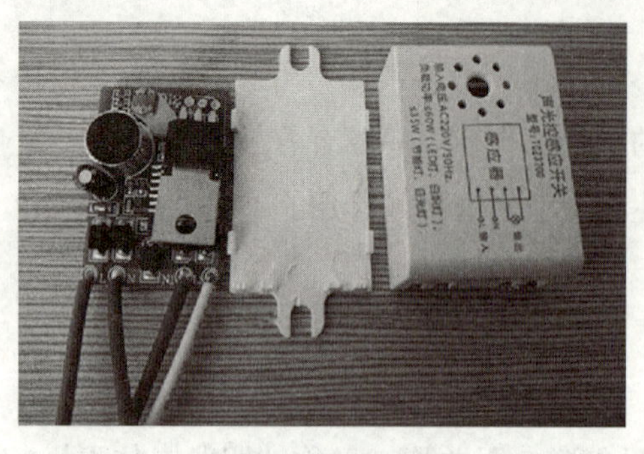
图 2-1　声光控开关的基本配件

图 2-2　调整声控与光控

(3) 大家将相应的参数调整好后，接下来我们来看看开关的连接方法。从电路图中，我们看到这款开关有三个接线孔，如图 2-3 所示，它们分别连接火线、零线、控制线，控制线通常只有公司才会使用，家庭中就是连接火线和零线。

(4) 接下来我们再来看看如何接线，如图 2-4 所示。大家在接线前，应将电线绝缘皮撕掉 2cm 左右，露出铜芯，然后将开关旋开连接接线柱，再把铜芯塞入接线口，上紧螺丝，裸露铜芯不要超过 5cm，灯接在零线上（也就是开关中的箭头"→"处），火线接在"L"上。

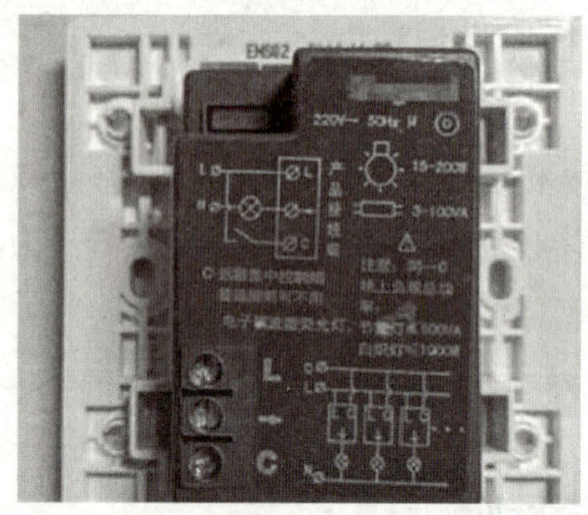

图 2-3　接线孔

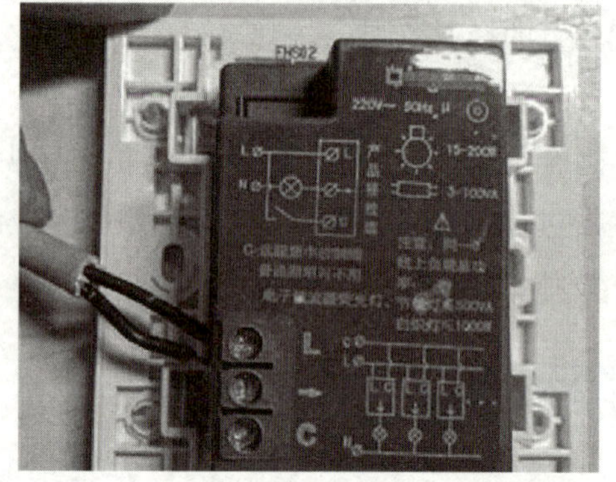

图 2-4　接线

(5) 将线接好后，下一步就是将开关装在墙上。准备好开关盒（明盒、暗盒都可以），旋紧开关周边的螺丝，盖好盖板，调整角度使开关摆正，然后就可以通电试验了。

二、制作花灯活动

1. 活动安排

3～5 名学生组成一个小组。

2. 活动准备

(1) 骨架材料的准备。最好选用可以弯曲的竹枝或竹皮搭成框架，衔接的地方用细线绑紧。如果没有竹枝或竹皮，也可以用细长条状的硬纸板和烧烤用的竹签代替，虽然在结实程度和柔韧性上有所欠缺，但摆在室内效果也不错。

(2) 灯身材料的准备。准备水彩笔、水彩颜料、白色和红色两种宣纸、白色棉纱布、一把剪刀和一把裁纸刀。

(3) 光源材料的准备。准备蜡烛或灯泡、电池。

(4) 裱糊材料的准备。准备一瓶胶水、一个小软毛刷。

3. 活动过程

第一步，制作骨架。

就纸灯笼而言，比较易做的形状是立方体或圆柱体。

(1) 将竹子加热半小时，然后取出，置阴凉处晾干，但不得过分干燥，也不能在强光下暴晒。

(2) 刨皮裁度。刨去粗糙的表皮，裁取所需的竹条，长度根据灯笼大小而定。制作骨架时以交叉方式完成编织，在灯架中间扎数圈竹圈于灯壁上。

第二步，制作灯身。

把宣纸裁成符合灯笼骨架的长度和宽度后，就可以自行设计图案了。书法、绘画、剪纸等才艺，都可以在小小的灯笼上呈现。灯笼糊好后，还可以用窄条的仿绫纸在灯笼上、下镶边，使灯笼看起来更为雅致，更像宫灯。

如果不太擅长书画，可以用一张薄纸在字帖上描下想要的字样，再将这张薄纸和红色宣纸重叠在一起，用单刃刀片将字迹挖掉。拿掉有字的薄纸，红宣纸上就出现了镂空字。用白色宣纸做灯身，将红色宣纸糊在里面，烛光或灯光会从红色宣纸的镂空处映射出来，相当漂亮。

第三步，制作光源。

如果将灯笼放在室内，只需要在灯笼里点一根普通蜡烛；如果想提着它出去，最好用灯泡和电池做一个简单电路。

第四步，裱糊。

先将胶水均匀地平刷在骨架表面，再裱糊棉纱布，即将剪好的棉纱布轻附在灯架上，再用刷子蘸糊刷平，最后再粘贴两层做灯笼用的单光纸（如果没有单光纸，细棉纸亦可）。需要注意的是，刷平胶水的刷子必须干净，裱糊的纸也必须没有接缝，裱糊才算真正完成。

第五步，晾干。

将灯笼放在阴凉通风处晾干。

第六步，彩绘。

(1) 彩绘或剪贴：将所需图案（如八仙、花鸟、仕女等）彩绘或剪贴在灯笼上。

(2) 书写文字：彩绘后，依情况来决定是否书写文字。等文字、图案完全晾干，就大功告成了。

任务二 技之能者为师

一、职业生涯发展有赖技能

知识能够改变命运，技能也能够成就人生。当今社会对技能型应用人才的需求呈现上升趋势，技术工人队伍已成为支撑中国制造、中国创造的重要基础，对推动经济高质量发展具有非常重要的作用。

1. 技能的含义

所谓技能，就是人们通过后天学习和练习而获得的能力，通常表现为某种动作系统和动作方式。

技能带有一定的操作技术性质，以动作或行为方式为人们所掌握。技能与能力不同：第一，技能是一个人身上固定下来的复杂的动作系统，而能力则是一个人顺利完成活动任务的心理特征；技能是对动作和动作方式的概括，而能力则是对调节认识活动的心理活动过程的概括，是较高水平的概括。第二，学校教育中的任何一门学科，不仅要教给学生系统的知识，同时还要培训学生练就一定的技能，知识和技能都是具体的教学内容，而能力则是教育所要达到的目的。第三，知识、技能的掌握，并不意味着能力的高低。

2. 技能的分类

（1）按其性质和特点的不同，技能可以分为动作技能和智力技能。

动作技能又称“操作技能”或“运动技能”，是通过练习巩固下来的、自动化的、完善的动作活动方式，主要表现为外显的肌肉骨骼的操作活动，是由一系列外部实际动作构成的技能，如打球、写字、骑自行车、织毛衣等。智力技能又称“智慧技能”或“心智技能”，是一种借助内部言语在头脑中实现的认知活动方式，主要表现为内隐的认知操作活动，是由头脑内部完成的、由心智活动构成的技能，如心算、写作构思、工程设计等。

动作技能与智力技能既有区别又有联系，如表 2-1 所示。

表 2-1　动作技能与智力技能的关系

		动作技能	智力技能
区别	活动对象不同	属于实际操作活动范畴，活动对象是物质的、具体的，表现为外显、易见的骨骼和肌肉操作，可以被观察、被感知	属于观念范畴，活动对象是头脑中的映象，只能在大脑内借助内部言语内隐地进行，具有主观性、抽象性和隐藏性，不具有物质形式，看不见、摸不着

续表

<table>
<tr><th></th><th></th><th>动作技能</th><th>智力技能</th></tr>
<tr><td rowspan="2">区别</td><td>活动结构不同</td><td>动作技能是系列动作，不能省略</td><td>智力技能借助内部言语实现，可以高度省略、高度减缩，甚至难以觉察到其全部活动过程</td></tr>
<tr><td>活动要求不同</td><td>动作技能要求学习者必须掌握“刺激—反应”联结</td><td>智力技能要求学习者掌握正确的思维方法</td></tr>
<tr><td rowspan="2">联系</td><td rowspan="2">二者有机统一、相互融合</td><td colspan="2">动作技能常常是智力技能形成的最初依据，也是智力技能的外部体现</td></tr>
<tr><td colspan="2">智力技能往往又是外部动作技能的支配者和调节者，复杂的动作技能往往包含认知成分，需要智力活动的参与，手脑并用才能完成</td></tr>
</table>

（2）辛迪·梵和理查德·鲍尔斯将技能分为专业知识技能、可迁移技能和自我管理技能。

1）专业知识技能，是指通过有意识的专门学习和记忆才能获得的专业知识或技能，这些技能常常与我们的专业学习或工作内容直接相关。

2）可迁移技能，是指能够从一份工作中转移运用到另一份工作中的、可以用来完成许多类型工作的技能，是专业知识技能之外的通用技能。它适用于各种职业和岗位，是伴随终身的可持续发展能力。主要内容包括表达沟通能力、综合管理能力、问题解决能力、良好的人际关系能力、学习与自我提高能力。

3）自我管理技能，是指依靠主观能动性按照社会目标，有意识、有目的地对自己的思想和行为进行转化控制的能力。它是个体所具有的特征和品质，是个体最有价值的“资产”，是影响职业生涯成功与否的关键。

专业知识技能涉及专业知识和课程，是我们所掌握的知识，它不能够迁移，需要经过有意识的、专门的学习和记忆才能获得，一般用名词来表示。可迁移技能是职业生涯中除岗位专业能力之外的基本能力，是我们能做或会做的事情，是通用的、可迁移的，一般用行为动词来描述。专业知识技能的运用都是在可迁移技能基础之上的。自我管理技能经常被看作是个性品质，而不是技能，被用来描述或说明我们具有的某些特征。这些技能可以从非工作领域迁移转换到工作领域，有助于我们推销自己和自己的才能，是成功所需要的品质，一般用形容词或副词来表示。将专业知识技能、可迁移技能和自我管理技能结合在一起，能让个人技能的表述更具说服力，并可以说明我们以何种态度从事工作。

3. 掌握专业技能的重要性

“尺有所短，寸有所长”。每个人都有自己独特的素质和能力，孰优孰劣无法轻易断定。在社会主义市场经济条件下，个人价值是从创造经济效益和社会效益所起的作用中体现出来的，在双效益的衡量下，个人的专业素质和能力便有优劣之分，个人的竞争力由个人的专业素质和技能水平所决定。对于中职生来说，能否找到一份适合的工作，掌握精湛的专业技能是关键。无论你学习什么专业，都应该努力掌握自己专业领域的知识，精通自己专业领域的操作技能，成为这一专业的行家里手，这必是你走向成功的秘密武器。

4. 如何掌握专业技能

（1）夯实专业理论基础。

中职学校的学生首先要认真学习和掌握基础理论知识，包括文化科学知识和专业基础知识两大类。学生不仅要通过文化课的学习不断提高文化素质，并为专业基础知识的学习做好准备；还要重点学习专业基础课，掌握专业理论知识，为接下来的技能培训和实验操作打下坚实的理论基础。

（2）强化专业技能训练。

中职学校的学生是靠技术和技能生存的，专业技能训练和实践锻炼直接决定未来能否就业。如何强化专业技能训练呢？

1）熟练运用专业知识。专业知识是形成专业技能的前提条件。只有熟练掌握专业知识，才能正确进行操作训练。

2）熟练掌握操作要领。专业技能是由各个操作环节组成的，要掌握专业技能，就要掌握每个环节的操作要领。学习操作要领，要充分发挥视觉和动觉的作用，在听懂讲解、看清示范的基础上，认真模仿练习，不断纠正错误，逐步掌握操作要领。

3）全面练习。要掌握专业技能，先进行单项技能训练，在基本掌握单项技能的基础上，把单项技能综合起来练习，做到连贯、协调，从而全面掌握整个操作技能。

4）注意手脑并用。在专业技能训练中，除加强动手操作外，还必须勤用脑，这不仅有利于加深记忆，更重要的是还可以创造性地掌握专业技能。

5）时时训练、处处训练。技能训练既不能只局限在学校、实验室和车间，也不能局限在学期中，家里、假期等也是练习的场所和时机，要随时把握，把技能训练与生产实践紧密结合。

二、技能为桨，划向彼岸

无数青年成长的事迹充分说明，成功从不偏爱谁，练就真本领、硬功夫，就能打开属于自己的一片天空，就能成就自己的人生梦想。

1. 练就过硬本领

奋进新时代，青春正当时。我们身处的新时代，是人人皆可出彩的“大舞台”。一方面，时代为我们施展才华、竞展风采提供了广阔舞台，为我们实现人生理想、创造美好生活打开了宽广空间。另一方面，知识更新不断加快，社会分工日益细化，新技术、新模式、新业态层出不穷。这也对我们的能力素质提出了新的更高要求。成就自己的人生理想，担当时代的神圣使命，尤须我们努力学习掌握科学知识，提高内在素质，锤炼过硬本领，使自己的思维视野、思想观念、认识水平跟上时代发展的脚步。

一条柔软的江南丝巾随意叠放在盘中，宝相花和卷草纹相间的图案典雅高贵，围巾边上，流苏动感地垂落下来，在灯光下看过去，交织的丝线透着柔滑的亮光……如果不是坚硬的触感暴露了它的“金属身份”，几乎每个人都会在这份 APEC 国礼前被自己的眼睛蒙蔽。

如何在一块 0.6mm 的银片上生动地展现一条丝巾？孟剑锋采用了距今已有近 3 000 年历史的传统工艺——錾刻，以密点勾勒花纹形状，横纹、竖纹相间产生丝线的自然光泽，还有弧度细纹生成的垂感流苏等。细细看来，其实这件“和美”纯银丝巾果盘上是无数条细密的经纬线纹，这些线纹代表孟剑锋要用篡子在银片上进行上千万次錾刻敲击。

精细永无止境，学技巧这条路永远不能停止。提起对工匠精神的感悟，孟剑锋说，精益求精是干好手艺活最重要的基础。每一件作品都有自己独特的生命力，只有当一个工匠把对这门手艺的热爱投入到每一个动作和制作工艺中时，才能让作品散发出诱人的光芒。

2. 用创新引领未来

创新，是人类社会发展生生不息的动力。当今世界，创新已经成为国家发展的动力，成为民族兴旺的助推器。我们面对的是日新月异的世界，我们从事的是前无古人的事业，创新是掌握民族发展命运的关键之举，是战胜各种风险挑战的制胜之道。

鲁班是我国古代著名的土木建筑工匠，也是一个杰出的发明家。在我国，鲁班深受人们的景仰和爱戴。鲁班发明的工具大大提高了我国古代工匠的劳作速度，也大大提高了物品的质量水平和美观程度。

一次，鲁班和其他一些工匠奉命建造一座规模宏大的宫殿。宫殿造到一半时，木料不够用了，眼看工期一天天地逼近，工匠没办法，只好放下手中的活儿上山采木料。大家起早贪黑地用斧子砍木头，进程很慢。这下子可使鲁班犯了愁。用斧子砍木头，效率实在是太低了，所以鲁班就想研制出一种新工具，加快伐木的速度。一天，鲁班照常上山采木料，途中突然摔倒了，他下意识地抓住身边的小草。当他把草松开时，发现手上竟被小草拉了深深的一道口子。仔细一看，原来这种草和其他的草不一样，叶子边缘有一排又尖又细的齿。他眼前一亮，心想：“如果用一片特别大的这样的叶子来伐木，那会不会很省劲儿呢?”他上山后，找到一块竹子，把它边缘削成齿状，用来伐木。竹片轻而易举地就把木头割断了，但用了一会儿后，竹片上的竹齿都变钝了。鲁班明白这是因为竹子太软了，要找一种质地坚硬的材料来制造这种工具。他下山后，让铁匠按照他的想法打出带齿的铁片，再在两端安上木柄，这样第一把锯就诞生了。后来他们又造了许多锯，伐木又快又省力，工程提前完工了。

还有一次，有一个国家请鲁班给他们造一种攻城用的高梯子。鲁班想：普通梯子是搭在墙上的，会被人从上面掀翻梯子。于是他苦思冥想了许久，突然灵光一闪，马上动手制造了一个能“站立”的梯子，即两个梯子相互支撑在一起，上面还可以坐一个人。因为这种梯子非常高，高耸入云似的，所以称它为“云梯”。今天，盖房子依然离不开它。

在鲁班之前，肯定会有不少人碰到过手被野草划破的类似情况，为什么只有鲁班从中受到启发，发明了锯，这值得我们思考。大多数人只是认为这是一件生活小事，不值得大惊小怪，他们往往在治好伤口以后就把这件事忘掉了。而鲁班却有比较强烈的好奇心和创新能力，很注意对生活中一些微小事件的观察、思考和钻研，从中找到解决问题的方法和思路，甚至获得某些创造性发明。鲁班的事件告诉我们一个道理：多留意生活中不起眼的小事，勤于思考，会增长许多智慧。

对于个人而言，我们要与时俱进、开拓创新，努力抓住发展的机遇，不断开创国家各项事业的新局面；要不断在实践中探索前进，永不自满，永不懈怠，努力使工作体现时代性，把握规律性，富于创造性；要充分发挥敢想、敢闯、敢为天下先的特点，努力学习知识，积极增长才干，用创新创造为深化改革增添动力，用新的业绩为科学发展增添活力，使青春的价值在推进民族复兴伟业中充分彰显。

3. 用技能成就梦想

近年来，职业教育中一种“蓝金领”概念的出现，高度契合了社会对职业教育的理解和期望。党和国家高度重视职业教育，经费投入大幅增加，办学条件明显改善，发展环境不断优化。职业教育迎来了前所未有的发展黄金期，一个世界规模最大的职业教育体系已经基本建成。

站在这一起点上，我们应顺应时代潮流，以高素质劳动者和技术技能人才为目标，培育自身精益求精的工匠精神和爱岗敬业的劳动态度，为“中国智造”“中国创造”而努力，为当前赋予职业教育的时代使命而奋斗。

三、领略专业技术的魅力

1. 新兴技术领域

在技术史上，新兴技术是指 21 世纪发展的一系列最尖端的技术，包含了现代技术在农业、生物医学、通信、材料科学、军事等领域内最显著发展和革新的技术，其特点是技术创新、技术融合。下面选择与我们生活联系密切的两个技术加以简介。

（1）5G 技术。5G 技术即第五代移动通信技术（5th Generation Mobile Networks），简称“5G”，是最新一代蜂窝移动通信技术，它的主要特征是大带宽、低时延、万物互联，波长为毫米级。5G 到底有多快？目前，最快的 4G 移动网络提供的网速约为百兆，相比之下，5G 达到千兆速度。也就是说，5G 可以在实际条件下，实现比 4G 快 10～20 倍的浏览和下载速度。这意味着 10 秒就可下载一部 1GB 大小的高清电影，1 分钟左右就能下载一部加长蓝光 70GB 的电影。更快、更智能的 5G 时代已经到来，它能为我们带来什么？

首先，5G 将带来光纤般的“零”时延接入速率，提升超百倍的网络能效，拉近人与万物的智能互联距离，最终实现“万物触手可及”。其次，5G 可以为更多无法预知的新业务带来更高清的视频以及形成更高能效的物联网，让城市更加智能，如无人驾驶汽车、虚拟现实 VR、无人机工作群等。通俗地讲，有了 5G 之后，按下控制器按钮后与屏幕上显示效果之间的延迟时间会更短。移动终端上的视频播放会更快、更稳定，视频聊天画质会更清晰、更流畅。

(2) 人工智能。人工智能（Artificial Intelligence）简称“AI”，简单来说，就是通过计算机实现人脑的思维能力，包括感知、决策以及行动。当前人工智能的商业化主要是基于计算机视觉、智能语音、自然语言处理等技术，并且在一些特定的领域有了相应的产品或服务。人工智能是引领未来的战略性技术，世界上许多国家都把发展人工智能作为提升国家竞争力、维护国家安全的重大战略，加紧出台规划和政策。2017 年 7 月 8 日，国务院印发《新一代人工智能发展规划》，这是我国首个人工智能发展规划。大力发展人工智能事关国家安全和国际竞争力的提升，有利于实现创新驱动发展，加快转变经济发展方式，有利于推动供给侧结构性改革，更好地满足人民群众对美好生活的需要，有利于坚持以人为本，及时准确地把握群体认知及心理变化，实施科学的宏观调控。

2. 中国传统工艺技术领域

中国传统工艺是指具有历史传承和民族地域特色，与日常生活联系紧密，主要是用手工劳动制作的工艺及相关产品，是创造性的手工劳动和因材施艺的个性化制作产生的作品，具有工业化生产不能替代的特性。中国各族人民在长期社会生活实践中共同创造的传统工艺，蕴含中华民族的文化价值观念、思想智慧和实践经验，是非物质文化遗产的重要组成部分。我国传统工艺门类众多，涵盖衣、食、住、行，遍布各族各地，下面仅以北京宫毯、传统美食为代表加以简介。

(1) 北京宫毯。北京宫毯又被称为“官坊毯”，是北京富有地域特色和宫廷特色的传统手工艺制品。它用料讲究，织法细腻，图案丰富，过去曾是皇宫专用的御用品，所以叫宫毯。2019 年 11 月 12 日，北京宫毯织造技艺入选国家级非物质文化遗产代表性项目保护单位名单。北京宫毯历史悠久，蕴藏浓郁的中国传统艺术风格，代表一个古老的、民族的审美。北京宫毯有地毯、壁毯、卧毯等多个品种，原材料以羊毛、丝线为主，织结坚牢，毯面柔软。北京宫毯的图案丰富多彩，有京式、古纹式、民族式、锦纹式、花鸟式等，图案讲究纹样对称，给人以四平八稳之感。工艺流程大体分为前期准备、织毯成型和美化整理三个工序。北京宫毯充分展示了中国传统文化和北京的宫廷艺术特色，并在此基础上向民间拓展。它既存皇家气派，又有民间韵味，给人无穷的回味与遐想。北京宫毯的主要特点是：设计精心，构思完美；精心选料和配线；加工一丝不荀，精益求精；追求产品的完美。北京宫毯制作技艺精良、图案精美、雍容华贵，具有较高的艺术欣赏价值和收藏价值。

（2）传统美食。“民以食为天”，随着回归自然食品的兴起，传统美食越来越受到人们的青睐。中国人的饮食历来以食谱广泛、烹调技术的精致而闻名于世。据载，南北朝时，梁武帝萧衍的厨师，一个瓜能变出十种式样，一个菜能做出几十种味道，烹调技术的高超，令人惊叹。中国的菜系是指在一定区域内，由于气候、地理、历史、物产及饮食风俗的不同，经过漫长历史演变而形成的一整套自成体系的烹饪技艺和风味，并被全国各地所承认的地方菜肴。中国菜肴素有“四大风味”和“八大菜系”之说，其中“四大风味”指的是鲁、川、粤、淮扬；“八大菜系”一般指鲁菜、川菜、湘菜、苏菜、浙菜、徽菜、粤菜和闽菜。

四、技能与职业

职业教育的目标是为社会培养高素质技术技能型人才，这是应市场经济发展的要求，也是应用人单位的岗位需求。可以说技能是就业的前提和基础，职业需求影响专业技能的习得。随着市场竞争的日趋激烈，整个社会对从业人员的技能要求越来越高，用人单位更关注的是求职者从前做过的、现在能做的和未来可做的，只具备专业理论知识而不具备实际做事能力、不能满足岗位基本技能要求的毕业生很难获得就业的机会，中职生的就业优势恰恰就在于具有熟练的、符合岗位要求的职业技能。技能和职业的匹配包括熟练程度和个人使用倾向，就业的理想状态是可以使用我们熟练的、擅长的并且愿意使用的技能。加强实践能力和职业技能成为中职生未来“能就业、就好业”的关键和基础。大力培养中职生的实践能力，不能局限于理论教学，不能与职业岗位脱节，而是要突出校内实践、实验实训教学环节，加强校外或社会实习强度，培养适应职业岗位需要的高质量技能型、操作型人才，这是职业教育的根本特色所在。

课堂实训

我的“职业生涯规划+终身学习计划”

很多人认为，上职业学校是没有选择的选择。这些人完全没看到职业教育的未来，没有看到技术人才的未来。作为中职生，我们要认识到，依照兴趣和特长选择合适的职业教育，再配合合理的职业规划和积极向上的学习态度，不仅就业前景可观，人生也可大放光彩。

请结合本项目所学，为自己制定一个“职业生涯规划+终身学习计划”，并结合该计划制定一个短期学习计划。

【过程记录】

未来目标：

规划要点：

短期学习计划要点：

心得体会：

【结果评价】

教师可参考表 2－2 对学生的“职业生涯规划＋终身学习计划”和“短期学习计划”进行评价。

表 2－2 “职业生涯规划＋终身学习计划”“短期学习计划”评价表

评价标准	评价细则	分值	分数小计	教师评价
职业生涯规划	规划体现对未来所从事行业的大局观	30 分		
	规划紧密结合自己的实际情况	30 分		
	规划有大致的时间节点	10 分		
	规划附有恰当的终身学习计划	30 分		
短期学习计划	计划完整	10 分		
	计划切实可行	20 分		
	计划有层次，目标有阶梯	20 分		
	计划有反馈提升机制	20 分		
	计划可评测	20 分		
	计划有奖励机制	10 分		

任务三 职业教育

当你迈进职业学校大门时，是否在思考一个问题：我将来能干什么？我适合干什么？要回答这个问题，中职生首先要对职业有一个感性认识，在此基础上形成对职业的理性认识，才能有一个清晰的职业选择的方向。

一、了解职业是明确职业选择的基础

许多刚入学的新生满怀对未来的憧憬来到了职业学校，可是到学校后发现，怎么和过去的知识结构、学习方式不同呢？为什么开设的课程大多是公共基础课和专业课呢？为什么还有实训课、毕业实习呢？公共基础课的学习也不是为了升学，而是为了专业课打基础。这时他们才逐渐认识到原来选择职业学校，就等于选择了未来的人生道路；选择了专业，就等于选择了未来的职业方向。中职教育的特点就是要实施职业教育，这是职业学校教育的职业性要求。因此，如果不能对职业有清晰明确的了解和认识，中职生就会陷入茫然学习的状态而感到失落或失望，就会丧失学习的目标而整天无所事事、虚度青春年华。中职生要提高专业学习的主动性和积极性，激发学好专业知识、服务社会的热情和动力，明确未来职业选择的方向，首先从对职业的了解开始。

1. 了解职业的名称，提高对职业的感性认识

1999 年 5 月正式颁布的《中华人民共和国职业分类大典》对社会中的职业进行了科学划分和归类，对职业名称、职业定义、工作活动的内容、范围以及与工种的联系等作了准确的界定和表述，全面客观地反映了当时我国的社会职业结构，是中职生学习和了解职业的权威文献。

随着经济的发展、科学技术的进步，职业结构也发生了相应的变化，国家产业结构的调整也引起了一些传统职业活动内容的变化和一批新职业的诞生，2015 版《中华人民共和国职业分类大典》将调整后的职业结构分为 8 个大类、75 个中类、434 个小类、1 481 个职业，与 1999 版《中华人民共和国职业分类大典》相比，维持 8 个大类不变，减少 547 个职业（其中新增 347 个职业，取消 894 个职业）。

2. 了解特定职业的定义，明确职业选择的方向

中职生有没有找到与自己现在所学的专业相近或一致的职业？有的中职生会想社会生活中诞生了这么多的新职业，它们都是做什么的？有没有适合自己做的呢？为此，中职生就要进一步了解每一个特定职业的内涵，为职业方向的选择提供参考。在《中华人民共和国职业分类大典》对“职业”进行定义的基础上，我国原劳动和社会保障部（现人力资源和社会保障部）自 2004 年 8 月开始发布新职业信息的同时，也对“新职业”进行了定义。例如，会展策划师是从事会展的市场调研、方案策划、销售和运营管理等相关活动的专业人员。

3. 了解特定职业的技能要求，提高专业学习的自觉性

以上只是选取了与中职生现在所学专业有一定联系的职业定义。以会展专业为例，会展策划师、会展设计师都是会展专业的学生未来的职业选择方向，那么会展专业的学生，在了解职业名称、职业定义的基础上，要深入了解该职业所需的能力要求。其他专业的同学，同样也可以根据这些新职业所揭示的职业发展趋势进行职业选择，提早进行

专业知识的储备、专业技能的培养。

通过对特定职业的职业名称、职业定义、工作内容和技能要求的了解，中职生对职业有了一定的感性认识，那么如何定义具有普遍意义的职业这一概念呢？职业对人生的意义是什么？在明确《中华人民共和国职业分类大典》对职业定义的基础上，作为中职生该如何认识职业呢？

二、职业的内涵

谈到职业，人们总会想到教师、农民、工人、医生、律师、工程师等。例如，公共营养师是对人体、膳食、食品及配方营养状况进行评价、管理和指导，进行营养知识的咨询与宣传的工作人员。又如，汽车玻璃维修工是使用气动、电动、手动等专业工具和设备对汽车玻璃进行拆卸、更换、安装、修补及其他维修工作的人员。他要从事使用专业工具施用汽车玻璃专用胶，拆、装汽车玻璃，利用仪器、仪表对汽车玻璃相关的控制电路、电子元件进行检验，检测并处理机械故障，进行汽车玻璃的修补、更新、安装的工作。从这个意义上来讲，职业似乎与我们所扮演的工作角色密切相关。职业就是从业人员为获取主要生活来源所从事的社会工作类别。在此基础上，作为个体的人，我们通过职业实践认识到，职业必须依赖一定的知识、技能并能从中获取物质和精神的回报。也可以说，职业是指人们在社会生活中所从事的以获得物质报酬作为自己主要生活来源并能满足自己精神需求的、在社会分工中具有专门技能的工作。

1. 职业的主体是为了获取基本生存权而工作的人

从个人角度来讲，职业的主体是人，职业是个人为了不断取得物质报酬作为自己主要生活来源而从事的工作。职业是有报酬的劳动，是人谋生的手段，是劳动者生存和发展的主要经济来源。人们通过职业为社会奉献劳动，社会按照一定的标准付给劳动者报酬。是不是所有付报酬的劳动都是职业呢？例如，同学们勤工俭学也是通过劳动获得了报酬，但那份工作不是职业，因为勤工俭学的收入不足以维持自己吃穿住行等基本的生活需要，不能成为主要的生活来源，因此虽然勤工俭学是有报酬的劳动，但不是职业。人们通过职业获得的是基本生存权，是人们的物质需要得到了满足，人们通过职业满足物质需要的同时也为社会创造了物质财富，为社会提供的劳动越多、创造的物质财富越多，人们的物质生活质量就会越高，生存权的范围就会越广，这样才能通过职业求得生存、谋求发展、发挥能力、贡献社会。

2. 职业的载体是人为了满足社会需要而进行的劳动

从社会角度来讲，职业的载体是人的劳动，是生产力发展和社会分工的产物，它反映了一种或多种的社会需要。职业是在社会分工的基础上逐渐形成的，生产力的发展和社会分工是产生职业的社会基础。社会大分工需要有人固定地从事某些工作。随着社会大分工的出现，人类社会就有了不同职业之分。农夫、牧人、工匠、商人等是最初的职业，随着生产力水平的不断提高，人的劳动方式、劳动内容发生了质的变化，新的职业不断出现，如艺术家、诗人、文学家、科学家、医生、教师、售货员、推销员、秘书、家政服务员、技术员、警察、司机、会计等。时代发展到今天，科学技术得到了迅猛的发展，职业也得到了空前的发展，展现出一幅幅崭新的图景。但不管是什么职业，都是人们在一定生产力发展水平的基础上，在社会劳动分工情况下从事社会劳动的具体形式，都是社会劳动分工体系中的一个环节，只是不同的职业具有不同的职责，包含不同的工作内容，要求劳动者具有不同的技能和职业素养。

3. 职业的内容是人运用知识和技能技巧进行劳动的过程

从内在属性来讲，职业的内容是人运用知识、技能、技巧进行劳动的过程。职业的内容也是人的知识、技能、技巧适应生产发展的需要而不断创新的过程。职业是有劳动能力的人从事的具有专门技能的工作。如数控程序员是由于科学技术的发展，特别是计算机技术在现代制造业中的普及、数控机床等数控加工设备在我国机械制造业中的广泛运用而出现的，从事数控加工的技能人才。数控程序员既要能根据零件的加工要求，选用合适的工具、夹具、加工设备与刀具，又要能使用计算机辅助制造软件进行数控加工程序的编制。随着社会的发展、科技的进步，劳动的专业化程度越来越高，职业的专业性越来越强，对专业人才的要求也越来越高。在知识经济时代，由产业结构、行业结构、社会结构共同决定的职业结构发生了巨大变化，职业越来越向高科技化、智能化、专业化方向发展。知识以及知识的运用，是人类又一财富之源，是社会发展又一动力之源，而知识只有转化为现实的生产力才能改变命运。

随着科技进步转化为生产力的速度越来越快，职业演变的速度也不断加快，21 世纪的职业演变速度已经大大快于 20 世纪。一些职业可能在一代人的时间内发生变化，每 3～5 年就有约 50％的职业技能需要更新。人类的职业大约每过 15 年会更换 20％，而 50 年后，现存的一些职业可能会消失，取而代之的是我们现在无法想象的职业。劳动者必须不断学习，掌握新知识、新技能才能适应经济社会的发展。

4. 职业的价值是满足人的精神需要

从价值属性来讲，职业是人的综合素养在劳动中发挥调节作用的体现，是个人通过向社会作出贡献而满足自己的精神需要的工作。个人的世界观、人生观、价值观决定了职业观，而人的职业观决定了人的职业幸福感；反过来，一个人能够将服务社会、贡献社会作为自己最大的幸福和精神追求时，职业就成了劳动者创造人生价值的舞台、实现生活理想的桥梁、发挥聪明才智的场所、奉献社会的理想归宿。正如马克思所说：“如果我们选择了最能为人类而工作的职业，那么，重担就不能把我们压倒，因为这是为大家作出的牺牲；那时我们所享受的就不是可怜的、有限的、自私的乐趣，我们的幸福将属于千百万人，我们的事业将悄然无声地存在下去，但是它会永远发挥作用，而面对我们的骨灰，高尚的人们将洒下热泪。”

职业对人生的意义是什么呢？实际上，人的一生是以职业为依托，通过职业把自己的聪明才智贡献给社会，得到社会的认可，做一个对社会有用的人，就是我们的最大幸福与追求。

三、认识职业教育

1. 职业教育的使命

今天，中国的高铁走出国门、“天宫”遨游太空、5G 技术引领潮流……“中国制造”遍布世界，并向“中国质造”和“中国智造”挺进。

经济的腾飞离不开千百万能工巧匠，社会的进步离不开数以亿计的高素质劳动者。职业教育肩负培养多样化人才、传承技术技能、促进就业的重要职责，承担培养数以亿计的高素质劳动者和技术技能人才的历史重任。

2. 职业教育的发展

新中国成立后，以工业化为主要标志的社会主义建设，对各级各类人才都有紧迫需求，这为职业教育开辟了广阔天地。新中国成立以来，职业教育取得历史性成就。教育规模从小到大，办学层次从低到高，专业覆盖面从少到多，社会参与由寡到众，办学能力由弱变强，社会贡献由微到著。

职业教育得到了党和政府的高度重视与大力支持。职业教育立足于技能提升教育质量，形成了产教融合、校企合作、开放办学的体制机制，德技并修、工学结合、手脑并用的育人模式；将标准化建设作为统领职业教育发展的突破，建设了一支双师型教师队伍，形成了纵向贯通、横向融通的职教体系。

新中国成立以来，职业教育作为国民教育体系的重要组成部分和人力资源开发的重要途径，走过了从初创到成熟的历史征程，为建设新时代中国特色、世界水平的现代职业教育体系奠定了坚实基础，为实现中华民族伟大复兴提供了人才保障。

3. 职业教育大有可为

随着我国进入新的发展阶段，产业升级和经济结构调整不断加快，各行各业对技术技能人才的需求越来越紧迫，职业教育重要地位和作用越来越凸显。2019 年 1 月，国务院印发《国家职业教育改革实施方案》（简称“职教 20 条”）。职业教育的重要性，被提高到了“没有职业教育现代化就没有教育现代化”的地位。

我国经济发展要靠实体经济作支撑，这就需要大量专业技术人才，需要大批“大国工匠”。从托幼到养老，从生产、销售到物流，从能源到通信，没有哪项百姓生活事务离得开职业教育培养出的人才提供的产品和服务。作为中职生，我们应看到自己身上所肩负的时代使命，努力学习，向劳模和“大国工匠”看齐，在自己的领域辛勤耕耘，为自身的幸福生活艰苦奋斗，为国家的发展贡献力量。

课堂实训

铝线编织

铝线编织工艺是一种手工工艺，它是利用铝线，通过弯折、连接等方法制成作品。让我们一起准备材料，编织一个简单易学的小自行车。

（1）材料准备：直径1.0～1.2mm的铝线1m，直径0.8mm的彩色塑料空心软管30cm，本项目选取透明色软管。

（2）操作步骤如表2-3所示。

表2-3　制作铝线小自行车

操作步骤	图示
将铝线套管后缠绕在下面的横梁上加以固定，在后轮再绕一下。	
弯制车座，将铝线弯成竖直方向，然后留1cm，用尖嘴钳向后方弯折90°。	
用圆嘴钳弯制成车座。	
车座形状整理好后套上塑料软管，留取适当长度，然后将大梁弯制出来，将铝线缠绕在前轮上加以固定，同样缠绕6圈。将一直垂直在前轮上的铝线向刚刚缠绕铝线相反方向弯制90°，这样车把的模样就出来了。	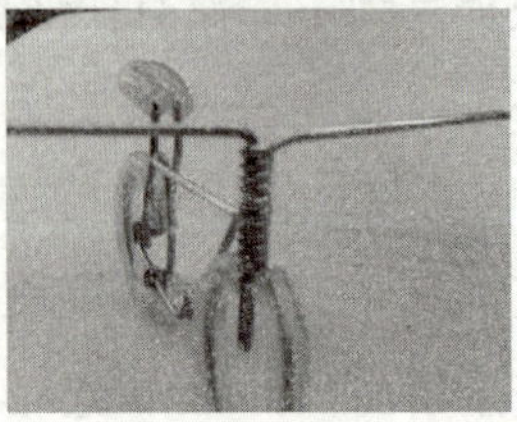

续表

操作步骤	图示
取 2cm 左右，用尖嘴钳弯制车把和刹车，注意两边要对称弯制。此时，自行车车身基本完成。为了让脚蹬能灵活转动，可以选择用水口钳剪两小段圆珠笔笔芯，串在脚蹬圈位置，用尖嘴钳稍微用力夹一下圆环，保证笔芯圈不脱落。之后找一根细一点的铝线做链条，弯制链条时，可以用偏口钳在细铝线上稍微用力夹出花纹，使链条更形象。安装链条时可以用 AB 胶直接黏住，链条黏上后，用偏口钳剪取 5cm 左右铝线，弯制脚蹬，先弯制一半，穿过套后再弯制另一半。最后制作车梯子，剪取 3cm 左右铝线弯制成车梯子。	

我国民间有很多编织艺人，他们不仅编织出很多活灵活现的艺术品卖出高价，而且还开设学习班，发扬这门技艺。目前，铝线编织工艺还是有一定的市场前景的。让我们动手来编织一个自己喜爱的自行车吧！

【结果评价】

教师可参考表 2－4 对学生制作的小自行车进行评价。

表 2－4　任务评价表

操作内容	分值	评分内容及评分标准	自我评价	家长评价	教师评价	同学评价
前期准备	20 分	计量所需铝线尺寸、长度等材料（10 分）				
		工具准备（10 分）				
编织要领	20 分	编织前绘图，设计尺寸（5 分）				
		编织顺序正确（5 分）				
		各部位比例协调（5 分）				
		工具使用正确、熟练（5 分）				
色彩搭配	20 分	关键部件色彩选择（10 分）				
		整体色彩搭配（10 分）				
成品验收	20 分	铝线编织无划痕损伤（6 分）				
		弯制拐角美观得体（7 分）				
		整体布局美观合理（7 分）				
创新内容	20 分	1. ______________（5 分）				
		2. ______________（5 分）				
		3. ______________（5 分）				
		4. ______________（5 分）				
总分		100 分				

学思之窗

吉林省以“五个强化”扎实推进大中小学劳动教育

吉林省认真学习贯彻习近平总书记关于教育的重要论述和全国教育大会精神，深入落实党中央、国务院关于全面加强新时代大中小学劳动教育的决策部署，通过强化政策牵引、课程设置、基地建设、专业指导、资源挖潜，把劳动教育纳入人才培养全过程、贯通大中小学各学段，着力培养学生劳动意识、劳动精神、劳动能力，促进学生全面发展、健康成长。

强化政策牵引，完善劳动教育制度体系。印发《吉林省关于全面加强新时代大中小学劳动教育的实施意见》，一体设计、统筹推进大中小学劳动教育，着力构建课程完善、资源丰富、模式多样、机制健全的劳动教育体系。制定《关于加强中小学生劳动和职业启蒙教育的指导意见》，促进职普融通、强化协作衔接，建立中（高）职学校与中小学校联合劳动育人机制。出台培育创建中小学劳动实践基地、落实中小学学年劳动周制度、中小学劳动清单编制指导意见等多个配套政策，逐步构建系统配套的学校劳动教育实施体系、家庭劳动教育指导体系、校外劳动教育公共服务体系。

强化课程设置，夯实劳动教育发展基础。严格落实劳动教育课时要求，确保中小学劳动教育课程每周不少于1课时，职业院校劳动专题教育必修课不少于16学时，普通高等学校本科阶段不少于32学时。注重劳动教育学科渗透，制定学校、家庭劳动清单，将劳动教育融入课堂教学和校内外学习生活。丰富中小学劳动教育课程资源，支持各级各类学校在标准化实施国家课程的基础上，结合区域资源产业优势和办学特色，因地制宜开发地方特色化课程和校本课程。截至目前，全省中小学累计开设劳动教育地方课程61门，校本课程265门。加强职业院校实习实训管理，持续推进专业目录、专业教学标准、课程设置标准、顶岗实习标准、实训条件建设标准落地落实。

强化基地建设，丰富劳动教育实践载体。统筹校内外劳动教育实践资源，强化资源整合，分批分级推动，遴选首批省级中小学生劳动教育实践基地106个，培育创建劳动教育实践基地市级126个、县级62个、校级523个，推动形成以国家级劳动教育实验区为引领、以“省、市、县、校”劳动教育基地为主体的建设格局。编制《吉林省中小学劳动教育实践基地建设评估标准》，从管理规划、课程体系、队伍建设、设施设备、安全保障等方面制定评估细则，着力完善长效机制。加强“家一校—社”三方联动，构建多元化劳动实践基地组织架构，为开展劳动教育实践提供有力支撑。

强化专业指导，提高劳动教育实施质量。指导各地教育行政部门设立劳动教育研究项目，鼓励高校和职业院校开展劳动教育专题研究，设立“劳动教育工作体系和机制的研究与实践”专项，首批立项“新时代高职院校劳动教育实施体系研究”“新时代大学生劳动教育模式构建与实施路径研究”等项目。在基础教育阶段，强化师资教研培训，健全劳动教育“省市县校”四级教研机制，组织开展专题教研、区域教研、网络教研，通过协同创新、校际联动、区域推进，提高劳动教育整体实施水平。组织劳动教育课程资源征集推广，开展劳动教育公益讲座活动。组建吉林省中小学劳动教育指导委员会，提高劳动教育科学化、规范化、专业化水平。由省教育厅牵头主办《义务教育劳动课程标准》线上解读会，邀请相关专家和一线教师分享劳动教育前沿理念，探讨新课标下劳动教育实施路径，吸引全国各地中小学教师306万人次在线参会学习。

强化资源挖潜，打造劳动教育特色模式。发挥区域冰雪资源优势，推进冰雪运动、冰雪文化进校园，加快建设劳动教育实践基地群。设置校园清雪劳动任务，常态化举办冰雪嘉年华、冰雪主题创意比赛等活动，让学生在冰雪运动和冰雪劳动中培养顽强意志。发挥农林资源禀赋优势，开发农作物耕种、花卉、园艺、家禽家畜饲养等劳动实践课程。与农业科技企业合作，开发“数字农业+”劳动实践课程。弘扬优秀传统文化，开设东北剪纸、手工制作、特色美食等“民俗+”劳动实践课程。依托红色文化遗产、汽车制造、影视文化等区域优势产业资源，开发弘扬革命精神、彰显时代特征、具有当地特色的劳动教育实践项目和精品研学路线，使学生在丰富多样的劳动中动手实践、出力流汗，进一步提高学生劳动素养、涵养崇尚奋斗的精神。

探究与分享

你如何看待我国职业教育的使命？作为一名中职生，你对自己的未来有何期许？

劳动体验篇

晨兴理荒秽，带月荷锄归。

——［东晋］陶渊明《归园田居·其三》

农月无闲人，倾家事南亩。

——［唐］王维《新晴野望》

深处种菱浅种稻，不深不浅种荷花。

——［清］阮元《吴兴杂诗》

项目三 劳动提升品位

学习目标

知识目标

掌握衣物缝补、洗涤、熨烫的技巧，学会自己整理衣物。

了解中国饮食文化，掌握烹饪的相关知识和技能。

掌握保持宿舍设施整洁、物品井然的方法。

掌握家居用品日常维修的基本常识。

能力目标

学会日常清洁，收纳整理。

学会家居用品日常维修。

能够对校园环境卫生进行保持与维护。

素质目标

在家庭生活中做家务劳动的践行者，积极为家长分担家务，争做家务劳动的主力军。

从小事做起，培养良好的生活习惯。

培养积极向上的劳动态度和艰苦奋斗的精神，力争为企业、行业乃至国家作出自己的贡献。

榜样示范

落针成画　大胆创新

苏州镇湖绣品街上有大大小小几百家绣庄，国家级非物质文化遗产项目代表性传承人、首届“中国刺绣艺术大师”、沈寿“仿真绣”第四代传承人——姚惠芬的刺绣艺术馆正坐落于此，艺术馆中展示了许多姚惠芬的苏绣作品，如图3-1所示。

图 3-1 苏绣作品

远观这些苏绣作品，更像是一幅幅精美的画作，很难看出它们是被一针一线绣出来的，但走近欣赏就会发现作品上细密的针脚。

苏绣大师姚惠芬出身于苏州刺绣世家，自幼学习刺绣技艺。她先后师从沈寿“仿真绣”第三代传人牟志红及中国工艺美术大师任慧娴。

“我不想像我的上一辈绣娘一样，为了绣而绣。我不想重复自己，我一定要绣一些不同的东西。”

虽然已经从事了四十多年的刺绣工作，姚惠芬仍然坚持不墨守成规，不断进行创作与创新。2007 年，姚惠芬将传统刺绣的针法技艺与西方素描的技法融合，发明了一种全新的刺绣技法——“简针绣”。它是一种适合表现素描人物肖像的新刺绣方法，以少、素、精的针脚和线条，体现简洁纯粹的美感。

2017 年，苏绣第一次进入威尼斯双年展，姚惠芬和妹妹姚惠琴一道，接受了一次很大的挑战。她们同中国当代艺术家合作，为威尼斯双年展中国馆创作了 34 幅苏绣作品。其中，难度最大、最引人注目的，是以宋朝名画为刺绣蓝本的《骷髅幻戏图》，这幅作品运用了五十多种针法来表现，是苏绣工艺的一次创新实践。

作为非遗传承人，姚惠芬很重视苏绣的传承与人才培养，她和苏州几所大学合作开设了刺绣兴趣班，并定期免费教学生刺绣技艺。

任务一 劳务类劳动

一、缝缝补补有技巧

1. 针法

做好针线活的前提是要学会常用的针法。缝制衣服常用的针法有平针法、锁边缝、藏针法、包边缝、扣眼缝、缩缝法等。

（1）平针法是最基础的针法，也是最常用的针法，如图 3－2 所示。这种针法主要用于拼接布料和缝制布料的轮廓。缝制时要注意针脚间隔均匀，间隔一般为 3mm，也可根据实际情况调整。

（2）锁边缝一般用于缝制织物的毛边，以防织物的毛边散开，如图 3－3 所示。

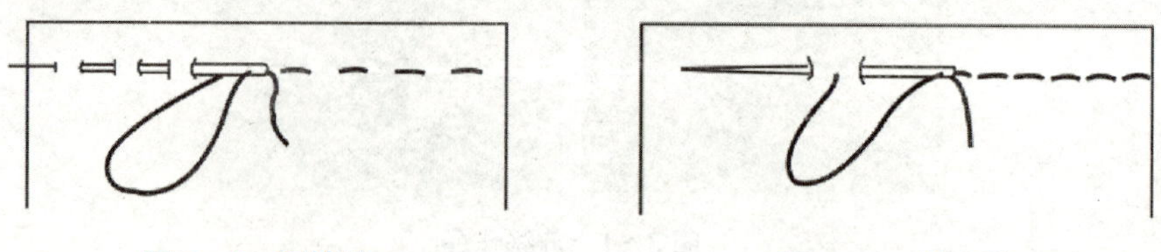

图 3－2　平针法　　　图 3－3　锁边缝

（3）藏针法一般用于两块布料的缝合，如图 3－4 所示。这是一种很实用的针法，能够有效隐匿线迹，常用于衣服上不易在反面缝合的区域。

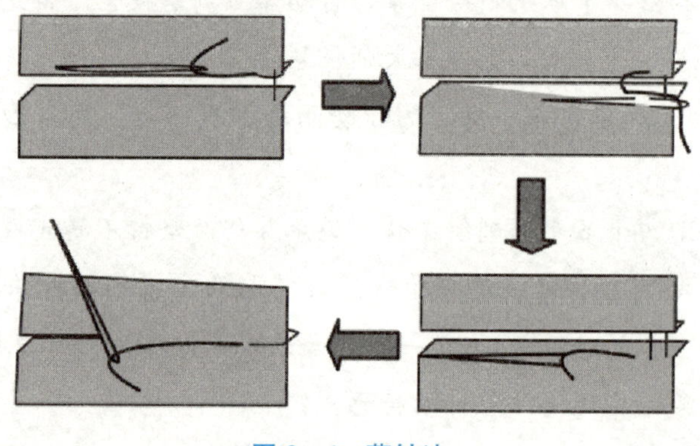

图 3－4　藏针法

（4）包边缝如图 3－5 所示、扣眼缝如图 3－6 所示。这两种针法与锁边缝的用途相同，但前两者的装饰性和实用性更强。

（5）缩缝法可以在缝制过程中拉出松紧度，一般用于缝制缩口，如图 3－7 所示。

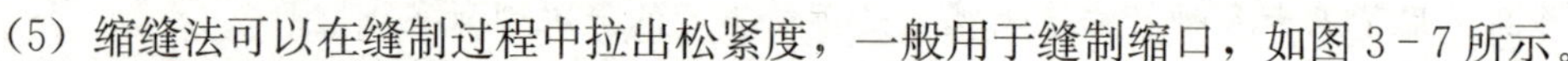

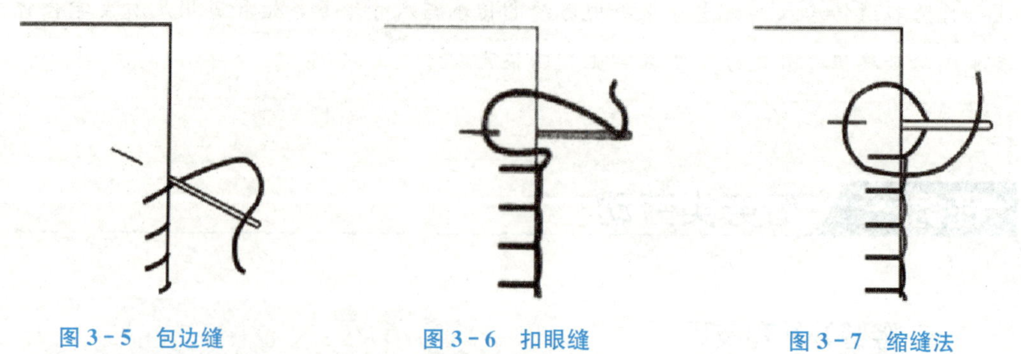

图 3－5　包边缝　　　图 3－6　扣眼缝　　　图 3－7　缩缝法

2. 不同的修补处理方法

心爱的衣服破了个洞，扔了又舍不得，那就来修补一下吧。

（1）任其自然法。如果破洞的是牛仔裤，这个最简单了，若破洞位置无伤大雅，原有的破洞不用管它，反而还要在其他合适的地方多搞几个破洞，把牛仔裤变成一条“潮裤”。

（2）遮挡修补法。如果是衣服有破洞，那么可以在破洞的位置缝上一朵小花。这样既能掩盖破洞，还能把衣服改出小清新的感觉，如图 3－8 所示。

图 3－8　补花

（3）漏洞法。如果衣服破的洞比较大，根本不是缝上一朵花能解决的，那可以直接找一块其他颜色的布，打个补丁上去。如果一个补丁太突兀，那就在其他地方多打几个，就当是自己设计的衣服，如图 3－9 所示。也可以根据破损部位和形状进行扣眼缝创意修补，如图 3－10 所示。

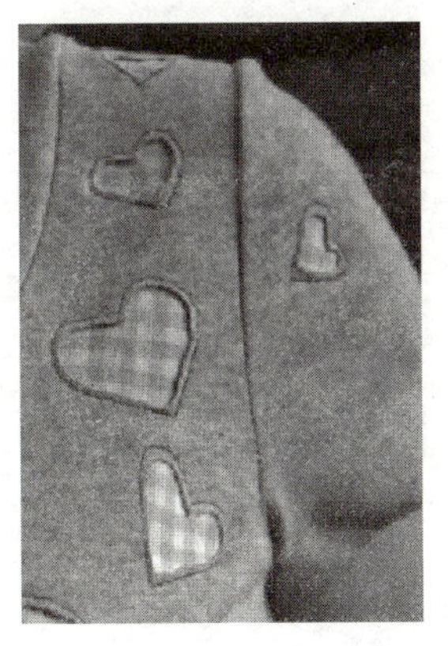

图 3－9　漏洞法

图 3－10　扣眼缝创意修补

（4）磨损修补法。一般应用于袖口、裤腿的毛边部位，如图 3－11 所示。

（5）绣花缝补法。在衣服的破洞上缝出一朵花，步骤如图 3－12 所示。

图 3－11　磨损修补法

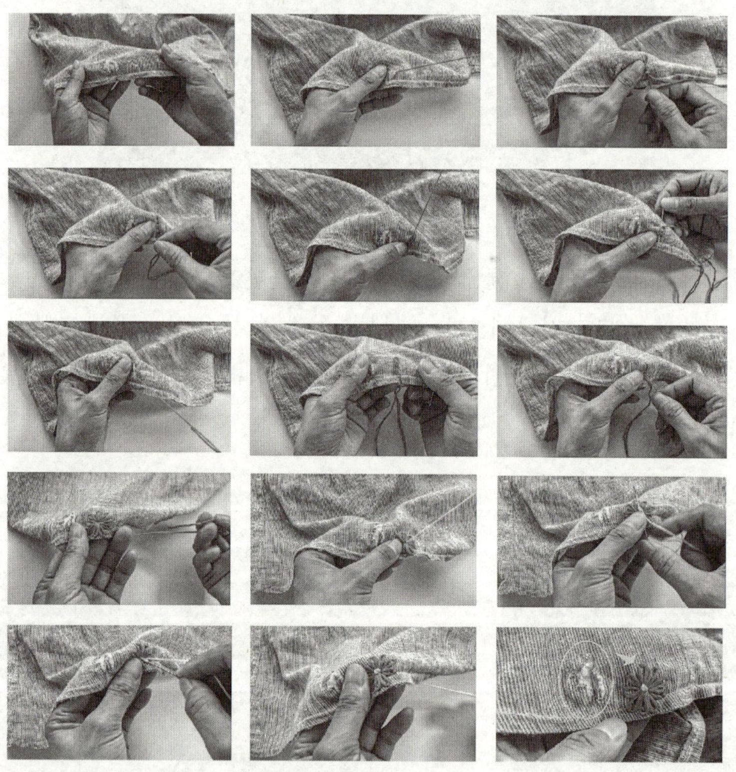

图 3－12　绣花缝补法

二、洗洗涮涮讲方法

洗涤说明一般缝在上衣或者裤子的里侧，除此之外像包袋、沙发、坐垫、毛巾、毛绒玩具、帐篷、鞋子、帽子、雨伞等物品上都会有水洗标。水洗标在日常生活中又称“洗水标”“洗涤标”“洗标”，大部分是经过印刷制作而成，也称作“印标”“布标”“缎标”等。虽然水洗标的叫法不一，但它的内容一般是一些服装参数和注意事项、衣服的面料成分、正确的洗涤方法等，有的水洗标会印上品牌 Logo，洗过不掉色。

衣物如何洗涤是一个很重要的问题，因为正确的洗涤方法会让衣物亮丽如新，而不当的洗涤方法会严重损坏衣物，所以大家很有必要了解一下洗涤符号。常见的洗涤符号如图 3－13 所示。

图 3－13　常见的洗涤符号

在日常生活中，我们使用不正确的洗涤和晾晒等处理方法，会导致衣物的品质下降，甚至会伤害到衣物。其实，在我们购买衣物的时候，厂家已经把洗涤方法告诉了我们，那就是印在衣服条缝或吊牌上的洗涤标识图，不同种类的衣服，洗涤要求也不同。

1. 单裙/连衣裙/裤子/外套（一般梭织物）

洗涤要求：常规程序，最高洗涤温度 40℃，不可漂白，悬挂晾干，熨斗底板最高温度 110℃，可低温干洗。

2. 针织衫/针织裙/棉袄

洗涤要求：常规程序，最高洗涤温度 40℃，不可漂白，悬挂晾干，熨斗底板最高温度 110℃，可低温干洗。

3. 毛衫

洗涤要求：手洗，最高水温 40℃，不可漂白，平摊晾干，熨斗底板最高温度 110℃，可低温干洗。

4. 羊毛外套/粗纺

洗涤要求：不可水洗，不可漂白，在阴凉处悬挂晾干，熨斗底板最高温度 110℃，可低温干洗。

5. 皮衣

洗涤要求：不可水洗，不可漂白，在阴凉处晾干，不可熨烫，可低温干洗。

专业维护：请到专业皮衣护理店护理清洁，注意防酸防碱，贮藏要防潮、防霉、防虫蛀。

6. 羽绒服（包含免烫物）

洗涤要求：常规程序，最高洗涤温度 40℃，不可漂白，悬挂晾干，不可熨烫，不可干洗。

三、熨烫实用技巧

1. 熨烫工具

日常生活中使用的熨烫工具主要有电熨斗和挂烫机。下面我们来了解一下它们各自的特点。

（1）电熨斗。电熨斗是熨平衣服和布料的工具，功率一般在 300W～1 000W。它的类型可分为普通型、调温型、蒸汽喷雾型（如图 3－14 所示）等。普通型电熨斗结构简单，价格便宜，制造和维修方便。调温型电熨斗能够在 60℃～250℃范围内自动调节温度，能自动切断电源，可以根据不同的衣料采用适合的温度熨烫，比普通型省电。蒸汽喷雾型电熨斗既有调温功能，又能产生蒸汽，有的还装配上喷雾装置，免除了人工喷水的麻烦，衣料润湿更均匀，熨烫效果更好。电熨斗的工作原理在于压烫。无论是为衬衫压出挺拔的领子与袖口、为百褶裙压出一道道褶，还是为裤子压出裤线，电熨斗都能做到，但使用起来需要掌握一定的技巧。

（2）挂烫机。挂烫机也称"挂式熨斗""立式熨斗"，就是能挂着熨衣物和布料的机器。挂烫机分为手持式挂烫机（如图 3－15 所示）、普通蒸汽挂烫机、压力型蒸汽挂烫机。挂烫机通过内部产生的灼热水蒸气不断接触衣物和布料，达到软化衣物和布料纤维组织的目的，并通过"拉""压""喷"的动作烫平衣物和布料，使衣物和布料完好如新。与电熨斗相比，使用挂烫机方便简单很多。它的水箱容纳量较大，可以长时间工作，方便连续熨烫多件衣物，但熨烫效果没有电熨斗好，适合对熨烫要求不是很严格的衣物。

图 3－14　蒸汽喷雾型电熨斗

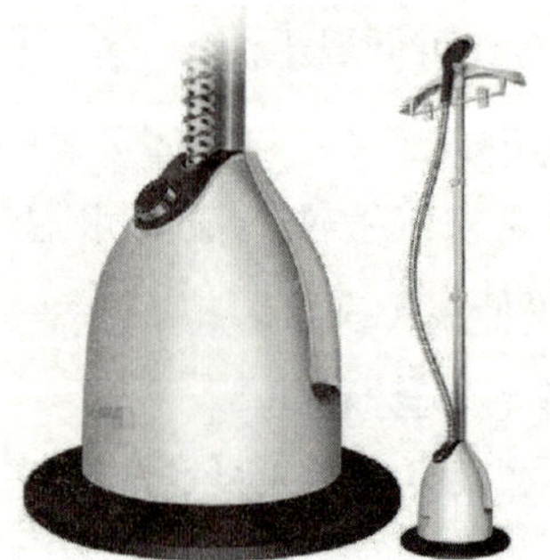

图 3－15　手持式挂烫机

2. 熨烫温度

不同布料对熨烫温度的要求不一样。在熨烫之前一定要清楚衣物的材质特性，要根据衣物的材质对熨斗的温度进行调节、控制。常见材质衣物的熨烫温度如表 3－1 所示。

表 3－1 常见材质衣物的熨烫温度

衣物材质	（大约）熨烫温度
毛织物（薄呢）	120℃
毛织物（厚呢）	200℃
棉丝物	160℃～180℃
丝织物	120℃
涤纶织物	130℃
锦纶织物	100℃
涤棉或涤粘混纺织物	150℃
涤毛混纺织物	150℃
涤腈混纺织物	140℃
化纤仿丝绸	130℃
维棉混纺织物	100℃（宜干烫）

此外，我们在熨烫衣物前，要仔细查看衣物上是否有洗标，洗标上有对温度的要求。当我们无法判断用何种温度来熨烫时，看洗标是最好的办法。

3. 熨烫顺序

在日常熨烫衣物时，我们一般遵循“先烫反面，再烫正面；先烫局部，再烫整体”的原则。以下是日常衣物的一般熨烫顺序：

上装：分缝—贴边—门襟—口袋—后身—前身—肩袖—衣领。

裤装：腰部—裤缝—裤脚—裤身。

衬衫：分缝—袖子—领子—后身—小裥—门襟—前肩。

在实际熨烫过程中，我们也可以根据衣物的具体情况适当调整顺序。此外，当我们一次要熨烫多件衣物，而且它们需要设置不同的温度时，我们要先设置所需温度低的衣物的温度，然后逐渐增加。

4. 熨烫注意事项

（1）要烫熨的衣物必须先洗干净，否则衣物上的污点在熨烫后会更明显。未洗净或未烫干的衣服，贮藏久了会有霉点，用醋水洗净后再熨烫，霉点即可消除。

（2）毛料衣物有收缩性，熨烫毛料衣物的方法是应在反面垫上湿布再熨烫。

（3）针织衣物易变形，不宜重重地压着熨烫，只要轻轻按着即可。

（4）皮革衣物易起皱，熨烫时温度不可过高，熨烫时须用棉布垫上，然后不停地来回均匀移动熨斗。

5. 熨烫步骤

（1）用蒸汽电熨斗熨烫衣服的具体步骤。

步骤一：准备蒸汽电熨斗一个、熨案一个。

步骤二：查看衣物材质，并检查衣物的洗标，以便根据材质和洗标上的说明来设置相应温度。

步骤三：向熨斗中注水。蒸汽熨斗有蓄水槽，向蓄水槽中注入蒸馏水或者瓶装水，以防矿物质在熨斗和衣物上聚集。

步骤四：正确设置温度。接通电源，设置到合适温度后，让熨斗保持直立状态，等待加热。当熨斗开始加热时，指示灯亮，当达到工作温度时，指示灯灭，即可熨烫。

步骤五：熨烫。将熨烫的衣物整理平整放在熨案上，按照“先烫反面，再烫正面，先烫局部，再烫整体”的原则进行熨烫，具体顺序可参照上面介绍的“熨烫顺序”来进行。

步骤六：将衣物挂起。熨烫完后，要用衣架将熨烫完的衣物挂在通风处。因为衣物在冷却过程中很容易产生褶皱，并且蒸汽熨斗喷出的水蒸气会使衣物潮湿，所以必须晾干以后才能放入衣柜收纳。

步骤七：电熨斗使用完毕拔掉电源后，竖直放置，待冷却之后再收起存放。若为蒸汽熨斗，要记得将余水倒净，不然遗留下来的水会从底板流出，时间久了底板会受到侵蚀。

（2）使用挂烫机熨烫衣服的具体步骤。

步骤一：取出挂烫机，将支架和导气管安装好，并给水箱里灌入普通饮用水，挂烫机对水的要求不高，具体水量请参照挂烫机使用说明书。

步骤二：把要熨烫的衣物用衣架挂好，将衣架放在挂烫机的支架上。查看衣物材质，并检查衣物的洗标，以便根据材质和洗标上的说明来设置相应温度。

步骤三：插上电源，设置相应温度。在等待加热的时间里，查看衣服哪里的褶皱严重需要重点熨烫。当喷气口开始喷气时，即可熨烫衣服。

步骤四：熨烫。使用挂烫机时，我们可以灵活掌握熨烫顺序，一般原则是“先熨烫褶皱严重的部分，后熨烫其他部分”。对准褶皱严重部分从上往下慢慢捋着熨烫，可以反复熨烫几次，直到平整为止，其他部分熨烫一次即可。

步骤五：挂烫机刚熨烫过的衣服是潮湿的，必须要拿到通风处晾干后才能收纳。

步骤六：挂烫机使用完毕拔掉电源后，喷头的部分应小心放置，一般挂在支架上，待冷却之后，将水箱内剩余的水倒出（不要使用完毕马上将水倒出，因为此时水箱内的水温度很高，容易烫伤），然后将支架拆卸完毕后收起存放。

6. 不同布料衣物的熨烫手法

不同布料衣物的熨烫手法如表 3 - 2 所示。

表 3-2　不同布料衣物的熨烫手法

不同布料衣物	熨烫手法
棉麻衣物	1. 动作敏捷，但不能过快 2. 往返不宜过多 3. 用力不宜过猛 4. 熨烫淡色棉麻织品时应保持匀速，以免衣料发黄
丝质衣物	1. 垫布熨烫，或熨烫衣物反面 2. 熨烫时熨烫机要不断移动位置，不能在一个地方停留过长时间，以免产生烙印、水渍，影响衣物的美观
皮衣	1. 垫干燥的薄棉布进行熨烫 2. 熨烫时动作要轻，以防损伤皮革
毛织衣物	1. 先将湿布盖在布料上，再熨烫 2. 熨烫时，熨烫机应平稳地在衣物上移动，不宜移动过快
合成纤维衣物	初次熨烫前可先找衣物里面不明显的部位试熨，在掌握了适合的熨烫温度后再进行大面积熨烫

四、收纳整理有规律

家是我们休息的场所，因此营造一个整洁舒适的环境尤为重要，而物品收纳对于舒适环境的营造起着至关重要的作用，我们一起来了解一下收纳知识吧。

1. 常用居家收纳物品

（1）收纳盒（箱）。顾名思义，就是装东西的盒（箱）子，也就是将东西（多指内衣、袜子等）收集起来的盒（箱）子。它们的主要材质有：木质、塑料、无纺布和无纺布覆膜等。它们的缺点是：塑料材质的收纳盒（箱）在干燥气候下易干裂、易划伤衣物或皮肤；无纺布材质的收纳盒（箱）易脏且不容易擦洗；无纺布覆膜材质的收纳盒（箱）较美观，且容易擦洗。

（2）收纳袋。顾名思义，就是用于装棉被和各种衣物的袋子。收纳袋最常见的是真空压缩袋，它的工作原理是把棉被、衣物内部的空气抽走（像压海绵一样），从而使体积缩小。

（3）收纳柜。收纳柜是指将衣物、书籍等物品合理分配，使有限空间最大化，可以收纳很多东西的柜子。它是很多人的收纳首选。

（4）收纳凳是一种新型家居储物用品，外观为圆形、多边形、正方形或长方形，可以作为坐凳、换鞋凳、垫脚凳使用，内部空间可存放杂物，如书报、鞋类、儿童玩具等，它没有坚硬突兀的边角，家中老人和小孩不易被碰伤，底部（脚）材质软硬适中，不磨损地面，集实用和装饰于一体，闲置时可折叠存放，占用空间小，十分方便，如图 3-16 所示。

（5）置物架。置物架的收纳功能很强，我们要根据不同的物品选择合适的架子。金属置物架坚固耐用，容易组装，承重大；木制或者塑料等材质的置物架也很实用，容易组装，可以改变组合方式，缺点是不能承重，容易摇晃，可以在背后增加木条固定。

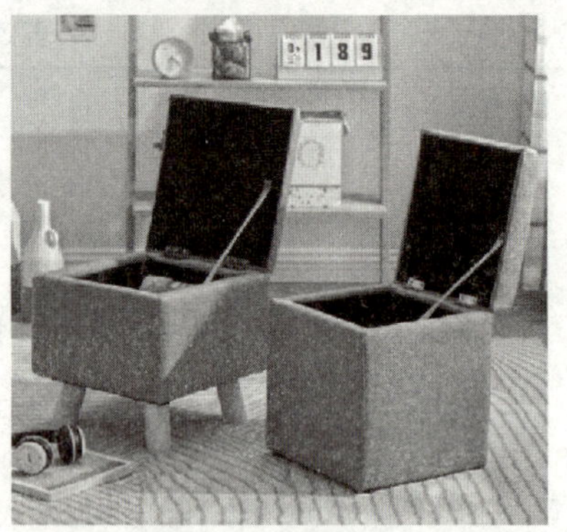

图 3－16　收纳凳

2. 卧室的收纳

卧室是家中十分重要的地方，有间温馨舒适的卧室就足够慰藉奋斗一天的心灵了，一间卧室不但有承担主人休息睡眠的作用，还是家居物品收纳的重要地区。

（1）利用床底收纳。床作为卧室里必不可少的家具，占据了室内很大的空间。如果家里的床是抽屉式或者掀板式，这正好是一个可以放置换季衣物与鲜少使用物品的完美地点。如果卧室是榻榻米，更是能极大扩展家庭空间收纳能力。

（2）利用床头柜收纳。普通的床头柜可以收纳很多东西，但是如果我们提前把床头设计为内嵌式，也是不错的选择。床头这个位置是离床最近的位置，可以把睡前看的书或者杂志放在上面，或者将一些生活用品放在上面。

（3）利用收纳袋收纳。比较大的被褥、羽绒服等物品是很占空间的，用真空收纳袋一般情况下可以将这些物品缩小至原大小的 1/3，用的时候在阳光下晒一下是完全可以恢复原状的。

（4）利用墙面收纳。小卧室放太多柜子会让人有压迫感，可选择壁柜等增加收纳空间。

（5）利用橱柜收纳。橱柜是家里的收藏空间中容量较大的柜子，如果我们一口气塞很多东西进去，会慢慢忘记放在下面和里面的东西究竟是什么；如果橱柜太深而且没有架子和间隔，收拾小件东西不方便。所以我们可以采用上中下的原则，好好利用橱柜。

上：很难存取的地方，放不经常取用的东西。

中：存取最轻松的黄金区域，可以收纳常用的东西。

下：蹲下取东西也很方便，可以放耐潮湿的东西。

3. 客厅的收纳

客厅是家庭居住环境中最大的生活空间。对外招待朋友，是一个家的门面；对内是家庭成员交流、活动中心。客厅属于家庭中的“公共场所”，容纳了全家人将近 70％的公共物品，面对空间关系最复杂的客厅，我们应该如何整理收纳呢？

（1）规划客厅的储物空间。如果空间有限、物品又特别多，有两种做法：一是可以增加背景墙储物区；二是考虑购买带有储物功能的茶几、角几，提前做好规划，再根据现有物品数量和预估未来 3～5 年会增加的物品来定制储物柜。

（2）遵守露少藏多原则。露少藏多原则，也就是客厅台面上除了部分装饰品外，没有杂物。现在很多设计为了创造立面收纳空间，把电视或沙发背景墙做成可收纳的层板和柜子，这种情况也是建议只裸露极少部分做点缀，其他收纳空间最好做成封闭式的，这样既具有收纳功能，又能达到整体简洁干净的视觉效果。

（3）就近原则。物品一般在哪个环境里使用，就集中收纳到哪里。玄关一般收纳一些出入门随手携带或放置的物品。电视柜收纳一些数据线、3D 眼镜、多余的遥控器（空调、灯、风扇等的遥控器）、备用电池、针线盒、指甲钳、各种家电说明书等，茶几台面可以收纳遥控器，有人喜欢喝工夫茶，如果茶具和整体装修风格很搭，可以将茶台长期摆放在茶几上，茶几下方的收纳空间可以放茶具、茶叶等。

4. 餐厅的收纳

餐桌上的物品所占比率不要超过桌子面积的 20%，尽量采用集中收纳的方式，如采用带把手的藤编筐收纳杂物。餐边柜应该是餐厅的收纳主力，不仅增加了收纳空间，还有一定展示空间，甚至厨房放不下的电饭煲、烧水壶等小电器也能放在这里。没有充足空间也可以试试在墙上安装几块隔板，隔板特别适合摆放好看的餐具、罐装的五谷杂粮或是调味料等物品，做收纳的同时还能起装饰作用。不想打孔的话，多层桌面置物架也可以充当隔板。

5. 厨房的收纳

（1）收入柜中。将调料、锅具等都放进柜子里，既避免了油烟灰尘的附着，又有效解决了厨房卫生打扫的问题，这个时候你就会发现厨房变得宽敞明亮了。上面的橱柜，因为太高不容易拿，可以放置长期不用的东西，比较容易拿到的地方就放调味料等，如图 3－17 所示。

图 3－17　收纳后的厨房

（2）整理归类。整理归类也是收纳的关键，锅碗瓢盆、柴米油盐、刀叉碗碟……所有的厨房用具都归类摆放整齐，不仅看起来赏心悦目，拿取的时候也方便。

（3）空间利用。对于一些空间较小的厨房来说，我们最先要考虑到的就是要利用墙面来扩展收纳的空间，可在墙上安装置物架，用来摆放一些瓶瓶罐罐，从而为厨房的台面留出更大的空间。

由于需要经常清洗一些厨具餐具，我们不得不考虑沥水问题。放置在洗碗池上的沥水置物架就是一种非常不错的设计，它不但可以放置刀具和碗筷，也能很好地解决厨具餐具的沥水问题，让厨房更加清洁干净。

6. 浴室、厕所的收纳

使用水的地方一般都会有很多洗涤剂、毛巾等小东西，这些东西收拾起来很麻烦，而且也不容易摆放整齐。要方便使用又要整洁，应该怎么整理呢?

(1) 洗衣机周围的收纳要点。洗衣机周围本来就很狭窄但是东西却很多，要确保有收纳空间，必须要好好整理零零碎碎的小杂物，架子是必需的，最少也要2～3层，上面可以摆放毛巾、亚麻布之类的东西，下面（视线高度以下）可以摆放衣架和洗涤剂等物品，洗衣机的旁边也可以放置一些小盒子，用来装瓶状的洗涤液之类的东西。

(2) 厕所的收纳要点。厕所是最容易脏的地方，所以更需要清洁。如果没有固定的架子，也可以在靠近天花板的地方设置专用的架子，用来存放卫生纸等物品。如果不希望被别人看见，可以用帘子遮住。卫生用品、卫生纸等东西可以用收纳箱摆放整齐。

(3) 洗脸台的收纳要点。每天都要使用很多次的洗脸台上一般摆放着肥皂、化妆品、牙刷牙膏、美发用品等，因为有很多小东西，所以更要好好利用狭窄的空间进行整理。在买浴室柜的时候可以选择镜子后面带收纳柜的镜柜，把不常用的物品（如家里囤的牙膏、牙刷、化妆品等）放在镜子后面，而每天都要使用的肥皂、化妆品、牙刷、牙膏等都放在容易拿的位置。洗脸台下面可以避开水管，在架子上摆放牙膏、美发用品、洗发水、沐浴液、洗涤剂等。在淋浴喷头的墙角上也可以装多层角架，放洗发水、沐浴液等，取用方便又整洁大方。

五、家庭日常清洁

1. 通风换气

拉窗帘、开窗、通风，检查窗帘是否有掉钩、脱轨等情况。平时窗帘的清洁只须将污垢掸落，如果脏的话就要手洗、机洗或拿到洗衣店里去洗。遇风雨天或室内空调正使用时，注意不要开窗。开窗后或外出时应关闭空调。

2. 整理床铺

日常将床单被套理齐拉平整。

床上用品会与皮肤直接接触，平时要注意床上用品的清洁。一般来说，床上用品的清洗间隔应根据季节而定。夏季建议一周清洗一次，冬季建议两周清洗一次。清洗时，最好挑一个晴朗的天气，以便清洗完的床上用品能够接受紫外线的照射，从而有效清除细菌和螨虫。

3. 清理垃圾

收拾垃圾，将用过的烟缸、脏餐具、脏杯具统一收起来，换上新的垃圾袋。清除垃圾篓时，如果套有塑料袋，应直接把垃圾袋取出，妥善处理垃圾袋里面的危险品。

4. 房内抹尘

准备干湿两块抹布，用柔软的干抹布擦拭电器、镜子及其他易湿易腐蚀物品。家具清洁顺序：由上至下、由里向外、由左到右，先桌面后桌腿，先擦大件再擦小件，先擦净处再擦脏处，先打扫明处后打扫暗处，先擦拭后摆放。

5. 地面清洁

用拖把、笤帚或吸尘器按从里至外方向对房内地面进行清洁，清洁过程中发现物品损坏应及时告知家长，并将损坏的残物妥善清理。

6. 家庭消毒的常用方式

（1）浸泡、擦拭或喷洒消毒。绝大多数消毒剂都可采用这三种方式，表 3－3 为以过氧乙酸为例进行的说明。

表 3－3 过氧乙酸消毒的不同方式

用途类别	操作方法
浸泡消毒	浸泡衣物，配制 0.04%浓度的溶液，浸泡 2 小时后用清水洗净即可，也可用来消毒双手
擦拭消毒	擦拭桌椅、窗台、门把手或水龙头，配制 0.5%浓度的溶液，擦抹 3 次，3 分钟后用清水擦净
喷洒消毒	食品及家电等用品；喷洒应分区、分段进行，由上往下、由左往右，不遗留空隙

（2）气体烟雾熏蒸，适合家庭用的有过氧乙酸等。熏蒸消毒时要注意：充分暴露需消毒物品的表面（如打开柜门和抽屉、挂好衣服、摊开被褥等），取走怕腐蚀的物品；关闭窗户，用纸条蘸水严封门窗孔隙；安放电源（一般用电炉，将开关引至门外），使用耐热容器，倒入过氧乙酸，关严房门，人员退至室外，接通电源；密闭 6 小时以上再开窗通风。

（3）直接用漂白粉干粉消毒。用于水分较多的排泄物，用量为排泄物的 1/5，一般略加搅拌后使其作用 2～4 小时。

（4）燃烧法消毒。焚烧消毒是较彻底、有效的消毒方法，适用于被病菌污染后无保留价值的物品，如被污染的敷料和纸张等。某些金属、搪瓷类物品急用时可用燃烧法消毒。耐高温器械可直接在火焰上烧灼 20 秒，盆类可倒入 95%浓度的酒精少许，点燃后慢慢转动，直至熄灭。燃烧消毒时要注意安全，须远离易燃易爆物品，中途不要添加酒精。刀、剪或贵重器械忌用燃烧法，避免损坏。

（5）煮沸消毒法。煮沸消毒能使细菌和蛋白质凝固，简便、有效，是家庭消毒的常用方法。煮沸消毒法适用于不怕湿、不怕热的任何物品，如搪瓷类、金属类、玻璃类、橡胶类、布类、食物等。一般水沸后再煮 10～15 分钟即可达到消毒目的。每次消毒的物品不宜放置过多，水浸过消毒物品，应让物品所有的面都能接触到水，碗、杯等不宜叠加，水沸后计时。玻璃类物品应在冷水时加入，橡胶类物品应在水沸后加入。

（6）高压蒸汽消毒法。可利用家用高压锅进行高压蒸汽消毒，利用高温湿热来杀灭病菌，消毒效果可靠，适用于耐热、耐湿的物品。高压锅内放适量的水，放入蒸架，在蒸架上放需要消毒的物品。水沸出蒸汽后开始计时，5～10 分钟即达到消毒目的。

知识链接

衣物消毒

衣物发霉、捐赠和受捐或是病人衣物，我们都需要对其进行消毒杀菌，防止病毒细菌传染。衣服消毒杀菌的方法有很多，不能都使用某种方法。

从健康安全角度来说，新衣物一般也需要进行消毒才能穿着。新衣物消毒的目的主要是去除衣物上的有毒有害物质，因此，新衣物消毒可以采用浸泡的方法，把甲醛等有害物质泡洗掉，一般用清水多次泡洗即可。

开水消毒杀菌是古老而有效的方法，可以杀死常见的病菌，可以用来给某些耐高温的衣物消毒。可以把衣物装到桶（盆）里，然后再倒滚烫的开水进去，浸泡直至晾凉。如果不放心开水浸泡消毒法，则可以把衣物放进锅里用开水煮。

对于一些患严重传染病的病人，日常生活的换洗衣物、替换出来的一次性衣物、病人去世后丢弃的衣物，都需要进行消毒处理。传染病人换出来的衣物不建议清洗后二次穿着，防止传染清洗人员，如果实在需要清洗可以用消毒碘伏泡洗。废弃的衣物一定要妥善销毁处理，防止病菌传染健康的医护人员和看护的家人亲友等，可以用焚烧炉焚化，也可以采用深埋处理。

慈善公益组织募捐来的衣物往往五花八门，分类单独消毒清洗成本高，基本只能采用大规模统一清洗；不能用单一的强力消毒剂杀菌消毒，否则可能造成严重脱色或是严重染色，这样的衣物到了受助人手里，影响外观，对受助人不尊重。因此，可以用比较温和的消毒剂统一泡洗，也可以建消毒室用消毒酒精蒸汽熏蒸，或是用大功率紫外线消毒器消毒。

家庭成员里如有人有癞疮、癣等普通疾病，其衣物要彻底消毒，防止传染给健康的家人，也防止病人自身疾病复发。如果不怕麻烦且衣服耐高温就用开水消毒，否则用消毒剂杀菌，一般用 84 消毒液或是滴露消毒液进行泡洗，也可以用消毒碘伏泡洗（这个可能会导致染色），泡 30 分钟左右。泡洗后，一定要用清水反复清洗。

此外，对于耐低温的衣物，还可以用低温消毒，这种方法比较适用于拥有 −25℃低温设备的家庭或是组织团体，除了嗜冷细菌，多数细菌在这个温度下无法存活。大型制冷库可以进行大规模消毒；对于家庭里有温度可控的智能冰箱，可以用冷冻室进行冰冻消毒。冷冻时间需要达到 1 小时以上，最好要 4 小时以上。

课堂实训

争做家务小能手

“一屋不扫，何以扫天下？”做家务似乎只是简单的重复性动作，是一件“小事”，但其实好处很多。我们不仅能通过做家务体验劳动的乐趣，还能深入体验专注的力量。

请根据自己家庭的具体情况制订家务劳动计划，并严格执行计划。用 PPT 或短视频的形式记录劳动过程，并在班级内展示。

【过程记录】

具体计划：

计划实施情况：

计划实施难点及解决方案：

家长点评：

【结果评价】

教师可参考表 3-4 对学生制订的家务劳动计划及实施情况进行评价。

表 3-4 “争做家务小能手”家务劳动计划及实施情况评价表

评价标准	分值	分数小计	教师评价
计划切实可行	10 分		
计划有层次，目标有阶梯	10 分		
积极主动，能够按计划做家务劳动	25 分		
做家务时认真细致	25 分		
家务完成出色	30 分		

任务二 家常菜肴烹饪

一、饮食营养与健康

烹饪不仅应关注美味，更应该做到营养均衡。均衡的膳食、合理的营养搭配不仅可以保证人体正常生理功能的需要，还可以提高机体的抵抗力和免疫力，有利于预防和控制某些疾病的发生与发展。

根据中国营养学会编制的《中国居民膳食指南（2016）》，一般人群的膳食可遵循以下六个原则：食物多样，谷类为主；吃动平衡，健康体重；多吃蔬果、奶类、大豆；适量吃鱼、禽、蛋、瘦肉；少盐少油，控糖限酒；杜绝浪费，兴新食尚。

二、食材选择

1. 原料

烹饪的原材料可分为蔬菜、水产品、畜禽、粮食作物和果品五类。

（1）蔬菜是人体维生素、矿物质和膳食纤维的主要来源。

（2）水产品富含蛋白质、脂肪、矿物质和维生素。

（3）畜禽是人体优质蛋白、脂类、脂溶性维生素和B族维生素的主要来源。

（4）粮食作物是对谷类作物、薯类作物和豆类作物的总称。谷类作物主要为人体提供淀粉、植物蛋白、维生素等；薯类作物主要为人体提供淀粉、维生素等；豆类作物主要为人体提供蛋白质、脂肪等。

（5）果品主要为人体提供维生素、矿物质和人体所需的微量元素。

2. 调料

烹饪常用的调料有油、盐、酱油、醋、料酒等。

（1）油具有导热、增加菜肴色泽的作用，常见的食用油有花生油、菜籽油、大豆油等。

（2）盐可调节菜肴的咸淡，不宜多吃。

（3）酱油分为生抽和老抽两种。生抽一般用来调味，味道鲜、咸；老抽一般用来上色，颜色重、味道咸。

（4）醋较酸，可使菜的味道变得丰富，吃起来更加爽口。

（5）料酒能够去除菜的膻味和腥味，还具有解油腻的作用。

三、烹饪有方

中餐的烹饪方法多样，每一种做法都有其特别之处，无论是所用厨具还是烹出美食的样式，都能让人眼前一亮。下面介绍六种常用的烹饪方法。

1. 炒

炒是最基本的中餐烹饪技法，其原料一般是片、丝、丁、条、块。炒时要用旺火，要用热锅热油，所用底油多少随料而定。依照材料、火候、油温高低的不同，可分为生炒、滑炒、熟炒及干炒等方法。

2. 爆

爆是“急、速、烈”的意思。加热时间极短，烹制出的菜肴脆嫩鲜爽。爆法主要用于烹制脆性、韧性原料，如鸡胗、瘦猪肉、牛羊肉等。常用的爆法主要为：油爆、芫爆、葱爆、酱爆等。

3. 熘

熘是用旺火急速烹调的一种方法。熘法一般是先将原料经过油炸或开水汆熟后，另起油锅调制卤汁（卤汁也有不经过油制而以汤汁调制而成的），然后将处理好的原料放入调好的卤汁中搅拌或将卤汁浇淋于处理好的原料表面。

4. 炸

炸是一种旺火、多油、无汁的烹调方法。炸有很多种，如清炸、干炸、软炸、酥炸、面包渣炸、纸包炸、脆炸、油浸、油淋等。

5. 烹

烹分为两种：以鸡、鸭、鱼、虾等肉类为料的烹；以蔬菜为主的烹。以肉类为主的烹，一般是把挂糊的或不挂糊的片、丝、块、段用旺火先油炸一遍，锅中留少许底油置于旺火上，将炸好的主料放入，然后加入单一的调味品（不用淀粉），或加入多种调味品兑成的芡汁（用淀粉），快速翻炒即成。以蔬菜为主料的烹，可直接烹炒主料，也可把主料用开水汆烫后再烹炒。

6. 煎

煎是先把锅烧热，用少量的油刷一下锅底，然后把加工成型（一般为扁形）的原料放入锅中，用少量的油煎制成熟的一种烹饪方法。一般是先煎一面，再煎另一面，煎时要不停地晃动锅，使原料受热均匀、色泽一致。

四、常用的果蔬保鲜方法

一般果蔬的保鲜温度在5℃～8℃，但是香蕉、木瓜等的适合温度则要在10℃以上；大体而言，果蔬的保鲜方法有冰冷水处理法、冷盐水处理法、复活处理法、直接冷藏法、散热处理法、常温保鲜法。

1. 冰冷水处理法

呼吸量较大的玉米、毛豆、莴笋等可用此方法处理，通常此类果蔬在产地就须先预冷，然后装入纸箱，运输至配送中心。经过预冷的果蔬配送到门店时其温度会升到15℃；不经预冷的，温度可能会升到40℃，使果蔬的鲜度迅速下降。冰冷水处理法是先将水槽盛满水，放入冰块，使温度降至7℃～8℃，冰冷水处理后，再用毛巾或其他用具吸去水分或放入保鲜库。

2. 冷盐水处理法

这是叶菜常用的处理方法，其步骤如下：

第一步：放在预冷槽处理，盛水200kg，水温8℃，将果蔬预冷并洗净，时间为5分钟。

第二步：放入冷盐水槽处理，水温0℃，盐浓度1%，时间5分钟。

第三步：放入冷水槽中，水温0℃，洗去所吸取的盐分，时间2分钟。

第四步：放入空间较大的干容器中，放入保鲜库。

注意：果蔬放入冷盐水中进行处理的时间不要过长，以防止盐分所引起的伤害。

在卖场温度较低的情况下（20℃以下），门店可采取出库的叶菜（干净的、水分充足的）直接进行第二个步骤的方法，效果也不错；上架的蔬菜一天内用冷盐水泡3～4次，保鲜效果明显，可在后区进行此操作；有保鲜库的门店可以放入保鲜库苏生后再上架，效果最好；用此方法处理后，叶菜基本上可省去在卖场喷水保鲜的操作。

3. 复活处理法

葱、大白菜及其他叶菜类蔬菜可用此法处理，能使果蔬适时地补充水分，重新复活起来。此法是将果蔬放入200kg水量的常温水槽中，洗净污泥，并吸收水分，然后放入空间较大的容器中，使其复活；芥菜、香芹等根茎菜，将其前端切割后置于水中，使根部充分吸收水分，复活效果更佳；门店可使用胶桶装水20kg，分批进行此操作。

4. 直接冷藏法

一般水果、小菜、加工菜类可用此方法处理。此类果蔬大多数已由厂商处理过，在上架销售前，仅须包装或稍加整理并贴上标签即可，此类已加工处理过的果蔬可直接放入保鲜库中保鲜。

5. 散热处理法

木瓜、香蕉、菠萝、哈密瓜等水果可用此方法处理。此类果蔬在密封的纸箱中，经过长时间的储运，温度会急速上升，此时要立即进行降温处理，可打开纸箱，充分散热，再以常温保管；部分门店在验收时，通常会让部分果蔬在阳光下晒一段时间，使其温度迅速上升，此时一些要入保鲜库的果蔬切不可立即入库，要待其在阴凉处降温后方可入库保鲜，骤冷骤热是果蔬保鲜的大敌。

6. 常温保管法

南瓜、土豆、芋头、牛蒡及其他同类果蔬可用此法处理，此类果蔬不须冷藏，只要放在常温、通风良好的地方即可。

五、我的秘制私房菜——可乐鸡翅

可乐鸡翅以鸡翅和可乐为主料制作而成，味道鲜美，色泽艳丽，鸡翅嫩滑，咸甜适中，又保留了可乐的香气，深受大众喜欢。

（1）准备材料：鸡翅中、可乐、八角、姜片、葱段、料酒、酱油、大料。

（2）制作步骤如表 3－5 所示。

表 3－5　可乐鸡翅制作步骤

步骤	图示
鸡翅洗净，入葱姜水中煮沸捞出，沥干水分	
锅内放少许油烧热，放入鸡翅，煎至两面外皮泛黄	
倒入可乐，没过鸡翅即可	
加入酱油、大料、葱段、姜片，大火烧开后转小火	 

续表

步骤	图示
炖至汤汁浓稠即可	

课堂实训

包粽子

提起粽子，人们自然就会想到我国的传统节日——端午节。作为我国四大传统节日之一的端午节在每年的农历五月初五。由于中国地域广大，全国各地因地域文化的不同，又存在习俗或细节上的差异。如南方多是赛龙舟、在门楣上挂菖蒲或艾草以祛病驱邪等；而北方多有踏柳吟诗、在小孩子的手腕脚腕上系上五色丝线或佩戴五毒肚兜以辟邪等。但南北方的端午习俗也有相同之处，那就是在过节这天，家家户户餐桌上都少不了一种食物——粽子。下面我们就一起学做起来简单、吃起来黏韧清香的北方粽子吧。

一、食材的介绍

在动手制作之前，我们要对做粽子的食材有一些了解。

1. 糯米或者江米

糯米或江米是做粽子的主要食材。糯米的香味比江米浓郁，江米比糯米的黏性要强。

2. 馅料的选择

北方的粽子以甜为主，所以馅料一般有红枣、蜜枣、豆沙、彩色蜜豆等。同学们可以根据自己的喜好添加喜欢的食材。

3. 包粽子的叶子

北方竹子很少，因而人们一般习惯用芦苇的叶子作为粽子皮来包裹馅料。用来包粽子的苇叶一般要在端午之前进行采摘，原因是那时候的苇叶比较嫩、韧性强，在包的时候不容易裂开。

4. 捆绑粽子的绳子

一般用马蔺花的叶子作为绳子来捆绑粽子。这种叶子细长，韧性又强，不容易折断，而且它带有一种青草的香味，用它会使煮出来的粽子带有一种自然的清香。如果没有马蔺花的叶子，也可以用较结实、干净的线绳来代替。

二、包粽子前的准备

(1) 准备好糯米、红枣、芦苇叶、马蔺花叶或线绳等材料。

(2) 将糯米洗净，用冷水提前泡 12 小时备用，目的是让糯米更容易熟。

(3) 将红枣清洗干净，并用水泡开。若想在馅料中加入绿豆或红豆，也要提前泡开。

(4) 将苇叶和马蔺花叶洗净后用开水焯一下。水开后放入苇叶和马蔺花叶，使其在锅中停留 10 秒左右，然后捞出冷却待用。叶子焯水的目的是增加其柔韧性，包的时候不易破损或折断，同时也可以起到消毒的作用。

三、包粽子的步骤

(1) 将两三张苇叶错开折叠，即上面的苇叶压住下面苇叶一半即可，并将叶头部分修剪整齐，如图 3-18 所示。

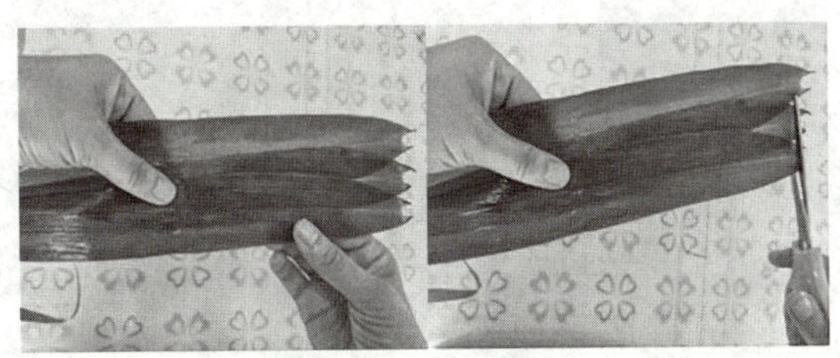

图 3-18 修剪苇叶

(2) 如图 3-19 所示，把苇叶折叠成漏斗形状。

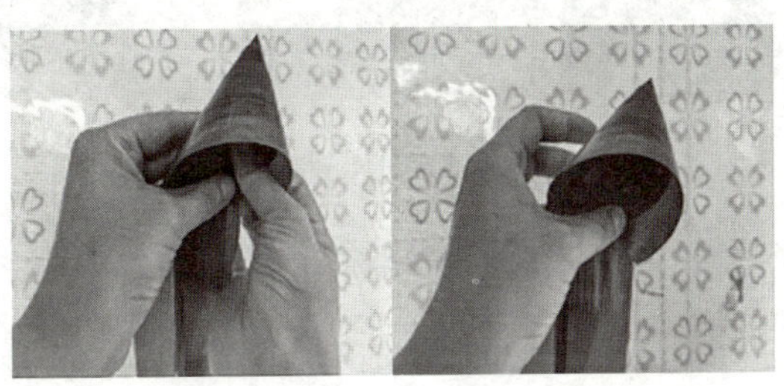

图 3-19 折苇叶

(3) 如图 3-20 所示，在这个漏斗中先放一颗红枣，目的是堵住下面的角，米不容易漏出。再放一小半糯米，之后放几粒红枣，最后再放点糯米把红枣盖住。糯米和漏斗口持平即可，太少了粽子很瘪，太多了包不住。

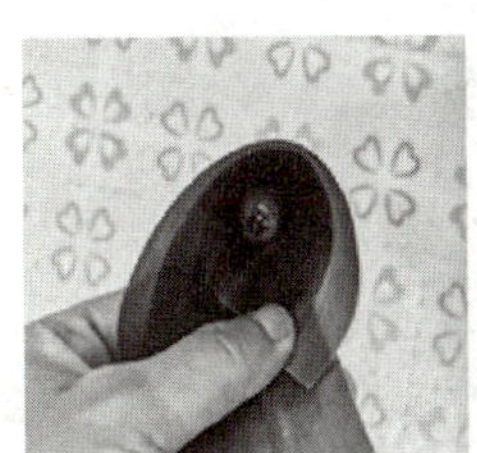

图 3-20 放红枣和糯米

(4) 左手握住已装满馅料的漏斗，右手将苇叶向上翻起盖住漏斗口的一侧，用左手拇指顺势压住叶边，保证拇指所在的一侧密封完好即可，以左手拇指所在的位置为三角形的一个边，用右手的拇指将苇叶在三角形顶点处向右折成一个角，此时保证苇叶与漏斗口所成三角形的另一边密封住，将苇叶的剩余部分继续沿开口边缘缠绕一圈，用右手拇指和食指捏住开口处，并向下折，左手中指、无名指顺势捏住开口处，如图 3-21 所示。

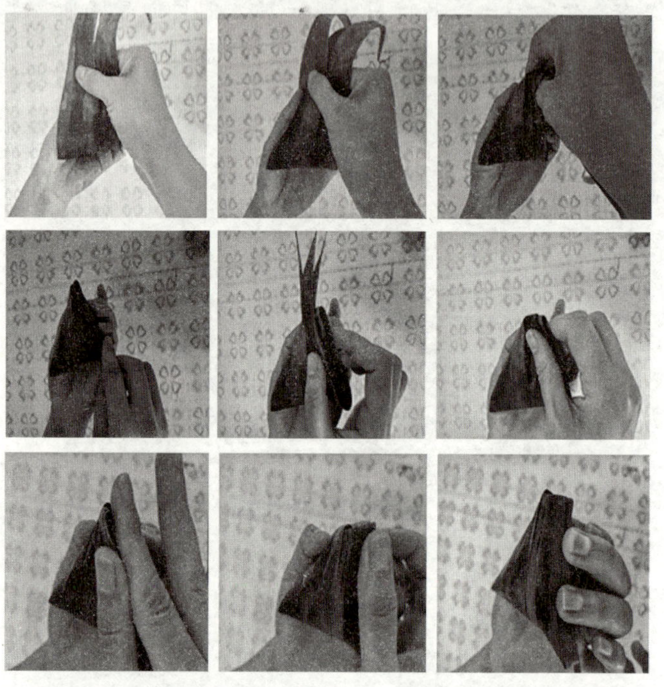

图 3-21 封口

(5) 用马蔺花叶捆绑 2 圈或用线绳缠绕粽子 4～5 圈，系上活扣，这样吃粽子的时候方便解开。系好后将多余的叶子剪掉，如图 3-22 所示。

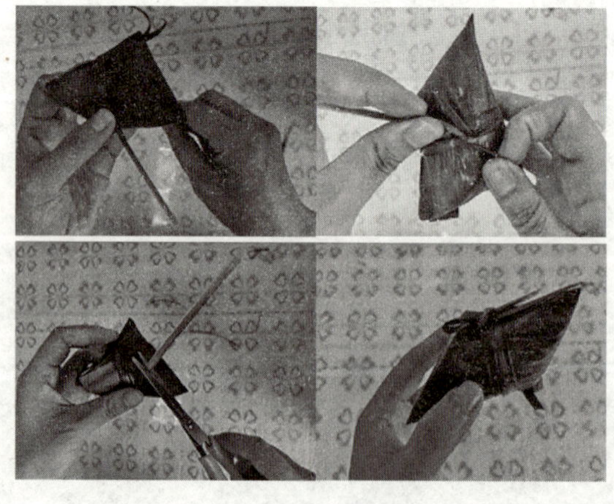

图 3-22 捆绑

四、煮粽子

(1) 粽子全部包好后放在压力锅中，然后放入冷水，水的高度要没过粽子4～5cm，水太少最上面的粽子容易夹生。大火煮25分钟，改成中小火煮10分钟即可关火，关火后焖30分钟。若用普通锅煮，至少需要煮2小时，熄火焖1小时。

(2) 待锅冷却后打开，将粽子捞出放凉即可食用。刚煮熟的热粽子黏性差，将其捞出后放置1～2小时，待其完全冷却后香甜软糯，口感最佳。

五、掌握技能

实践任务：在家制作粽子一盘，不少于5个。

实践要求：录制小视频，内容包括包粽子前的准备、包粽子和煮粽子的过程、煮好的成品粽子等，将视频发到班级学习平台，与同学、老师分享。最后填写完成表3-6。

表3-6 任务评价表

操作内容	分值	评分标准	自我评价	家长评价	教师评价	同学评价
食材准备	10分	糯米（江米）、苇叶（竹叶）、马蔺叶（线绳）、红枣（其他馅料）(10分)				
包粽子前的准备	15分	1. 糯米洗净，用冷水提前泡12小时（5分）				
		2. 红枣清洗干净，并用水泡开（5分）				
		3. 将苇叶和马蔺花叶洗净，并用开水焯好（5分）				
包粽子程序	30分	1. 苇叶错开使用，叶头修剪整齐(10分)				
		2. 漏斗折叠正确，无漏米情况(10分)				
		3. 包裹方法正确、规范（10分）				
绑粽子程序	10分	1. 马蔺叶（线绳）缠绕紧实（5分）				
		2. 打活结（5分）				
包粽子品相	10分	1. 无漏米缝隙（5分）				
		2. 品相完美（5分）				
煮粽子程序	15分	1. 锅里的水量足够（5分）				
		2. 煮的时间足够（5分）				
		3. 焖的时间足够（5分）				
成品品相	10分	粽子全部很完整，无破损或漏米的情况（10分）				
总分	100分					

任务三 环保使者 爱校先行

校园由物质环境和精神环境构成，不仅为我们提供了舒适的学习环境，还是校园文化的重要表现场域，需要大家合力维护。

校园物质环境主要是指经过人们组织、改造而形成的校容校貌和校园学习环境，具体包括校容、校貌、自然物、建筑物及各种设施等。保持校园物质环境的干净、整洁，不仅能为全校师生营造一个舒适的学习环境，还有利于我们形成良好的卫生习惯。

校园精神环境是校园的灵魂，是学校师生认同的价值观和个性的反映，具体体现在师生的精神面貌、校风、学风、校园精神、学校形象等方面。积极参与校园精神环境建设有助于改善校园学习风气，并形成一种积极向上的精神文化，影响身处其中的每个人。

一、保护校园环境

保护环境，只有一个人是不够的。如果我们把垃圾分类，并将它们丢到垃圾箱里，垃圾就可以再回收利用，环卫工人也会少了 份负担。

学生是未来的社会主义接班人，因此，在学生时代，我们应该主动加强环保的意识并主动践行，不要把“环境整洁我先行，争做环保小卫士”只当作一句口号，不要让地球上的最后一滴水，变成我们悔恨的泪水！

1. 形成绿色生活方式

绿色生活方式与每个人的生活息息相关，体现了人们对绿色发展理念的认同度、践行力。形成绿色生活方式对绿色发展和生态文明的最终实现具有基础意义、关键作用。

保护环境，人人有责；绿色发展，人人应为。这个“应为”，就是倡导和践行勤俭节约、绿色低碳、文明健康的生活方式与消费模式。

推动形成绿色生活方式，需要我们坚持节约优先，强化集约意识，在衣、食、住、行、游等方面形成节约集约的行动自觉；倡导环境友好型消费，推广绿色服装、提倡绿色饮食、鼓励绿色居住、普及绿色出行、发展绿色旅游，抵制和反对各种形式的奢侈浪费、不合理消费。

促进生活方式绿色化，时时可做、处处可为。大到购买节能与新能源汽车、高能效家电、节水型器具等节能环保产品，小到减少塑料购物袋、餐盒等一次性用品的使用，乃至随手关灯、拧紧水龙头，都是在绿色生活方式和消费理念的体现，都是在为绿色发展作贡献。

绿色发展是理念，更是实践；需要坐而谋，更需起而行。只要我们坚持知行合一、从我做起，坚持步步为营、久久为功，就一定能换来蓝天常在、青山常在、绿水常在，就一定能建设社会主义生态文明、赢得中华民族永续发展的美好未来。

2. 低碳校园生活

工业革命以来，人类经济发展的相关活动及在日常生活中排放的二氧化碳，大大超出了地球对二氧化碳的自然负荷能力。这导致全球气候发生显著变化，对全球自然生态系统产生了严重的有害影响。于是，人类开始反思自己的行为，“低碳”概念应运而生。

所谓“低碳”，就是倡导人们在生活、生产中，尽量减少二氧化碳排放，以减缓全球变暖的趋势。低碳生活则是人们为减少二氧化碳排放，主动、自发养成的一种新型生活方式。在减少二氧化碳排放的过程中，个人的努力具有“聚沙成塔”的意义。

二、维护校园环境秩序

为维护良好的校园秩序，营造一个文明、整洁、健康、高雅的校园环境，建设平安校园、和谐校园，我们应遵循以下校园文明行为规范。

(1) 着装整洁得体，仪容端庄。

(2) 行为举止高雅，谈吐文明。

(3) 爱护学校花草树木，节约用水。

(4) 乘坐电梯遵守秩序，先下后上，相互礼让。

(5) 遵守学校环境卫生的有关规定，保持学校环境卫生，不随地吐痰、不乱扔杂物。

(6) 文明如厕，保持卫生间清洁，爱护其设施。

(7) 上课时遵守课堂纪律，候课时不得在楼道内大声喧哗。

(8) 爱护教室设施，合理使用教学设备，保持干净整洁的教学环境。

(9) 汽车、电动车、自行车停车入位，摆放有序。

(10) 严禁在教学楼内的教室、办公室、楼道楼梯、卫生间及公共场所吸烟。

(11) 观看教学展演展示、视听公共课讲座、参加会议等活动时，主动服从现场管理，遵守秩序，爱护礼堂、会议室等设施。

(12) 进行教学和汇报演出活动时，要合理使用场地及设施设备，降低环境噪声，防止影响学校周围单位和居民正常工作和生活。

(13) 自觉遵守学校的各项规章制度，尊师爱友、团结和睦，共同营造绿色健康的学习氛围和积极向上的工作环境。

(14) 参加学校在本市组织的和赴外省市教学汇报演出、比赛或游学活动时，保障安全、遵守纪律；尊重当地风俗习惯、文化传统；爱护文物古迹、风景名胜、旅游设施。

(15) 如遇突发事件，应当服从学校统一指挥，配合应急处置。

(16) 遵守网络信息管理的法律法规和有关规定，维护微信群安全和秩序，自觉抵制不良信息，不传播网络谣言。

三、走廊、楼梯的卫生

一般室内学习休闲的空间有：室内敞开式休息间、走廊过道、楼梯平台、报告厅、礼堂、门厅等。保洁内容主要有：天花板、墙面、窗户、玻璃、桌椅、柜子、地面等。

1. 保洁工作内容

(1) 检查。进入休闲空间后，先查看是否有异常现象、有无已损坏的物品。如发现异常，应先向有关部门报告后再进行保洁作业。

(2) 清扫。先用扫帚对地面进行清洁，扫去纸屑、灰尘等。

(3) 擦抹。1) 从门口开始，由左至右或由右至左，依次擦拭室内桌椅、柜子、讲台和墙壁等。抹布应拧干，擦拭每一件物品时，应由高到低、先里后外。2) 重点擦拭门、窗台等。操作时，先将湿润的涂水器毛头（干净的）装在伸缩杆顶部，沿顶部平行湿润玻璃，然后湿润其他部分的玻璃。再用干净的抹布擦干净窗框及窗台等，最后用干燥的无毛棉布擦干净玻璃四周和中间的水珠。3) 大幅墙面、天花板等定期清洁（如每周清理一次）。

(4) 整理。桌椅、柜子等擦净后，按照原位摆放整齐。

(5) 更换。收集垃圾并更换垃圾袋。

(6) 推尘。用拖把清洁地面，按照先里后外，先边角、桌下，后地面进行推尘作业。清洁结束后把桌椅、柜子等设备恢复原位。

2. 保洁质量标准

(1) 地面干净无污迹。

(2) 没有垃圾和积水。

(3) 墙面干净无灰尘。

(4) 桌椅干净摆整齐。

(5) 门窗干净很明亮。

四、教室卫生打扫要求及标准

(1) 普通教室的值日生为上课班级学生，以小组为单位，每组轮流值日一周。

(2) 专业教室及报告厅、体育馆等必须保证每周打扫两次，做到地面无污物、无脚印，整体干净、整洁，如图 3-23 至图 3-26 所示。

图 3-23　干净整洁的教室

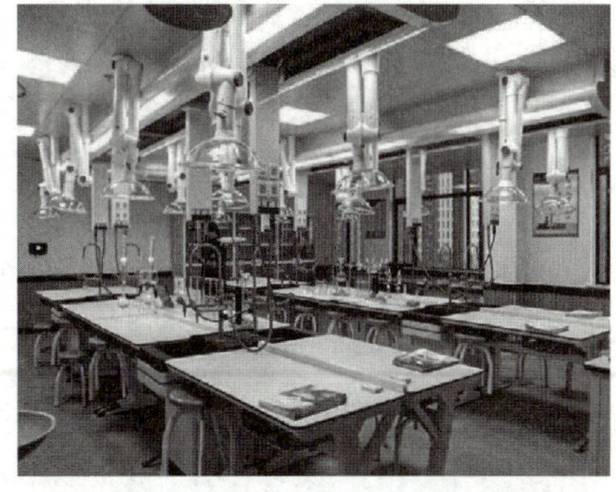
图 3-24　化学专用教室

图 3-25　报告厅

图 3-26　体育馆

(3) 专业教室及门口走廊垃圾桶要及时清理，保持干净、卫生，要求无烟头、无异味，桶内干净无污物。

(4) 讲台、边柜等必须保证每周擦拭两遍，无灰尘，每天最后一节课须用湿抹布清洁白板一次。

(5) 门与窗台要擦拭干净，门窗所有玻璃要保持整洁明亮；墙面无乱涂乱画、无污垢泥渍、无明显积尘；桌椅必须保持整洁，座位上无字迹墨迹、无垃圾、无头发等。

(6) 配发的卫生工具须保持干净整洁，做到一次一清洗；清扫完成后，须将卫生工具分类摆放，整齐有序。

(7) 上课班级学生要注意爱惜值日生的劳动成果，在上完课离开时，有折叠桌板的须将桌面板收起，把座椅摆放整齐。

(8) 专业教室内禁止乱扔果皮纸屑和饮料瓶，禁止随地吐痰、随地倒污水、在墙上乱涂乱写。

五、专用教室卫生标准

(1) 教室内外地面无纸屑等脏物，无污迹，地面干净。

(2) 所有暖气周围不准有杂物、灰尘、虫子（要用抹布擦干净）。

(3) 讲台物品摆放整齐、位置合理。

(4) 桌椅摆放整齐，内外无污迹，桌内无垃圾。

(5) 多媒体设备(包括屏幕最上面一层)要擦干净,不准有任何物品。

(6) 室内的开关(个别屋子内有暖气管,上面的白色小阀门要清理)、讲台上面不能有灰尘。

(7) 前、后门表面及小玻璃、门框保持干净。

(8) 室内外的窗台不能有灰尘,外窗台不能用湿抹布擦,要用干抹布擦。

(9) 室内有柜子的,柜子里的物品摆放整齐,柜子上的小玻璃擦干净。

(10) 室内所有窗帘平日要拉好(学生阅览室除外,每天开放时打开窗帘,无人活动时将窗帘拉好);假期时所有窗帘全部拉好。

(11) 室内不能有灰网。

(12) 每学期定期安排擦玻璃,届时学校会具体通知。玻璃上无灰尘、窗框干净。先用湿布擦,再用干布或报纸二次擦拭,玻璃上不能有水珠。

六、垃圾分类

1. 垃圾分类有标准

2019 年 11 月 15 日,新版《生活垃圾分类标志》标准发布,同年 12 月 1 日起正式实施。与 2008 版标准相比,新标准将生活垃圾类别调整为可回收物、有害垃圾、厨余垃圾和其他垃圾四大类,其标志如图 3-27 所示。

图 3-27　四大类生活垃圾标志

新版《生活垃圾分类标志》分别由 4 大类标志和 11 个小类标志组成,具体如表 3-7 所示。其中,厨余垃圾和其他垃圾又称"湿垃圾"和"干垃圾"。

表 3-7　标志的类别构成

序号	大类	小类
1	可回收物	纸类
2		塑料
3		金属
4		玻璃
5		织物
6	有害垃圾	灯管
7		家用化学品
8		电池

续表

序号	大类	小类
9	厨余垃圾（也称“湿垃圾”）	家庭厨余垃圾
10		餐厨垃圾
11		其他厨余垃圾
12	其他垃圾（也称“干垃圾”）	

注：除上述四大类外，家具、家用电器等大件垃圾和装修垃圾应单独分类。

2. “扔”垃圾的知识

进行垃圾分类，关键要掌握分类原则：可回收物（材质为玻璃、金属、塑料、纸、衣物）；有害垃圾非常少，主要是废电池、废灯管、废药品、废油漆及其容器：看厨余垃圾是不是很容易腐烂，是不是容易粉碎；剩余的就都是其他垃圾了。当发现有混淆模糊、不能准确判断类别的垃圾时，也可以把它归为其他垃圾。除此以外，还有大件垃圾和装修垃圾。

（1）可回收物是指适宜回收、可循环利用的生活废弃物，如图 3－28 所示。

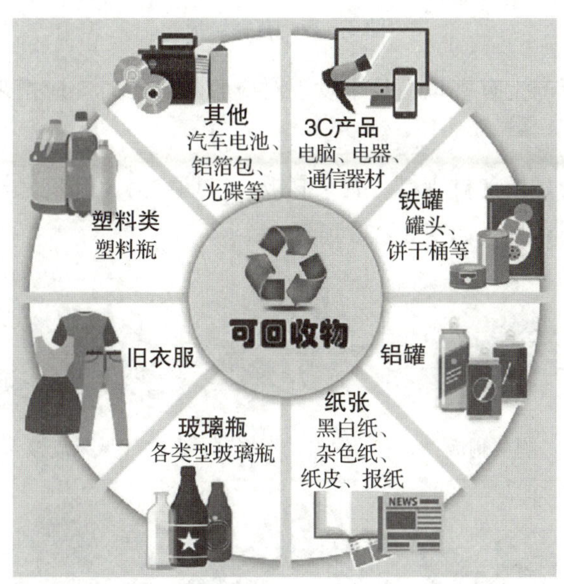

图 3－28　可回收物

投放要求：应尽量保持可回收物清洁干燥，避免污染；立体包装物应清空内容物，清洁后压扁投放；易破损或有尖锐边角的应包裹后投放。

（2）有害垃圾，是指生活垃圾中对人体健康或自然环境造成危害的物质，必须单独收集、运输、存贮，由环保部门认可的专业机构进行特殊处理，如图 3－29 所示。

投放要求：投放有害垃圾时应注意轻放；易破碎物品及废弃药品应连带包装或包裹后投放；压力罐装容器应排空内容物后投放。

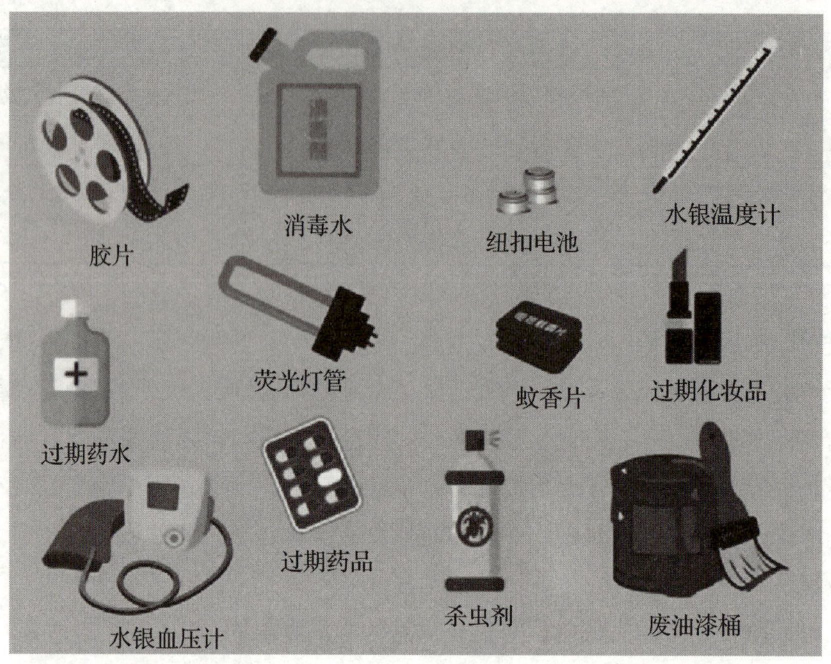

图 3-29　有害垃圾

另外，公共场所产生有害垃圾且未发现对应收集容器时，应携带至有害垃圾投放点妥善投放。

(3) 厨余垃圾，是指食材废料、剩菜剩饭、过期食品、瓜皮果核、花卉绿植、中药药渣等易腐的生活废弃物，如图 3-30 所示。

图 3-30　厨余垃圾

投放要求：厨余垃圾应从产生时就与其他品种垃圾分开收集；投放前尽量沥干水分，有外包装的应去除外包装投放。

另外，公共场所产生厨余垃圾且未发现对应收集容器时，应携带至厨余垃圾收集点妥善投放。

（4）其他垃圾是指除可回收物、有害垃圾、厨余垃圾外的其他生活垃圾，即现环卫体系中主要收集和处理的垃圾，如图 3－31 所示。

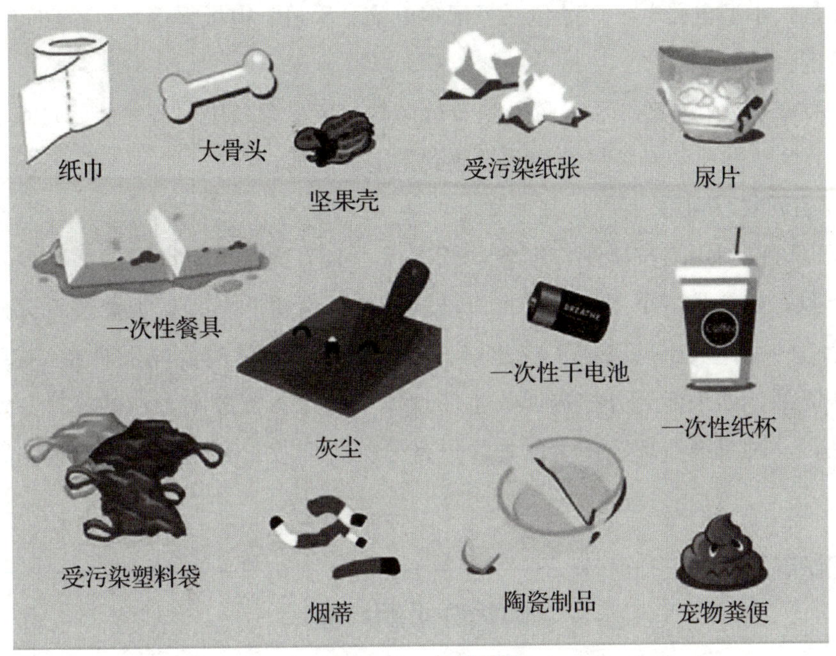

图 3－31　其他垃圾

投放要求：投入其他垃圾收集容器，并保持周边环境整洁。

（5）大件垃圾，如沙发、床垫、木桌、床架等可联系大件垃圾收集运输单位上门回收，或者投放至管理责任人指定的场所，如图 3－32 所示。

图 3－32　大件垃圾

大型电器电子产品也属于大件垃圾，如空调、电冰箱、洗衣机、电视机等，处理此类垃圾时可联系规范的电子废弃物回收企业预约回收，或按大件垃圾管理要求投放。需要注意的是，小型电器电子产品包括笔记本电脑、手机、电饭煲等，可按照可回收物的投放要求进行投放。

（6）装修垃圾，如碎马桶、碎石块、碎砖块、废砂浆及废料等。装修垃圾和生活垃圾应分别收集，并将装修垃圾装袋后投放到指定的场所。

3. 废品回收及利用

大家也可以利用易拉罐制作笔盒，既环保，又节约资源。垃圾中的其他物质也能转化为资源，如食品、草木和织物可以堆肥，生产有机肥料；垃圾焚烧可以发电、供热或制冷；砖瓦、灰土可以加工成建材；等等。各种固体废弃物混合在一起是垃圾，分开就是资源。如果能充分挖掘回收生活垃圾中蕴含的资源潜力，可获得一定经济效益。可见，及时对消费环节产生的垃圾进行分类、回收再利用是解决垃圾问题的最好途径。

知识链接

垃圾分类顺口溜

垃圾分类就是好

垃圾分类就是好，蓝红黄绿干湿分。
蓝色回收又能卖，红色有毒又有害。
绿色剩菜瓜果皮，黄灰桶里放其他。
人人一定要记下，美化环境靠大家。

垃圾分类很重要

垃圾分类很重要，源头减量不可少。
生活垃圾不分类，家庭教育没品位。
分好垃圾并不难，提升素质把你赞。
每天用好专用袋，厨余垃圾往里塞。
单独存放是有害，红色对号别瞎摆。
回收你就拿去卖，不卖蓝桶等你来。
排除以上归其他，培养习惯才畅快。
垃圾从来不是害，转化利用人人爱。
美好生活天天在，变废为宝新时代。
家里家外齐努力，我们出彩有意义。

拓展阅读

加强劳动教育，学校可以做些什么

担当是一种正能量。担当是敢于承担责任，关键时刻敢挑担子，在责任面前不回避、不推诿、不退缩。就当下来看，劳动者的担当就是能主动承担责任，敢于直面各种矛盾、困难和挑战，恪尽职守，攻坚克难。在实现第二个百年奋斗目标和中华民族伟大复兴的征途中，劳动者要敢于扛起自己的责任。勇于担当是一种奋发向上的正能量，更是一种时代精神。

实现人生价值，需要担当。一个人应该为自己所承担的责任感到骄傲。一个人承担的责任越大，证明他的本领越大，他的社会价值就越大。青年一代，应针对时代需求尽己所能地投身社会建设，到祖国最需要的地方去，去服务祖国最需要的领域。

做一个勇于担当的劳动者。自己做的事情要敢于承认、敢做、敢当、敢于承担，这是对每个劳动者心灵的历练，也是对一个人思想境界的提升。有些人认为，一个劳动者只要掌握足够的技能，就能傲视群雄。这样想是片面的，一个人光有能力还不够，还需要有一颗勇于担当的责任心。当前，社会发展处在关键时期，我们须以强烈的责任心和使命感，攻坚克难。

课堂实训

垃圾分类

一、活动宗旨

1. 通过实践活动，体验劳动创造美，产生一定的成就感。

2. 了解环境污染的危害，增强保护环境的意识，积极参与环保行动，不乱扔垃圾，尊重劳动，创建绿色校园。

3. 通过捡垃圾，知道垃圾的来源、分类、处理及危害。

4. 通过实践活动，认识减少垃圾的重要性，树立节俭意识，关注自然、关注社会，促进社会性发展。

二、活动培训

垃圾可分为：可回收物、厨余垃圾、有害垃圾和其他垃圾。

在进行垃圾分类的居民小区，都设有分类垃圾收集点，并分别配备了分类收集容器。其中可回收物的收集容器为蓝色，厨余垃圾的收集容器为绿色，有害垃圾的收集容器为红色，其他垃圾的收集容器为灰色。

三、活动实施

1. 召开班级动员会，讲清本次活动的意义和注意事项。

2. 划分捡垃圾的区域，把校园分为教室走廊、寝室、食堂餐厅、运动场、花园、校园道路等区域。

3. 分组布置任务。按照划分的区域分为相应的小组，并指定组长，各小组成员在组长的带领下完成任务。

4. 分组讨论垃圾分类存放的方法。

5. 做好劳动工具的准备，如垃圾袋、钩子、夹子、铲子等。

6. 在教师的指导下，各组统一开始行动。

7. 把捡到的垃圾正确分类，放入相应的垃圾箱中。

8. 帮助、教育乱丢乱扔的同学。

9. 活动结束后认真洗手。

四、活动分享

小组讨论交流垃圾分类的心得并进行评价。

任务四 宿舍生活 料理有序

一、床位整理

寝室是我们校园生活的主要场所之一。叠被子看似简单，却有着复杂的工序。对于住校生来说，寝室的床位整理是日常生活的一项重要内容，同时也是班级量化评比的一项重要考核内容。“细微之处见精神”，良好的寝室环境也是整个班级成绩和文明的基石。

1. 床位整理的意义

无论是在家里、学校还是在企业，打造整洁的寝室，不仅能够给人以美感、愉悦自己的心情，也有助于培养自己的良好习惯、锻炼自己的能力，更有助于培养自己的纪律意识、责任意识，形成劳动精神、劳模精神、工匠精神。

（1）美化环境、愉悦心情。整理自己的床位、叠好被子是我们小时候家长对我们提出的基本要求之一。叠被子人人都会，但是随着年龄的增长、能力的增强，叠被子的标准也在逐步提升。叠被子的最高标准就是像军人那样叠成“豆腐块”。简单、规则的立方体能够给人以美的感受。整洁的环境能够给人以美感，集体宿舍中整齐划一更能愉悦心情，有利于团结协作、提高学习效率。

（2）培养习惯、锻炼能力。每天早晨都能坚持以高标准要求自己叠好被子，日复一日、年复一年地坚持下去，不仅可以培养自己的良好生活习惯，而且能够锻炼自己的意志品质。在久而久之的练习中，不知不觉地掌握叠被子的方法与技巧，甚至还能够从中悟出一些道理，起到触类旁通的作用，最后达到提高生活能力的目的。

（3）培养责任、塑造精神。自己能做的事情自己做是一个人自理能力的体现，同样也是一个人基本素养的外在展示。无论居家生活还是在集体宿舍，坚持每天叠好被子，可以培养自己的劳动意识、纪律意识。每天叠好被子是参与劳动的内容之一，是自己的责任。每天叠好被子，能够让我们感受到“劳动创造美好生活”的真谛，是我们“尊重劳动、崇尚劳动”思想的体现，是我们对“劳动伟大、劳动光荣”精神的最好诠释。

叠被子不是一件小事，我们要像军人一样，将叠被子作为必要的功课。一丝不苟叠好被子是培养爱岗敬业品质、精益求精精神的途径之一，也是我们培养和树立工匠精神的有效方法。

让我们抓紧行动起来，首先将我们宿舍的床位整理一下吧！

2. 床位整理的方法

（1）叠被子。个人床位部分最重要的就是被子和床单，而叠被子也是中职生入学军训的一项重要练习内容，这里学习一下叠军被的操作步骤，如表 3-8 所示。

表 3-8　叠军被的操作步骤

步骤说明	图示
准备一床棉絮压得较实的被子，这种被子才能叠出好的形状。被子打开压平以后，将被子宽边的 1/3 沿着长边的平行线折叠	
将折叠好后的被子理平压实，然后将被子另一面折叠过来，把手放在被子内压实，不要让折叠处凹凸不平	
估测一下被子总长度，在被子中间预留 20cm，分别从两边再向中间处取 10cm，做成两个拱形。估测位置，将一端的拱形用双手压出条印	
接下来顺着条印用手捏起来，把拱形捏得更明显，之后把被子折叠过去，折叠好后进行修边，用拇指和食指捏住，另外三指压在被子上面，把直角边线修出来	
折叠被子另一端，用同样的方法把内边修一下，然后把上边线修成直角	

续表

步骤说明	图示
直角修好后，双手在被子中间捏出拱形，用刚才的手法，注意中间的拱形要深一些，然后双手一上一下把被子快速叠过去。通常我们将被子双层面整齐的一端靠门摆放	
被子放在床中间，把边线用手指压住，沿着一端拉直，把褶皱修直，最后用手修整被子的边角，使它更像一个“豆腐块”	

以上是叠军被的详细操作过程。需要注意的是，叠军被“三分靠叠，七分靠修”，所以每一步都要下功夫。刚开始可以慢一点，动作熟练了就可以很快完成。通过反复练习，相信我们都可以掌握，不妨在家里也按照上面的标准每天叠好自己的被子。

(2) 整理床单与摆放枕头。宿舍的集体环境大多是不一样的，如果宿舍比较简单的话，我们如何达到整洁的视觉效果呢？

宿舍最好选择统一的被罩和床单，但是在搭配上，建议选择线条型图案的床单，感觉更加规整，整体效果就更加完美，如图 3－33 所示。

最后，将叠好的被子开口朝门放置，靠窗一端离床沿 20cm、背面离床头 20cm；枕头平放在另一端适中位置，四角拉伸；最后将床单抚平、床单外边不能超出床外边缘；垫被、草席以不露出床单为标准，床上无杂物。

(3) 整理床下物品。床位整理不仅是床上物品的摆放，还包括床位其他位置的物品摆放，床下的鞋子也要摆放整齐，鞋跟向外。

图 3－33　整洁的宿舍

二、物品摆放

1. 整体布局

床铺、书桌、个人物品等要统一摆放整齐，无乱拉绳索、电线，不乱晾挂衣服，没有其他破坏整体形象的物品，坚决不使用大功率电器等违禁物品。

2. 床铺

（1）床上用品经常清洗，保持干净、卫生、整洁。

（2）被褥叠放整齐。被子叠成方块形，放于宿舍门远端；枕头平放于被子对侧床头中间；床单平整，外侧统一折放在褥子下面。

（3）床上、床头不得悬挂衣服，摆放书籍；毛绒玩具尽量收进衣柜，多余的物品统一放在被子与墙壁之间的空隙中，摆放整齐；床上不允许悬挂布帘，冬季不允许悬挂蚊帐。

（4）靠床墙面如张贴海报、照片等物品，内容应积极健康并保持整洁美观。

3. 书桌

（1）书桌不允许放零食、杂物。

（2）书籍按照大小竖放于书架中，少量常用书籍可整齐放于书桌左上角。

（3）书桌上若须放置电脑，须保持电脑清洁、电源线等线束整齐；“文明校园”检查前一天摘除所有网线并收拾妥当。

（4）个人化妆品、小装饰品等物品集中放入柜中，不得放在书桌上。

（5）椅子不用时推进书桌下。

（6）内容积极健康的名言警句、书法字画等一律居中贴在紧靠书桌的墙上，保持整洁美观。

4. 衣柜

衣服要内外有别，整齐叠放在衣柜里；衣柜外不允许悬挂毛巾、衣服、背包等物品。

5. 行李箱

个人行李箱放在衣柜里，若行李箱过大，可放在床头与靠过道墙壁的夹缝中，摆放整齐。

6. 鞋子

每人床下只允许放一双家居拖鞋，鞋跟朝外对齐摆放，不得超过上铺扶梯底线，其余鞋子统一放于鞋柜中。

7. 清扫工具

扫帚、簸箕、拖把等工具整齐放于宿舍门后墙角，垃圾桶须套上垃圾袋并及时清理。

8. 个人洗漱用品

脸盆统一叠放于书桌下面，水杯、毛巾、牙缸、香皂等物品放于脸盆内，毛巾叠成方形，牙刷、牙膏头朝上放于牙缸内。

9. 热水瓶

热水瓶统一放在暖气片下排成一条直线，把手朝外。

10. 餐具

个人碗筷、饭盒等餐具统一收于柜中。

11. 窗台

窗台之上只允许放花草植物；暖气片上不允许放置任何东西。

三、改善宿舍面貌，提升文化格调

1. 文明宿舍建设要求

宿舍是我们学习、生活、休息的重要场所，宿舍文明环境建设直接体现我们的精神面貌和个人素质，直接关系我们的身心健康。我们应将维护整洁文明宿舍环境内化为自觉追求，外化为自觉行动，达到以下要求：

（1）文明宿舍的环境总体应达到“六净”“六无”“六整齐”的目标。

“六净”：地面干净、墙面干净、门窗干净、玻璃干净、桌椅橱干净、其他物品干净。

“六无”：无杂物、无烟蒂、无乱挂现象、无蛛网、无酒瓶、无异味。

“六整齐”：桌椅摆放整齐、被褥折叠整齐、毛巾挂放整齐、书籍叠放整齐、鞋子摆放整齐、用具置放整齐。

（2）每天应自觉做到“六个一”、自觉遵守“六个不”，维护宿舍良好生活环境。

“六个一”：叠一叠被子、扫一扫地面、擦一擦台面、整一整柜子、理一理书架、倒一倒垃圾。

“六个不”：异性宿舍不进出、外人来访不留宿、危险物品不能留、违规电器不使用、公共设施不损坏、果皮纸屑不乱扔。

（3）在宿舍应杜绝不文明行为，不养宠物、不在宿舍楼内抽烟、不在门口丢放垃圾、不乱用公用洗衣机等。

2. 特色宿舍建设标准

特色宿舍体现的是一种文化，是一种相互影响、彼此照应、和谐共进的良好氛围，对我们的文化修养、综合素质等各方面的提高有着很大的促进作用。

要建设特色宿舍，首先要考虑宿舍大部分人的个性、喜好、价值观等，然后再以此为方向营造出别具一格的特色文化。如果宿舍大多数人都喜欢学习，便可以考虑建设学习型宿舍；如果宿舍大多数人喜欢运动，便可以考虑建设运动型宿舍；如果宿舍大多数人都对环保有一定兴趣，便可以考虑建设环保型宿舍。与此类似的还有创业型宿舍、自强型宿舍、友爱型宿舍、逐梦宿舍、音乐宿舍等。

例如，某高校的“最牛男生宿舍”就是典型的学习型宿舍。全宿舍 12 名男生，有 10 人获得国外知名大学硕士研究生录取通知书；一个人被中国移动集团公司录取，另一个人赢得国家电网、华为等多个知名企业的“橄榄枝”。

在建设特色宿舍时，可参考以下标准：

（1）全体宿舍成员共同参与特色宿舍建设，共同商议并确定特色建设方向。

（2）按照主题特色布置宿舍，呈现的效果要符合特色，传递宿舍文化，简单、大方、美观，别具匠心、新颖独特，能让人眼前一亮。

（3）有与宿舍文化对应的“行为习惯养成计划”“宿舍团建活动安排”等。

3. 宿舍美化设计与创意

（1）体现美化原则：1）简单、大方。通常宿舍面积不大，没有必要摆放过多装饰品，否则会显得杂乱。2）温馨、舒适。宿舍是放松休憩的地方，在美化时要考虑烘托一种温馨、舒适的氛围，让宿舍充满家的温暖气息。3）营造学习氛围。宿舍除了是放松休憩的地方，也是学习的场所，要从色彩、风格上考虑这个因素，营造一个安静、适宜学习的空间。

（2）体现创意要点：1）彰显宿舍文化。每个宿舍都有不同的文化，在美化时要充分考虑自己的宿舍文化，做出别出心裁的美化设计。2）用材节约、变废为宝。低碳、绿色不仅是当下流行的理念，更应是我们践行的生活方式。在美化宿舍时可充分利用易拉罐、雪糕棍、牛奶盒、饮料瓶、废纸箱等易被忽略的生活垃圾和旧物，将其做成各种实用的生活用品。这不仅创意十足，更向周围的人传递了一种绿色的生活态度。3）彰显个性。宿舍由多个小空间组成，每个小空间都是宿舍成员的“家”。在美化时，每个人应在兼顾整体风格的基础上，充分考虑自己的使用需求和审美偏好，打造属于自己的“私密空间”，彰显自己的个性。

拓展阅读

整理收纳师

近些年来，随着我国国民收入的提高，以及网购、直播带货的成熟，带来了新的消费热潮。人们在各种“买买买”之后，迫切需要更加合理的空间规划，尤其是在快节奏的工作环境下，更加依赖于快速、便捷的整理收纳服务，如图 3 - 34 所示。2021 年人力资源和社会保障部公示的一批新增职业工种中就包括了整理收纳师，它属于家政服务下设的新工种。

图 3 - 34　经整理收纳师妙手整理过的衣橱

孔某某选择整理收纳师这个职业，这一方面源自她对整理的热爱，直言：“我本身就喜欢整理，物品各归其位呈现出来的秩序感，会让我感到温馨。”另一方面，孔某某原是一名职场妈妈，成为全职整理收纳师后，她有了更多的时间兼顾家庭和孩子。

据了解，孔某某所在的团队中有不少人是兼职整理收纳师。由于需要接到单子后才能开工，在工作时间上也相对自由，因此，不少全职妈妈利用空余时间加入整理收纳的队伍。不过从收入来看，全职妈妈兼职整理收纳师也收入可观。

“一个获得高收入的整理收纳师，远不只是会进行简单的物品收纳，而是要有整体的规划思维，尤其是要有美学素养，对软装搭配、陈列、插花、服饰养护、流行时尚等都要有所了解。”在孔某某看来，美学素养是一个人一辈子都需要精进的课题，并非一朝一夕就能完成。“或许人人都可以成为整理收纳师，但并不是人人都可以成为好的整理收纳师，最重要的是要不断学习和精进自己，提升专业性。”

某种程度上，收纳已不仅是一门生活的艺术，在国家大力发展现代服务业的趋势下，整理收纳师或将成为风口职业。

课堂实训

农耕劳动

为丰富学生的课余生活，拓展学生的视野，使学生了解农耕文化，认识并掌握常见劳动工具的使用方法，感受劳动实践的重要性，树立劳动光荣的思想，培养分工合作的劳动能力，班级决定组织全班同学进行一次农耕劳动。

一、活动名称

农耕劳动。

二、活动主旨与意义

本次劳动实践活动以提高学生劳动知识与能力素养为主要目的，同时希望通过这次活动，让学生明白团队合作在劳动中的积极作用。

三、活动内容

以小组为单位开展劳动实践活动，学习与本次农耕劳动相关的知识，如除草的步骤、注意事项、安全事项等，以及学习常见劳动工具的基础知识和使用方法。各组应重点掌握所用工具的使用方法。具体安排如下。

1. 以10～12人为一组，各组选出组长1人、副组长2人，组长与副组长全权负责各组的劳动实践活动。

2. 各组分别选择1～2项与农耕劳作相关的任务，包括除草、翻土、栽种树苗、施肥、插秧等（视季节不同确定相应的农耕劳动）。

3. 各组选择并熟练掌握农具的使用方法。

4. 各组在劳动前，组织全组人员开会讨论分工问题，并具体落实在劳动中，在规定时间内以团队合作的形式完成相应任务。

四、活动要求

1. 安全第一，在确保安全的情况下使用劳动工具。

2. 组长与副组长需要确保组员能够按照要求顺利完成本次劳动实践活动。

3. 活动期间应全身心投入活动，将手机、手表、首饰等物品统一存放。

4. 组员不可单独行动，应完全按照本组的劳动要求完成任务。

五、活动评价

完成任务后，每位同学根据自己所认识和使用的劳动工具，客观评价自己掌握劳动工具的情况，并根据这一实际情况，提出对于正确使用这些劳动工具及提高劳动效率的改善意见，填入表 3-9 中。

表 3-9 活动评价

小组成员：		
劳动内容：		
劳动工具	掌握情况	改善意见

学思之窗

舌尖上的非遗：北京烤鸭

北京的前门大街是许多京城老字号的聚集地，其中就包括著名的北京烤鸭老字号——全聚德和便宜坊。来北京的游客也许会听到这样一句话："不到长城非好汉，不吃烤鸭真遗憾。"把烤鸭和长城并列起来，足以说明烤鸭的魅力。

2008 年，烤鸭技艺入选第二批国家级非物质文化遗产名录。烤鸭技艺主要分为以挂炉烤鸭为代表的全聚德和以焖炉烤鸭为代表的便宜坊两大门派。北京烤鸭在全世界享誉盛名，它色泽红润，肉质肥而不腻，外脆里嫩，号称"舌尖上的非遗"。北京烤鸭好吃，离不开烤鸭师傅几代人兢兢业业、精益求精的技艺传承。

徐师傅并不是出身于厨师世家，当年知青返城招工，分配他当了厨师。从红案打杂起步，到现在的"国际大厨"，40 多年来，徐师傅一直记着老师傅的话："干一行，就得干好一行，守好这行的规矩。"

徐师傅用学习 10 年、奋斗 10 年、成就 10 年、辉煌 10 年四个不同的阶段总结了自己在全聚德工作的一生。已经退休的徐师傅说起过去学厨艺的过程，老师傅对烤鸭技艺的传承和兢兢业业的奉献精神让他记忆犹新，也是他人生中永远学习的榜样和动力。正是全聚德秉承的“传统不守旧，创新不忘本”，让挂炉烤鸭的技艺一代一代地传承了下来。

沿着前门大街由北向南走，在鲜鱼口美食街里还有一家以焖炉烤鸭为代表的老店——便宜坊。“便利人民、宜室宜家”牌匾醒目地摆放在大厅里。这是便宜坊店名的新定义，也是便宜坊现在的经营理念。

以焖炉烤鸭为代表的便宜坊有着600多年的历史。2009年，便宜坊烤鸭总厨师长白永明获得“国家级非物质文化遗产烤鸭技艺第20代传承人”的称号。在1988年举办的北京市第一届烤鸭大赛上，刚从业10年的白永明一路过关斩将，获得烤鸭大赛金奖。

工作40多年后，白永明回想年轻时的荣誉，认为那时顶多完成了全部技艺的20%。几十年来，白永明获得的各类奖项不计其数，他的工作态度却从未改变，他的付出也为便宜坊赢得了一大批“铁杆”食客，有些人不管搬家多远，都要特意来便宜坊品尝烤鸭。时至今日，白永明依然牢记便宜坊提出的传承理念，那就是“工匠精神”的传承、传播。

如果说全聚德挂炉烤鸭技艺是集体传承，那么便宜坊焖炉烤鸭技艺就是选出传承人。两个百年老店，在技艺的传承方法、形式上虽说不同，但是他们的初心却是一致的，那就是把这些舌尖上的“非遗技艺”传承下去。现在，全聚德和便宜坊都有自己的烤鸭工作室，负责对烤鸭技法的挖掘、保护、传承与创新。

洗尽铅华，历久弥新。正是在一代代烤鸭技艺者的坚守下，人们才能在今天依然品尝到北京烤鸭这舌尖上的美味。

探究与分享

1. 你还会哪些家居日常维修技能？请跟同学们分享一下吧。
2. 作为学校的“环保卫士”，我们能从哪些方面着手开展工作？

项目四
劳动服务社会

学习目标

知识目标

正确认识勤工助学，体会勤工助学在成长中的意义。

了解劳动合同与劳务合同的区别。

熟悉假期实习和假期兼职的相关常识和实用技能。

能力目标

积极参加勤工助学。

识别假期兼职陷阱。

掌握实习实训攻略。

素质目标

能根据所学作出符合自身情况的社会实践计划。

能以积极的姿态面对社会实践活动，在活动中不断历练自己，做到有所学、有所感、有所悟。

加强德、智、体、美育的合力，实现理论和实践同向同行，积极投身于社会服务，为国家发展作出一定的贡献。

榜样示范

入围“感动中国”的保洁员大叔

赵永久戴着一顶已经褪色的皮帽子，一身蓝色的工作服已经被洗得发白，额头上布满了皱纹。谁也不会想到，这个衣着破烂、油渍斑斑的保洁员过去 30 多年来一直是一名“活雷锋”。月收入只有 2 000 多元的他，每月都要拿出工资的 1/3 用于捐资助学，30 多年来他一共拿出将近 20 万元，先后资助 37 名贫困学子，其中有不少人已经大学毕业。为了帮助贫困学生，他甚至卖掉了家中唯一的住房，至今一家人还租住在沈阳市大东区的一个单间里。

这位卖房资助贫困学生的保洁员大叔入选了2018年“感动中国”候选人物。摆放在家中的20张荣誉证书、50多张收据、20万元的捐款记录，记录了一名保洁员的不平凡人生。

冬日的沈阳，最低气温达到−20℃，但赵永久依然每天清晨4点多就起床了。在沈阳最繁华的商业街中，赵永久像往常一样，推着破旧的三轮车，用双手将垃圾装上三轮车。每天早上7点前，他都要将这里打扫干净。

一、从小受助心怀感恩

赵永久今年58岁，但他看起来像个60多岁的老头。因为常年用双手分拣垃圾，他的双手在过去几十年里不止一次受伤，一双手粗糙得像树皮一般。

赵永久第一次捐款是在1986年，当时，他在沈阳大学当保洁员。在沈阳大学的食堂里，一个衣着破旧的女孩正在大口咽馒头，她看起来脸色苍白，身上的衣服也有些破旧。赵永久后来了解到，这个女孩一家的生活非常艰苦。那个时候，赵永久和妻子每月的工资加起来也只有100多元，女儿出生没多久，他和妻子商量后决定每月拿出50元资助这位学生，直至毕业。

赵永久告诉记者，自己之所以这么多年来坚持资助贫困学生，跟自己的成长经历有关。“我以前就是穷人家的孩子。我小时候是吃百家饭长大的。所以我一直怀着感恩的心。”他说，自己15岁时父亲因工伤去世，多亏好心的邻居向他伸出了援手，不仅接受他每天到家中吃饭，还资助他坚持读完了初中。

少年时凄苦的经历让赵永久饱尝了生活的辛酸，他告诉记者，因为家贫没有机会上大学，这一直是他心中的一大遗憾。赵永久不希望其他孩子也因为家贫而错失上大学的机会。从那时起，赵永久的心中就埋下了爱心的种子。

二、卖掉房子捐资助学

2006年，赵永久在纺织器材厂下岗后，成了一名保洁员。从那时起，他经常兼职做两份保洁工作，只为收入能多一些。两份工作的工资加到一起仅仅为每月2 400元。每天下班回家已经是晚上10点。

赵永久的单位领导告诉记者，赵永久干活特别认真踏实，和其他同事关系也很好。“我们知道他这个情况后，能照顾的就多照顾一些，特意给他安排了两份工作。”

2007年，赵永久给一位白血病患者捐款。当时房子卖了24万元，其中18万元用来帮助贫困孩子，余下的一部分也捐给了一些需要帮助的人。而他们一家三口仅仅租住在30多平方米的小屋中，每月房租600元，直到2017年申请到了政府公租房才感觉压力小了些。“虽然房子窄了点，但我觉得心里舒坦。”

“老赵只要听到哪个孩子有困难他心里就火急火燎的。”妻子杨萍告诉记者，一开始，对于赵永久资助贫困孩子上大学这件事，她并不认同。在杨萍的记忆里，赵永久平时生活非常节俭，一家人也从来不去外面的餐馆吃饭。而他所有的衣服也都是“缝缝补补又三年”。

后来，赵永久带着杨萍去了一个贫困的村子，看到那里的孩子过得太艰苦了。“很多孩子连一双合脚的鞋子都穿不起，很多年都没买过新衣服，我开始慢慢理解老赵的做法，觉得他的做法是对的。我们虽然不富裕，但好歹有口饭吃。”如今，妻子和女儿已是老赵当“活雷锋”最坚强的后盾。只要有机会，杨萍都会跟着赵永久一起出去做公益活动。

三、33 年捐了 20 万元

赵永久手里这一叠厚厚的捐款收据都是他的“宝贝”。捐款金额从几十元到数百元不等，钱虽不多，但都是他平日省吃俭用攒下的。每当遇到困难时，他就会把这些收据拿出来仔细看看。“这一张是资助一个失去了母亲的孩子，他现在已经上大学了；这个孩子的母亲得了重病，现在她学习成绩很好，经常考前三名。”说起每张捐款收据背后的故事，赵永久都如数家珍。

33 年下来，赵永久一共资助了 37 名贫困孩子上学，累计捐助金额将近 20 万元。这些学生中很多人已经大学毕业，走上工作岗位。

但提到自己的女儿，赵永久有说不出的愧疚：“我实在是对不起她们，让老婆孩子和我一起受苦了。”赵永久说，因为自己每天要工作十多个小时，一年下来，他陪伴孩子的时间屈指可数，一年下来估计还不到一个月。

“我们做保洁员这个工作是没有固定上下班时间的，每天在人们上班之前就要把大街打扫干净，即便是周末也不能闲着。”赵永久说，好不容易有一天休息时间，也会被他拿来和志愿者一起下乡做公益活动。

虽然对自家人非常“抠门”，但对于那些家庭贫困的孩子，赵永久却非常大方。他经常邀请那些贫困家庭的孩子到他家吃饭，每次，他都会招呼妻子多买一些菜，让孩子们饱餐一顿。

赵永久周围的很多同事都不理解他的做法，不知道他为何要几十年如一日坚持资助贫困学生。但赵永久有自己的“快乐源泉”，他说，只要孩子们能上学，看到孩子们有出息，他就感到自己的付出值了。

“我就是因为没文化吃了亏，不能让孩子们再因为没文化而吃亏，所以，就是再难我也要把他们资助到大学毕业。我捐的钱少，可能一辈子也没有别人一次捐的多，但我希望能带动更多人，去帮助有困难的孩子。”

他向记者讲述了自己的一次经历。大概是 1987 年的一个冬天，他跟几个同事报名参加了一个公益活动，活动中得知一名学生家里突然失火，他当即来到了着火点。此时，大火已将一家人的房子烧毁，凛冽的寒风中，一位 80 多岁的老人躲在墙角抹眼泪。

赵永久见状连忙将身上的羽绒服脱下来为他穿上，并把身上剩下的200元都给了可怜的祖孙二人。

尽管帮助过37位孩子，但赵永久从来没主动联系过他们，他每次捐款之前还特别交代“不要说这钱是谁捐的”“他们好就行，我不需要他们记住我”。

赵永久说，他并不认为自己是在做慈善，只是做了力所能及的事。“只要我身体还好，有工资，我就会一直捐下去。”

任务一 勤工助学 逐梦前行

一、正确认识勤工助学

1. 勤工助学的内涵

勤工助学是指学生利用课余或假期时间参加的，通过诚实劳动取得合法报酬，用于改善自己生活条件和学习的实践活动。勤工俭学是学校对学生资助工作的重要组成部分，也是提高学生综合素质和资助家庭经济困难学生的有效途径。

理解当前的勤工助学，关键有几点：一是“勤”，指勤奋、合法的劳动；二是“助”，是有助于学生的学业和成长，通过获取经济上的报酬来补贴学业，使自己在知识和能力方面得到有益的补充；三是“工”与“学”的有机结合，“工”即为工作，为学生提供锻炼能力的机会，促使学生成才，加速学生个体社会化的进程，通过劳动使学生获取一定的报酬，为实现经济自立打下基础。“学”不仅指书本知识，还指社交能力、自学能力、管理能力和自主意识、服务意识、责任感及价值观、劳动观等综合素质和能力。因此“学”是最终目的和归宿，也是勤工助学的真正意义所在。

2. 勤工助学的特点及作用

勤工助学的特点：第一，勤工助学是一种有偿劳动；第二，通过学校组织管理，学生自愿参与；第三，其参与对象主要针对家庭经济贫困的学生及学有余力的学生；第四，其目的是培育吃苦耐劳、自立自强、勤俭节约的当代青年学生。

勤工助学的作用：第一，为学生提供了锻炼能力和接触社会的机会；第二，为学生实现经济自立打下基础；第三，是提高学生综合素质和资助家庭经济困难学生的有效途径，是实现全程育人、全方位育人的有效平台。

3. 避免对勤工助学认识上的偏颇

有一些学生对勤工助学在认识上存在一些偏颇，具体表现在：第一，一部分学生认为勤工助学面向的群体就是家庭经济困难的学生，自己不存在这样的困难，所以将参加勤工助学看成是一种“没面子”的行为，会被别人“看不起”，从心理上对此产生一种抵触情绪。第二，有一部分学生认为参加勤工助学会影响学习，即使在自己学有余力。课余时间充足的情况下，在面对学校里的勤工助学岗位时，也往往视而不见。第三，部分学生缺乏自立自强意识，长期以来贫困学生的学杂费由国家来承担，生活费由父母承担，一部分贫困生只想通过依靠学校困难补助、学校减免学杂费和社会的资助等形式来解决自身困难，没有想到通过参加勤工助学活动，用自己的劳动来解决自己的学杂费和生活费问题。第四，部分学生工作责任心不强，害怕辛苦，劳动观念差，有些学生不懂得珍惜来之不易的勤工助学机会，对学校给他们安排的工作不能主动认真地完成，工作中有诸多怨言，粗心大意，敷衍了事，怕苦怕累，甚至有部分同学半途而废。

勤工助学不是家庭经济困难学生的“专属权利”，而是面向全体在校学生共同提高的有效平台，一些学者将其称为“自助性资助”，也就是说，勤工助学不仅是对学生单纯的经济帮助，更倾向于学生的自我帮助。目前，大多数学生都没有经历过艰辛生活的磨练和实践的锻炼，不合理的消费观念在他们身上或多或少地存在，要想纠正学生的错误认识，勤工助学无疑是一个良好的机会。

二、参加勤工助学，体验美好人生

在职业学校的校园中，常常有这么一群人：当同学们还在休息的时候，他们在宿舍的门口值班守岗；当同学们吃完饭，放下碗筷之后，他们在食堂的厨房里洗碗刷盘；当同学们下课匆匆离开的时候，他们在教室中留下来清洁打扫；当同学们周末约好友出去逛街的时候，他们来到学校图书馆整理图书……他们能正确地认识自己，在勤工助学实践中锻炼自己、挑战自己、升华自己，学会自强、自立、自尊，他们因勤工助学而出彩，因奉献而美丽。他们就是校园中的勤工助学人。

勤工助学坚持“立足校园、服务社会”的宗旨，按照学有余力、自愿申请、信息公开、扶困优先、竞争上岗、遵纪守法的原则，由学校在不影响正常教学秩序和学生正常学习的前提下有组织地开展活动。

1. 勤工助学的工作岗位

勤工助学工作岗位一般分为校内岗位和校外岗位、临时岗位和固定岗位。

校内岗位：是学校根据自身情况设置的各种校内实践锻炼岗位。

校外岗位：是学校与校外企事业单位或个人达成协议，委派在校学生到校外参加的相关实践锻炼岗位。

临时岗位：是不具有长期性，通过一次或几次勤工助学活动即完成任务的工作岗位。

固定岗位：是持续一个学期以上的长期性岗位和寒暑假期间的连续性岗位。

2. 勤工助学时应该注意的问题

（1）勤工助学必须是学生在学有余力的前提下，自愿向学校提出勤工助学的申请，接受必要的安全教育和勤工助学岗前培训，再由学校统一安排到校内或校外的岗位上进行勤工助学活动。同等条件下，学校采取优先安排家庭经济困难学生上岗的政策。

（2）学生参加勤工助学不应当影响学业，原则上每周不超过 8 小时，每月不超过 40 小时。

（3）学生在参加校外勤工助学活动前，应当与有关单位签订具有法律效应的协议，保护自身的合法权益。

（4）学生在进行校内勤工助学前，应当与学校的学生勤工助学管理服务组织签订具有法律效力的协议书。

（5）学生从事勤工助学活动必须做到诚实守信，认真负责，遵守社会公德、树立服务观念，遵守学校勤工助学管理规定及与协议相关的各项要求，保质保量完成工作任务，努力维护学校和集体的荣誉。

三、勤工助学在学生成长中的意义

勤工助学已日益受到学校、社会各界的普遍重视。勤工助学的助困功能和育人意义也被人们广泛接受。社会也积极地为学生参与勤工助学活动提供机会、创造机会。目前，青年学生自称打工族，它集中反映了学生在经济上要求自立的愿望，特别是勤工助学点亮了贫困学子成长成才的希望，使他们以自强不息的实际行动克服困难，发奋成才。

1. 有助于形成良好的思想品格

部分学生习惯了父母长辈的呵护，习惯了依赖、被安排，面对困难不知所措，缺乏艰苦奋斗、勇往直前的拼搏精神。参加勤工助学能够让这部分学生感受到生活的艰辛，体会到自立自强的真正内涵，帮助他们树立自信心，培养服务精神和责任意识。在工作中面对激烈的竞争，培养危机意识，提高他们的心理承受能力。

2. 有助于顺利完成学业

进行勤工助学的主要目的是缓解自身的经济困难，其次是锻炼自我。据调查，目前有许多勤工助学的青年学生的家庭经济相对贫困，他们利用勤工助学的机会获得相应的劳动报酬，使基本的生活费有了保障。在勤工助学的过程中，学生能够懂得感恩社会，认识社会的需求，正确地剖析自我，调整自我发展方向；学生参与勤工助学活动，能够促使学生直面自身的家庭经济条件，有助于调节精神负担过大等心理状况，从而保证学生能够顺利地完成学业。

3. 有助于创造就业机会

高学历不等于高收入已经成为社会普遍现象。很多学生缺乏动手能力，学生普遍认为只要把该学的功课学好就够了，至于工作实践是毕业后的事情。但是从近几年的就业现状来看，用人单位普遍青睐有工作经验的毕业生。这不仅仅是因为在他们的简历中多了一行简单的工作经历，更重要的是他们在长期的工作中积累了丰富的经验。勤工助学能够让学生在工作的过程中锻炼自己的写作水平，提高沟通能力，学会如何与人交往，使他们提前向职业化的角色转变。

4. 有助于丰富社会阅历

学生勤工助学是一项社会性的实践活动，学生的课堂学习是校园的教学范围，以专业知识的理论学习为主。社会是一个更大的课堂，学生通过勤工助学这一平台走出教室，积极地履行社会义务，承担社会责任，以社会人的姿态实现自身价值；丰富了学生的社会阅历，帮助学生调节对社会茫然的心理，正确认识社会，以更加轻松、自信的心理状态走向社会；能够使学生在不同的岗位职责要求下认识到社会职业道德和岗位的责任感，树立正确的人生观、价值观、世界观，通过实现社会价值，树立自信心，激发自我创造价值的激情，形成良好的品格。

课堂实训

维护交通秩序，积极奉献爱心

作为一名学生，我们应该积极参与到维护交通秩序中去，用自己的实际行动为交通畅通、人民安全作出应有的贡献。

一、熟悉交通法规，做义务宣传员

1. 发放宣传材料，进行交通法规宣传

交管部门每年都会印刷很多交通法规宣传小册子及因违反交通安全法规导致交通事故的警示宣传材料。作为学生，我们可以利用周末或者寒暑假，提前与交警部门取得联系，在路口或社区进行宣传材料的分发。在分发这些材料之前，我们也要先认真阅读，对材料做一些必要的了解，这样，我们可以边分发材料边做义务讲解员，对社区居民或行人进行交通法规宣传。

2. 利用警示教育，进行事例宣传

我们还可以自行在网上下载交通事故案例，制作一些交通安全警示教育片，利用交通路口、学校、医院、社区、街道等的电子大屏幕进行宣传。通过警示教育片中那一个个触目惊心的现场，那一个个破碎的、悲痛欲绝的家庭，让广大民众充分认识到违反交通法规可能带来的危害，引导民众从心中敬畏交通法规。通过科普交通法规的小动画、小视频，寓教于乐，劝导广大民众自觉遵守交通法规，让他们更全面深入理解交通法规，遵章守纪，做到尊重生命、珍惜生命，提高他们遵守交通法规的自觉性，保障个人的交通安全，维护交通秩序。

3. 通过安全讲座，进行普法宣传

作为学生，我们也可以积极参加由学校组织的交通安全宣传志愿者服务，对幼儿园小朋友或小学生进行交通安全讲座，将交通法规编写成儿歌、绘制成漫画，为幼儿园小朋友或小学生进行交通安全知识的普法宣传，从小抓起、从小做起，增强交通法制意识和安全意识，提高自我保护能力。

二、提高安全意识，率先遵纪守法

自觉遵守交通规则是对自己的生命健康负责，也是对父母亲友负责，更是对他人和社会负责。自觉遵守交通规则有利于增强规则意识和责任意识，有利于维护交通秩序。作为一名学生，我们在劝导别人遵守交通规则的同时，更应该从严约束自己，自觉遵守交通法规。用自己的实际行动，带动身边的人共同遵守交通法规。

三、参与交通劝导，现场疏导交通

在现实社会中，有很多人由于法律意识淡薄，存在侥幸心理，仍然不自觉遵守交通法规，主要表现为闯红灯、酒后驾车、超速行驶、违章停车、抢道行驶、无证驾驶、疲劳驾驶、开“斗气车”、不按标志标线指示行驶等。

针对上述违法行为，我们可以利用周末或寒暑假等业余时间，积极参与交通劝导志愿者服务，到交通比较繁忙或事故多发地段或路口，协助交警现场疏导交通，或对行人及机动车驾驶员的违法行为进行劝阻。这样既是对个人能力的一种锻炼，为社会传递正能量，同时也会在潜移默化中提高行人及机动车驾驶员遵守交通法规的自觉性，为创造良好的通行环境作出贡献。

参与交通劝导要事先做好充分的准备。第一，要和交管部门进行沟通与协调。提前与交管部门联系，如有必要可以先在交管部门进行一些相关的知识培训，如对交通标志、交警指挥交通的手势及交通信号进行学习等。只有熟知交警的指挥手势，才能在无交通信号灯路口、交通信号灯损坏、路口堵塞的情况下，更好地配合交警进行交通疏导。第二，要了解路口的交通特点，熟悉周边环境，为外地人员和不熟悉道路的人指示方向和行驶路线。

四、清洗交通标志，让标志更醒目

道路两旁的交通标志是用文字和图形符号对车辆、行人传递指示、指路、警告、禁令等信号的标志。交通标志是实施交通管理，保证道路交通安全、顺畅的重要措施。标牌虽小，但作用巨大。它可以告诉我们道路的方向、路名，给予导向；告诉我们前方是岔路、弯路还是山路，提前给我们发出警告；告诉我们哪条路禁止通行，哪条路禁止左转弯；告诉我们哪儿可以停车，哪儿可以过马路；等等。这些标志牌保证了我们行车和走路的安全。

但是，由于日晒雨淋、尘土飞扬，有的标志上面覆盖了厚厚的一层尘土，导致标志符号已无法看清，这也是导致交通事故频发的原因之一。为此，我们可以利用业余时间，约上几个小伙伴，拿着清洗工具，一起来把社区或道路两旁的交通标志牌、标志杆等清洗干净，让它们旧貌换新颜，为城市清洁和交通安全尽自己的一份力。当然，我们在清洗的时候也要注意来往车辆，一定要先保证自身的安全哦！

同学们，交通文明关乎每一个人的生活，交通安全维系每一个家庭的幸福。让我们立即行动起来，从现在做起、从自身做起，自觉告别交通陋习，用我们的行动，带动全体市民一起争做文明有礼市民，共创安全、畅通、和谐、文明的交通环境。请同学们根据自己的完成情况填写表 4－1。

表 4－1　任务评价表

<table>
<tr><th>操作内容</th><th>分值</th><th>评分内容及评分标准</th><th>自我评价</th><th>交警评价</th><th>教师评价</th><th>同学评价</th></tr>
<tr><td rowspan="4">熟悉交通法规，做义务宣传员</td><td rowspan="4">30 分</td><td>熟知交通法规内容（10 分）</td><td></td><td></td><td></td><td></td></tr>
<tr><td>制作出有教育意义的交通安全警示片（5 分）</td><td></td><td></td><td></td><td></td></tr>
<tr><td>编写交通宣传儿歌、绘制宣传漫画（5 分）</td><td></td><td></td><td></td><td></td></tr>
<tr><td>积极参与交通安全宣传（10 分）</td><td></td><td></td><td></td><td></td></tr>
<tr><td>提高安全意识，率先遵守法规</td><td>20 分</td><td>能严格要求自己，自觉遵守交通法规（20 分）</td><td></td><td></td><td></td><td></td></tr>
<tr><td rowspan="4">参与交通劝导，现场疏导交通</td><td rowspan="4">25 分</td><td>熟悉交通指挥的手势及信号、标志等（5 分）</td><td></td><td></td><td></td><td></td></tr>
<tr><td>积极参与交通劝导志愿者服务（10 分）</td><td></td><td></td><td></td><td></td></tr>
<tr><td>在劝导中态度和蔼，劝导方式正确（5 分）</td><td></td><td></td><td></td><td></td></tr>
<tr><td>劝导效果明显（5 分）</td><td></td><td></td><td></td><td></td></tr>
<tr><td rowspan="3">清洗交通标志，让标志更醒目</td><td rowspan="3">25 分</td><td>积极参与交通标志清洗志愿者服务（10 分）</td><td></td><td></td><td></td><td></td></tr>
<tr><td>交通标志清洗干净、态度良好（10 分）</td><td></td><td></td><td></td><td></td></tr>
<tr><td>在清洗过程中能够充分注意自身安全（5 分）</td><td></td><td></td><td></td><td></td></tr>
<tr><td>总分</td><td colspan="2">100 分</td><td></td><td></td><td></td><td></td></tr>
</table>

任务二 假期兼职 社会实践

一、识别假期兼职陷阱

寒暑假期间，多数学生都会做兼职。假期兼职可以在锻炼自己、增加生活体验的同时挣一些生活费，是一种常见的社会实践形式。在假期兼职时，我们应擦亮眼睛，谨防落入各种“陷阱”。

1. 传销陷阱

目前，不少传销组织打着“连锁销售”“特许经营”“直销”等幌子，或以“国家试点”“响应西部大开发号召”等名义诱骗学生参与传销活动。在形式上，传销组织也由此前的发展“下线”改为“网上营销”方式，打着“电子商务”“网络直销”等旗号利用互联网进行传销，其违法活动更加隐蔽，传播范围也更为广泛。遇到这种情况，我们该怎么办呢？

（1）在找实习单位时，注意看对方是否有正规营业执照。

（2）面试时，对公司的营业运作模式进行判断，看是否存在虚假状况；如果企业在面试过程中表现出对你的交友、家庭情况等比对职业技能、实习经历更感兴趣的话，就要有所警惕了。

（3）一旦对方要求缴纳一笔入门费或者要求发展其他成员加入从而获得报酬，要警惕其是否为传销组织。

（4）很多传销都是通过亲朋好友或同学进行的。如果有长期没有联系的亲友、同学突然联系你，邀请你去异地找工作，或者有其他异常行为，要提高警惕。

（5）面试时若感觉有异常，不要慌张。可以用上厕所、学校有事等借口先行离开，以保证自身安全。

2. 培训陷阱

一些骗子公司通常会和一些培训机构联手，招聘时以“先培训，拿证后上岗”为由骗取求职者培训费、考试费、证书费等各种费用。实际情况往往是经过一段时间的培训、参加完考试后，公司便不知去向，或被告知“很遗憾，考试未通过，不能上岗”。

遇到需要培训上岗的公司时，要先了解培训机构是否正规，在网上查看之前参加培训的学员的评价，评估培训的质量，再决定是否参加培训。

3. 押金陷阱

一些公司声称为了方便管理，向求职者收取一定数额的押金或保证金，并承诺工作结束后退还，然而工作结束时求职者只能领到工资，保证金却不见了踪影。更有甚者，在求职者交过钱后说职位暂时已满，或者说暂时没有工作可做，要求职者回去等消息，接下来便再也没有消息了。

国家人事和劳动部门明文规定，用人单位不得以任何名义向求职者收取报名费、考试费等，对于员工的培训费用，应当从企业成本中支出。很多学生求职时不了解相关规定，又求职心切，往往会落入陷阱。

遇到这种情况，该怎么办呢？

（1）收押金不合法，对方谈到押金时要提高警惕。

（2）应聘时要注意看用人单位的规模，再看负责招聘人员的素质。如果用人单位只有一张写字台、两把老板椅，建议尽快找借口离开。此时可称自己没带多少钱，或者告诉对方“等我同学来后再商量”，让对方明白你不是孤身一人应聘，然后通过发微信、打电话等方式向同学求助，以便在第一时间离开。

4. 黑中介陷阱

一些黑中介抓住学生缺少社会经验且找工作心切的心理，收取高额中介费后，却不履行承诺，不及时为学生找到合适工作。

黑中介的套路往往是不停地拖延，让学生耐心等待，最后不了了之；更有一些黑中介“打一枪换一个地方”，骗取一定中介费后，就消失得无影无踪。

找假期兼职时，学生最好咨询学校的劳动就业服务中心，或者请学校负责联系用人单位。如果必须自己寻找，也要找正规的企事业单位，或找正规中介机构帮忙联系。

二、兼职劳动关系

以前，对于劳动者的兼职行为，一些司法机关会以劳务关系对待，以至于一些劳动者在从事兼职活动时，无法享受社会保险、节假日、最低工资标准等应有的劳动保障待遇。

2008 年《中华人民共和国劳动合同法》《中华人民共和国劳动争议调解仲裁法》施行以后，若兼职者与用人单位签订了合同，则认为该兼职属于劳动关系；若双方当事人未签订合同也未达成口头协议，那么，则认为该兼职属于劳务关系。

因此，学生在从事兼职活动时，应仔细了解自己与兼职单位之间的各项权利义务，注重保护自己的合法权益。对于双方之间的法律关系以及权利义务，最好能通过书面合同的形式予以确认。

三、劳动合同与劳务合同的区别

1. 主体资格不同

劳动关系的双方主体具有特定性，即一方是用人单位，另一方必然是劳动者。劳动者是指符合劳动年龄条件，具有劳动权利和劳动行为能力的自然人；用人单位是指与劳动者建立起劳动关系的中华人民共和国境内的企业、个体经济组织、民办非企业单位等组织。

劳务关系的主体类型较多，其主体不具有特定性，可能是两个平等主体，也可能是两个以上的平等主体；可能是法人之间的关系，也可能是自然人之间的关系，还可能是法人与自然人之间的关系。此外，法律法规对劳务提供者主体资格的要求，不如对劳动关系主体要求得那么严格。

2. 主体地位不同

在建立劳动关系之后，劳动者与用人单位双方地位不平等，不仅存在财产关系，还存在领导与被领导的行政隶属关系。劳动者作为用人单位的成员，除提供劳动之外，还要接受用人单位的管理，遵守其规章制度，从事用人单位分配的工作和服从用人单位的人事安排等，反映的是一种稳定持续的生产资料、劳动者与劳动对象相结合的关系。

在劳务关系中，双方是平等的民事权利义务关系，劳动者提供劳务服务，用人单位支付劳务报酬，彼此之间只体现财产关系，不存在行政隶属关系，且二者关系呈临时性、短期性、一次性等特点。

3. 当事人权利义务不同

在劳动关系中，劳动者与用人单位之间除存在一般义务外，还存在附随义务，如用人单位应当为劳动者办理社会保险，劳动风险由用人单位承担，劳动者应当遵守用人单位的内部规章制度等。

劳务关系中却不存在这些附随义务。

4. 承担的法律责任不同

在劳动关系中，劳动者作为用人单位的一员，以用人单位的名义进行工作，因劳动者的过错导致的法律责任由用人单位承担。在劳务关系中，一般由提供劳务的一方独立承担法律责任。在劳动关系中，若不履行、非法履行劳动合同，当事人不仅要承担民事责任，而且还要承担行政责任，如经济补偿金、赔偿金、劳动行政部门给予用人单位罚款等。

劳务关系纠纷中，当事人之间违反劳务合同的约定，可能产生违约和侵权等民事责任，无行政责任。

综上所述，双方签署劳务合同应该是建立劳务关系，虽然说也是个人获得劳动报酬的途径，但是和劳动关系是有本质区别的。双方在主体资格、主体地位、当事人权利义务等多方面都是不同的，发生争议后，调整纠纷的法律依据也不一样。当然，生活中也有例外的情况。

实践中，以下两种情况虽然劳动者签的是劳务合同，但实际上已经构成了劳动关系：一种是合同名写的是劳务合同，但内容上却与劳动合同内容相同，则这类合同实际上仍属于劳动合同，双方建立的是劳动关系；另一种是合同名称和合同内容都明确属于劳务合同，但具体履行中，劳动者是作为用人单位中的一员，接受用人单位的管理和支配，根据用人单位提供的工具、生产资料或办公环境，遵守用人单位的规章制度进行劳动，这也构成了事实上的劳动关系，至于所签订的劳务合同本身，可认定为“以合法形式掩盖非法目的”而归于无效。

对于以上两种情况，劳动者仍然可要求用人单位按《中华人民共和国劳动法》和《中华人民共和国劳动合同法》的规定履行义务；发生争议的，可以向当地劳动争议仲裁委员会提起劳动仲裁。

所以，至于到底是劳务关系还是劳动关系，我们不能完全只看合同名称，还要看合同的具体内容以及劳动者与用人单位之间在劳动过程中发生的关系。

课堂实训

假期兼职活动策划

中职生要勤学习、多实践。实践就是把我们在学校所学的理论知识运用到实践中去，使自己所学的理论知识有用武之地。只学不实践，那么所学的就等于零。实践可为以后找工作打基础。通过实习，学到一些在学校里学不到的东西。因为环境的不同，接触的人与事不同，从中所学的东西自然就不一样了。我们要学会从实践中学习，从学习中实践。

我们应该重视社会实践活动，在寒暑假期间积极参加实践活动。不管社会实践是做什么样的工作，对自己都是一种锻炼，都会对我们将来从事工作有很大的好处。

【过程记录】

策划要点：

策划难点及解决方案：

注意事项：

心得体会：

【结果评价】

教师可参考表 4－2 对学生策划假期兼职活动的情况进行评价。

表 4－2　策划假期兼职活动评价表

评价标准	分值	分数小计	教师评价
假期兼职活动策划契合学生特点	20 分		
假期兼职活动策划完整、考虑全面	30 分		
假期兼职活动策划合理、可行	20 分		
假期兼职活动安全风险的规避	15 分		
个人积极参与策划过程	15 分		

任务三　爱心奉献　义务劳动

一、社会实践

1. 组织准备

学生干部在老师的指导下要做好组织和安排工作，包括联系车辆、确定好人数、明确出发和结束的时间、明确集合的地点以及集合时间、让各成员都清楚乘车的路线、清楚机构的名称和地点、清楚机构主要负责人的姓名和电话号码。在出发之前召开不得少于两次的全体成员会议，商讨本次社会实践的目的。参与社会实践的成员最好以书面形式提出参与意愿，方便更好地互动交流。每次的社会实践可组织编排精彩的小节目。

2. 物质准备

（1）资料准备。为了让机构更好地了解本校、本系的相关情况，可以收集本校简介及本系的各方面（如师资力量、毕业生就业情况等）资料。如果此行的目的是进行一次调查问卷和访谈，更应做好资料的收集、分析、整理工作，应多参考相关书籍和多向老师请教。

（2）其他材料。有条件的职业学校可以准备好摄影机、照相机、录音机、系旗以备日后宣传、教学和整理资料之用；自备午餐，许多机构是不为来访者提供食宿的；如果乘长途汽车要注意带上晕车药等日常必备药品，以保证安全。

3. 思想准备

全体成员要注意个人的形象和维护好学校的形象，体现出本专业的素养。在接触到机构中的老、弱、病、残人士时，不可挖苦、嘲笑或作出惊恐的表情，要处处体现出社会工作的基本理念——接纳、尊重、理解。

4. 注意事项

全体成员不可穿色彩非常鲜艳、热烈和过于奔放的衣服，机构中的病、残人士可能会因此受到强烈刺激。另外，全体成员不可忘记带上笔记本和笔。

二、义务劳动概述

1. 义务劳动的概念

单从“劳动”二字来说，是指人们改造自然、创造物质财富的活动。从婴儿时期开始，已经可以看到一些原始的劳动活动。义务劳动，虽然只比劳动多了“义务”二字，但蕴含了更大的能量与意义。

义务劳动也称“志愿劳动”，是指不计定额、不要报酬、自觉自愿地为社会劳动。《中华人民共和国劳动法》第六条规定：“国家提倡劳动者参加社会义务劳动。”对此，我们应该如何理解呢?

义务劳动是“自愿参加的无报酬的劳动。”而“社会义务劳动”是指社会公益活动，具体来说，就是有关卫生环境、抢险救灾、帮贫扶弱等群众性福利事业的义务劳动。这种劳动是完全建立在劳动者自身的主动性、自觉性上的，体现的是劳动者崇高的社会责任感和高尚的品德。

2. 义务劳动的意义

义务劳动涉及方方面面，大至国家，小至家庭。中华民族的伟大复兴需要奉献精神；新时代目标任务的实现需要奉献精神；社会和经济发展需要全体人民发扬奉献精神；做一个品德高尚的人需要奉献精神。

义务劳动是一种精神文化的行为表现，它不可能像物质财富那样通过简单的购买和继承的方式来获得，具有不可转让性。

社会义务劳动的主要目的并不是为了创造物质财富，而是为了营造精神氛围，这对于社会发展而言是更有意义的。一个国家，需要人民自主自发奉献，需要人民自愿地为国家劳动。

三、社会工作

1. 社会工作的概念

社会工作在我国还是一个宽泛的概念。当前我国对社会工作有三种不同的理解，即有三种社会工作：普通社会工作、行政性社会工作和专业社会工作。在我国，社会工作是社会建设的重要组成部分，它是一种体现社会主义核心价值理念，遵循专业伦理规范，坚持助人自助宗旨，在社会服务、社会管理领域，综合运用专业知识、技能和方法，帮助有需要的个人、家庭、群体、组织和社区，整合社会资源、协调社会关系、预防和解决社会问题、恢复和发展社会功能、促进社会和谐的职业活动。这里指的主要是专业社会工作，是指以利他主义为指导，以科学的知识为基础，运用科学的方法进行助人为乐的活动。

2. 社会工作的服务人群

（1）从困难人群到需要人群。

（2）从个人到社区和社会。

（3）从关注社会问题到关注社会和谐发展。

社会工作的主要服务对象是社会的弱势群体，即在经济能力、政治能力、社会地位、受保护情况方面缺乏与缺失状态下的人，如老年人、儿童、妇女、残疾人等。社会工作涵盖 14 个服务领域，儿童及青少年服务、老年人服务、妇女社会工作、康复服务、社会救助、就业服务、心理健康辅导、家庭服务、医疗社会工作、学校社会工作、矫治服务、城乡社区发展、军队社会工作、企业社会工作。

3. 社会工作的意义

（1）对象层面：

1）解救危难。

2）缓解困难。

3）促进发展。

（2）社会层面：

1）解决社会问题。

2）促进社会公正。

4. 社会工作的主要职责

社会工作的主要职责是对各种社会问题和各类处于困境的社会成员进行专业化诊疗，社会工作的存在有效地弥补了政府公共服务的不足。

四、青少年义务劳动意识的培养

职业学校是培养社会主义建设者和接班人的地方。劳动是财富的源泉、幸福的源泉。勤于劳动、善于创造是中华民族最为鲜明的伟大品格。学生应积极参加义务劳动并在实践中提升自己，学校也应大力宣传义务劳动事迹，营造良好的氛围。

开展义务劳动是贯彻党的教育方针和对学生进行德育教育的重要内容之一，它有利于增强学生的劳动观念、集体主义观念，有利于培养学生爱护公共财产意识，有利于促进班风、校园文明建设。

义务劳动亦是学校德育教育的一个重要组成部分。义务劳动是最容易操作、最有实效意义的劳动教育途径之一。中职生参加义务劳动，是一个知行合一的过程，可以提高学生的文明素质和道德水平，培育“民生在勤，勤则不匮”的精神和责任意识，引导中职生树立正确的人生观、价值观和世界观，从而促进中职生的全面发展。

1. 培育劳动者素质

面对日趋激烈的国际竞争，一个国家发展能否抢占先机、赢得主动，越来越取决于国民素质特别是广大劳动者素质。2015 年，习近平在庆祝“五一”国际劳动节暨表彰全国劳动模范和先进工作者大会时强调，引导广大职工和劳动者树立终身学习理念，不断提高思想道德素质和科学文化素质。

素质是立身之基，技能是立业之本。中职生要勤于学习，学文化、学科学、学技能、学各方面知识，不断提高综合素质，练就过硬本领；要立足专业，向老师学、向同学学、向书本学、向实践学。“三百六十行，行行出状元。”劳动没有高低贵贱之分，任何一份职业都很光荣。中职生毕业后要立足本职岗位诚实劳动。无论从事什么职业，都要干一行、爱一行、钻一行。在工厂车间，就要弘扬工匠精神，精心打磨每一个零部件，生产优质的产品。在田间地头，就要精心耕作，努力赢得丰收；在商场店铺，就要笑迎天下客，童叟无欺，提供优质的服务。只要踏实劳动、勤勉劳动，在平凡岗位上也能干出不平凡的业绩。

2. 弘扬劳动精神

义务劳动教育对一个人的发展极其重要，是一个人得以发展的基础。

(1) 义务劳动能使中职生充满活力。由于中职生还没有走向社会，能参与劳动的机会不多，但参加义务劳动可以促进青年中职生的身体发育，改善肌体的各种生理素质，包括呼吸、血液循环、新陈代谢等机能。

(2) 义务劳动可以培养学生的自信心、责任心等品质。劳动可以培养中职生的自信心、责任心、情感和意志等思想品质。培养中职生自信、自强就要从劳动教育开始，促使中职生养成“我能做，我会做”的自信心。

(3) 义务劳动是产生财富的源泉。义务劳动能培养中职生尊重劳动、热爱劳动、尊重劳动人民的品质。劳动没有贵贱之分，只要是劳动，就能为社会增加财富，就是为社会服务，从而养成劳动光荣、不劳为耻的思想品德。

(4) 义务劳动是创造的基础。中职生在劳动中既要动手，又要动脑，劳动是一种创造性活动。

因此，义务劳动教育不仅能培养中职生的生活技能，而且能促进人的体力发展和智力发展，培养中职生的创新精神和实践能力，养成其尊重劳动的思想品德。义务劳动不仅能提高中职生的智力，而且把劳动和教育结合起来，体脑结合能够提高学习的效率。

当今时代是创新的时代。新的知识、新的技术，不是凭空想出来的，而是在艰苦的劳动中创造出来的。义务劳动创造财富，义务劳动创造新的思维，义务劳动也促进了人类的进步。培养中职生热爱劳动、尊重劳动，激发劳动光荣而幸福的情感十分有必要。

3. 大力提倡义务劳动，提升内在生命力

（1）让义务劳动教育成为一种价值召唤。在观念层面，大力提倡义务劳动精神要凸显综合性与统领性，让义务劳动教育成为一种价值召唤。义务劳动教育不是一种独立的教育形式，而是各种教育的统领，能够把其他一切教育内容联结在实践之中。义务劳动教育不仅能够培养中职生爱劳动、依靠自我劳动生存与创造的道德品质和人格品质，增强体质，磨练意志，发扬志愿服务，促进身心健康，还能够丰富中职生对人生的理解，增强中职生对自我发展以及成功体验的审美意义，能够实现把知识转化为能力，增进智慧等功能，即“以劳树德、以劳增智、以劳强体、以劳育美”。

义务劳动教育并不狭隘地指体力劳动、志愿服务或直接的生产劳动，而是基于志愿服务、体力劳动与物质生产劳动的实践活动。义务劳动教育在家庭生活中体现为自理、自立的独立生活活动，义务劳动教育在职业生活中体现为通过自己力所能及的各种劳动获取物质生活资料的活动，义务劳动教育在社会生活中体现为丰富多样的为社会作出应有贡献的公益性活动，义务劳动教育在学校学习中体现为与具体的学科知识相联系的实践和动手操作的、能够化知识为能力与智慧的活动。义务劳动教育不是社会、学校或家庭单方面的事情，而是这三个教育渠道相互配合、密切联系、各司其职的整体性教育。

（2）让义务劳动成为一种积极的生存方式。在实践层面，要强化激励性与基础性，让义务劳动成为一种积极的生存方式。义务劳动教育不是刻意、强制的观念和行为，而是依存于自觉意识、自觉追求和自觉行为过程中的。但是，义务劳动教育又无时不在、无处不在，它必须渗透到教育的各个环节、各个方面，成为整个教育的基础和归宿。因此，应该把义务劳动的理念和行为渗透到生活、学习、工作的各个环节，使之成为一种生存方式。

知识链接

植树不仅仅在3月12日这一天

一、植树节概述

植树节是按照法律规定宣传保护树木，并组织动员群众积极参加以植树造林为活动内容的节日，如图4-1所示。植树节按时间长短可分为植树日、植树周和植树月，统称为国际植树节。通过这种植树活动，激发人们爱林造林的热情，使之意识到环保的重要性。

中国的植树节由凌道扬、韩安、裴义理等林学家于1915年倡议设立，最初将时间确定在每年清明节。1928年，为纪念孙中山逝世三周年将植树节改为3月12日。1979年，第五届全国人民代表大会常务委员会第六次会议决定将每年的3月12日定为植树节。

图 4-1 植树节

中国古代在清明时节就有插柳植树的传统。关于植树还有这样一个故事：中国历史上最早在路旁植树是由韦孝宽于 1 400 多年前在陕西首创的。韦孝宽是西魏、北周时期的一位名将，京兆杜陵（今西安市东南）人。据《资治通鉴》所载，西魏废帝二年（公元 552 年），韦孝宽因军功被授予雍州刺史。自古以来，官道上每隔一华里便在路边设置一个土台，作为标记，用以计算道路的里程，也就是现在的里程碑。韦孝宽上任后，发现土台的缺点很多。经风吹日晒，特别是雨水冲刷，很容易崩塌，需要经常进行维修，不但增加了国家的开支，也使百姓遭受劳役之苦，既费时费力又不方便。韦孝宽经过调查了解之后，毅然下令雍州境内所有的官道上设置土台的地方一律改种一棵槐树，用以取代土台。这样一来不仅不失其标记和计程作用，还能为往来行人遮风挡雨，并且不需要修补。韦孝宽的这一做法无疑是造福桑梓，减轻百姓负担、利国利民的重大举措。陕西作为历史上最早在官道上植树的地方，曾经是全国道路绿化的表率，而韦孝宽最早栽种的槐树千百年来一直受到人们的喜爱，特别是陕西人对这种槐树更是情有独钟，十分喜爱，并且广为种植，现在这种槐树已经作为西安市的象征，被确定为市树。

二、历年植树节主题

2009 年的植树节主题：让森林走进城市，让城市拥抱森林。

2010 年的植树节主题：与大树在一起。

2011 年的植树节主题：追求绿色时尚，走向绿色文明。

2012 年的植树节主题：义务植树共建绿色和谐家园，植绿护绿共创省示范文明城市。

2013 年的植树节主题：深入开展造林绿化，大力推进生态文明建设。

2014 年的植树节主题：拥抱春天，播种绿色。

2015 年的植树节主题：美化环境，清新空气。

2016 年的植树节主题：许美好愿望、献绿色爱心。

2017 年的植树节主题：气候、人类、社会。

2018 年的植树节主题：履行植树义务，共建美丽中国。

2019 年的植树节主题：履行植树义务，共建美丽中国。

2020 年的植树节主题：履行植树义务，共建美丽中国。

2021 年的植树节主题：全民植树 40 载，美丽中国谱新篇。

2022 年的植树节主题：约会灿烂春天，拥抱绿色草原。

课堂实训

“12 · 5 国际志愿者日”志愿服务活动策划

联合国大会于 1985 年通过决议，决定从 1986 年起，每年的 12 月 5 日为“国际促进经济和社会发展志愿人员日”（简称“12 • 5 国际志愿者日”），以强调志愿者的重要作用，鼓励更多的人以志愿者的身份开展活动，促进社会发展。

以 4～6 人为一组，以“12 • 5 国际志愿者日”为主题策划一次志愿服务活动，弘扬“奉献、友爱、互助、进步”的志愿者精神，引导和鼓励周围的人积极参与志愿服务。策划时可以灵活选取活动形式，但要注意结合当地实际情况，使活动策划切实可行。

【过程记录】

策划要点：

策划难点及解决方案：

心得体会：

【结果评价】

教师可参考表 4 - 3 对学生策划“12 • 5 国际志愿者日”志愿服务活动的情况进行评价。

表 4-3 “12·5 国际志愿者日”志愿服务活动评价表

评价标准	分值	分数小计	教师评价
活动策划契合主题	20 分		
活动策划完整、考虑全面	30 分		
活动策划合理、可行	20 分		
活动策划形式新颖、有创意	15 分		
个人积极参与策划过程	15 分		

任务四 学习致用 实习实训

一、实习实训攻略

实习就是在实践中学习，在经过一段时间的学习之后，或者说当学习告一段落的时候，我们需要了解自己的所学需要或应当如何应用在实践中。因为任何知识源于实践，归于实践，所以要付诸实践来检验所学。实习是学习与就业之间的一个重要环节，好的实习经历能为在校的学习交出一份满意的答卷，同时也可为将来的就业打好“预备战”。

1. 获取实习信息

我们可以从以下渠道获取实习信息：

（1）学校公示栏。学校附近的企业或者公司通常会把招聘信息以纸质文稿的形式张贴在学校公示栏。希望在学校附近找实习单位的学生可在学校公示栏中获取实习信息，筛选出合适的实习单位。

（2）各地方劳动局。各地的劳动局每年都会有相应的政策支持学生在假期实习。劳动局提供的用人实习单位不仅类别丰富，而且十分正规。

（3）各大企业官网。一般来说，各大企业会在寒暑假期间，在其官网上发布实习招聘公告。有意向的学生可以多留意各大企业的官网，寻找适合自己的假期实习机会。

2. 结合自身专业或兴趣选择实习岗位

在选择实习岗位时应尽量选择与自己专业相匹配或者自己感兴趣的岗位，这样不仅可以学以致用，还可以挖掘自身蕴藏的潜力，为将来就业做好铺垫。

在具体做选择时，我们要摆正心态，客观分析自己的专业知识、沟通技能、思维能力及自身性格、兴趣等，分析实习机会是否能够提高自身能力和素质，进而选择适合自己的实习岗位。

3. 在实习中探索个人职业定位

实习是我们探索个人职业定位的好机会。在实习过程中，除了认真完成分配给我们的任务外，还要主动总结对应岗位的核心能力要求、特性等，观察对应职位的上升空间，以及所处行业的发展前景，并以此为参照分析自己是否适合该岗位或行业，判断是否需要调整自己的职业定位。

4. 在实习中提高自身综合能力

进入企业实习后，要尽快完成从学生到工作者的身份转变和思路转变，不断提高自己的综合能力。

首先，我们要清楚工作都是结果导向的。客户需要的是成果，工作评估的也是成果，过程中无论做了多少事，只要没有达成目标、交付成果都不算完成工作。如果没有产出成果，必须主动协调资源，推动问题解决。

其次，我们要分清事情的轻重缓急，对时间进行合理安排；不清楚手里的工作孰轻孰重时，要及时向上级领导反映或请示。

再次，对于工作内容切勿眼高手低，我们要以积极主动的态度认真对待接到的每一个任务，在规定的时间内保质保量完成工作。

最后，我们要注意有效沟通、与同事和谐相处等问题。

二、假期实习实务

1. 实习初期

（1）熟悉环境，不做局外人。实习开始后，我们要尽快熟悉环境，除了自己部门的业务内容，还要大致了解其他部门情况；学习使用打印机、扫描仪等办公设备。

（2）搞清业务关键词。我们要对领导、同事提及的专业名词，做到心中不留疑，第一时间请教他人或查阅相关资料，明白其所指。

（3）多听、多想、多自学。我们要凡事多留心，多问为什么，同时还要学会自学，特别是通过看报告、旁听会议等渠道尽快了解工作内容及业务流程。

2. 实习中期

（1）以正式员工的标准要求自己。我们要把自己当成一个有工作责任感的职场人，积极尝试承担新工作。

（2）做事靠谱、有章法。我们要搞清工作任务，及时汇报工作进度，遇问题先想解决办法再寻求帮助，按时保质保量完成工作。

（3）多总结，多反思。我们要学会回顾工作、总结经验、思考不足，认真思考这项工作的重点环节是什么、如何避免出错、如何改进、如何更好地应对突发状况等。

3. 实习结束

（1）请实习单位提供一份鉴定表，并签字盖章。实习鉴定应写明实习岗位、岗位描述、实习过程中完成的工作或项目、工作评价等。

（2）总结实习，并更新自己的简历。我们要总结实习中的问题和收获，反思自己在哪些方面仍需要提升；及时更新简历，为毕业求职做好准备。

（3）保持联络，获取有效信息。如果有意毕业后到实习单位求职，可根据自身情况申请适当延长实习时间。离开实习单位后，要继续保持与单位同事的联络，及时了解业务发展，第一时间获得招聘信息。

三、劳动教育，安全先行

1. 确保实习期间的安全

（1）严格遵守各项规定，服从命令，听从指挥，注意安全；在前往实习地点或返校期间，必须听从指挥和统一调度。

（2）严格遵守实习单位的安全、保密规定、操作规程和劳动纪律，并接受实习单位的指导；实习中如有劳动或操作作业，应进行必要的安全技术考核；未经允许不得擅自调换工种或设备，不得私自动用其他设备、仪器和车辆。

（3）实习前，应认真阅读有关工种的实习规则，并自学和实习教材有关内容，实习结束要认真填写实习报告。

（4）实习必须穿工作服；夏天严禁穿拖鞋、凉鞋、短裤和背心，冬天严禁戴围巾；女同学要戴工作帽，将头发放入帽内，不得穿裙子、高跟鞋。

（5）实习时要精神集中，安全操作。在实习过程中，要专心听讲，认真操作，不得进行与实习无关的活动；工作期间不得打电话、发短信、玩游戏等。

（6）严格遵守各工种安全操作规程，未经实习指导人员允许，不得擅自开动设备；设备出现故障或发生事故时，要立即停止使用该设备，并迅速报告实习指导人员。

（7）严禁在实习场地嬉笑打闹、串岗闲逛；不许将随身听、游戏机等物品和食物带入实习场地。

（8）严禁攀爬吊车、墙梯等设备；严禁在吊车、吊物运行路线上行走和停留。

（9）实习期间，住宿及外出要服从统一管理，单独活动前要向指导教师请假；不要与社会上不明身份的人员交往；不要到野外的河、湖游泳。

（10）在实习单位午休的同学，必须按单位规定，午休时间不得擅自离开单位。

（11）经常与学校和家长保持联系；在实习期间因各种原因变更实习单位的同学，要尽快联系其他实习单位并及时与指导教师取得联系，按时、认真地完成自己的实习阶段总结。

（12）出现意外情况时，应及时与实习单位和学校联系。

2. 安全教育的意义

安全教育意义重大：一是为了保护我们的生命财产安全，也包括生命健康安全；二是为了构建和谐校园，建设和谐校园离不开安全教育工作，和谐的校园才能保证学校正常的教学和生活秩序；三是为了社会安定，和谐校园是和谐社会的重要组成部分；四是为了安全监督以及提高我们的安全意识和法制观念，促进健康心理的形成。在职业学校中积极开展安全教育工作意义十分重大。

3. 职业病的预防及应对

职业性劳损是指劳动者因工作需要经常进行重复而用力不适当的肌腱活动，或因工作时姿势不正确，而造成的肌肉骨骼运动系统损伤。劳损可能是因一次意外引起肌腱发炎，但大多数是日积月累的磨损造成的。例如，经常操作计算机的人容易造成“键盘肘”“鼠标手”，搬运重物时用力不当容易导致腰肌劳损，长期伏案工作的人容易患颈椎病。职业性劳损不如前面介绍的职业病那样严重危害人身安全，但也会使人产生经常性的局部疼痛，影响生活质量，所以一定要在工作中注意身体姿势，控制工作强度，及时休息，避免形成职业性劳损。

（1）伏案工作者，应注意调整操作台的高度，使操作台略低于肘部，以避免前臂过度伸展、手腕弯曲及扭转等动作。连续工作时间不宜过长，连续工作一小时后宜做一些手臂伸展、握拳等放松练习。

（2）经常使用电脑的工作者要注意视线与电脑屏幕齐平，不要长时间低头工作。

（3）眼睛不要长时间盯着屏幕，可增加眨眼的次数，缓解眼睛干涩，经常做眼保健操，缓解眼部周围肌肉的紧张。

（4）需要长时间站立的工作者，尽量选择底厚且有弹性的工作鞋，保护足部，可穿戴防静脉曲张的弹力袜。连续工作一小时后可做抬高腿部的动作，帮助静脉血回流。

（5）经常搬重物的工作者，宜采用正确的发力方法，背部收紧，使用大腿肌肉发力，减少腰部的损伤。

（6）如果需要重体力劳动，应安排好轮班，避免一个人或一个岗位负担过重。

（7）因劳损引起局部疼痛，要遵医嘱，不要盲目用止痛药。

四、实训室安全事故预防措施

1. 严格执行操作规范

预防实训室安全事故的方法各异，但总的来说，关键就是要严格执行操作规范。

（1）严格遵守操作规程，在指导老师的指导下进行实训操作。

（2）学习消防知识，熟悉实训室的消防器材并学会使用，熟悉消防通道的位置。

（3）实训前熟悉实训内容，了解实训原理及操作细节，注意老师所告知的事项；实训过程中有任何状况或疑问，随时寻求指导老师的帮助，切勿私自变更实训程序。

（4）实训前先了解实训设备的性能、配备及正确的操作方法；零件及附件严禁私自拆卸和调整，并注意插座的电压（110V 或 220V）；切勿触摸电极或电泳槽内溶液，湿手切勿开启电源。

（5）注意身体安全，在实训室内应穿实训衣（最好长及膝盖下），佩戴眼镜或安全护目镜，避免暴露肌肤；留有长发者，应戴帽套将头发卷入套内，或以橡皮圈束于脑后，以防止引火危险或污染实训室。

（6）化学物品的安全使用。易燃、易爆、剧毒等化学试剂和高压气瓶要严格按有关规定领用和存放保管；不要使用不明成分的物质，不要任意混合各种试剂，以免发生意外事故；浓酸、浓碱制剂具有强腐蚀性，应避免溅落在皮肤、衣物、书本上，更要防止溅入眼睛里。

（7）实训结束后，不要急于离开实训室，要对实训室进行全面清理，再洗净双手，关闭电源、水源、气源，处理残存的化学物品、易燃的纸屑等杂物，消灭火灾隐患。

2. 防创伤、防噪声

理工类专业（如机电工程、汽车加工、土木工程等）往往会开设金工实习、建筑勘测等实训课。在实训时，容易由于操作不当，导致一些意外伤害发生。同时，实训时也会产生较大的噪声，长期生活在噪声很大的环境中，人会感到疲倦不堪、思想不集中，甚至造成耳鸣、耳聋等严重后果。

（1）在有较大噪声环境中进行实训时，应注意个人防护，如佩戴耳塞、耳罩、耳棉等。

（2）严禁在进行弹、喷、射击等实训时对着人，以防伤人。

（3）用钻孔器、锥子、针等切割和穿透物品时，不应以另一只手给物品作垫层，以免穿透时手被机械击伤。

（4）不能把手插进螺孔或管子中，以防被毛刺刮伤。

（5）要正确使用玻璃器材。

（6）在室外等地进行实地勘测等实训时，要严格按照指导老师的安排操作，严禁拿实训器材作为戏耍工具，开展一些与实训无关的活动。

（7）实训室配备一般伤害处理药品，以备急用。

3. 防触电、防辐射

实训室的电线、电气设备相对于宿舍和家庭的要复杂得多，在实训室进行实训，防触电的意识应该更强一些。实训室辐射的范围也比较广，应注意防范电磁辐射和放射性辐射。

（1）实训前，要对各种移动电器和线路认真检查，确保绝缘良好。所有金属外壳电器应接上地线。

（2）电线或电器盒盖破损要及时修复，以免高压导线裸露伤人。

（3）在实训中接触放射性物质时，应将放射性物品存放在防辐射箱内，使用完后必须及时入库保管。

4. 防科研泄密

（1）科研项目数据和成果的安全。实训室承担保密科研项目，如基础及应用研究的测试数据、分析结论、阶段成果和各种技术文件，均要按科技档案管理制度进行保管和使用，不得擅自提供给他人，不得将实训成果带出实训室，防止意外丢失造成泄密。

（2）实训室内保密项目的实训场地不得擅自对外开放，带人参观要经领导批准，并划定参观范围。

5. 防菌、防中毒、防腐蚀

实训室防菌、防中毒主要是对有害的细菌、真菌、病毒和有毒试剂等的防范，防止由于误食有毒药品、误吸有害气体等造成身体伤害甚至产生生命危险。

（1）严格按照实训程序、实训室的管理规定和指导老师的安排进行实训操作。

（2）正确全面认识剧毒物品的危害性和操作方法，试剂需要多少领取多少，剩余的要退还或在实训室里妥善处理好，不能出于好奇或其他目的私自领取存放。

（3）实训完毕后，要妥善清理实训器材，该销毁的要安全焚烧销毁，该高压高温杀菌消毒的要严格执行，以免造成安全事故。

课堂实训

中职生职业体验之旅社会实践活动计划

一、活动准备

1. 了解职业体验之旅活动方案、纸质报告。

2. 一年级学生进行全员通识培训，二年级学生已经有职业体验社会实践经验的则不进行全员培训。

3. 各班团支书召开职业体验之旅社会实践任务布置会。

4. 进行本班同学父母职业的统计，并结合每个同学的职业目标自愿组成职业体验活动小组，确定组长，填写要去体验的单位、体验的职业等相关信息的联系人。

5. 家长填写职业体验之旅知情同意书。

二、活动实施安排

准备阶段工作时间：202×年×月×日—202×年×月×日。

体验阶段工作时间：202×年×月×日。

以职业体验小组为单位自行前往职业体验单位进行为期半天的职业体验，本组协作完成以下任务：

1. 两个任务至少完成一个，尽量全部完成。

（1）任务一：完成工作任务。

全程跟随职业体验单位的一个人，记录其半天的工作内容和典型工作事件。建议小组每位成员分别跟随不同的人做记录。

（2）任务二：进行职业体验。

在职业体验单位同意的情况下完成力所能及的任务，在实践体验中对该职业进行进一步的探索。

以小组为单位完成职业见习或体验任务后，每人撰写一份不少于500字的职业体验总结，总结以电子版形式上交，文件名为班级-姓名-职业体验总结，如高一（1）班-张三-职业体验总结，于202×年×月×日前发送至邮箱。

2. 体验日当天对职业体验单位的一名职场人士进行访谈，以小组为单位完成生涯人物访谈记录，回来后整理成电子版，文件名为班级-组长名-生涯人物访谈，于202×年×月×日前发送至邮箱，电子版模板由团支书复制给各班学生。

3. 每组还需要拍摄小组职业见习或职业体验时的照片，并选择2～5张清晰的照片（上交照片中必须有一张是小组全体成员在职业体验单位的合影）于202×年×月×日前发送至邮箱。文件名：班级-组长名-照片内容简介。

4. 完成任务后进行总结。

（1）以班会形式召开职业体验之旅分享会，要求分享会全程录像并刻盘上交德育处。

（2）学生职业体验的优秀成果以展板形式进行全校展出。

学思之窗

从提出实施科教兴国战略到做出人才强国战略、创新驱动发展战略重大决策部署，大力加强教育、着力提高劳动者素质，已经成为由“中国制造”向“中国创造”迈进的必然选择和实现转型升级的基础工程。通过学习新知识、掌握新技能，用社会主义核心价值观武装头脑，提升职业道德，坚定理想信念，增强“四个自信”，立报效祖国之志，行勤勉奋发之举，创开拓进取之业，建服务人民之功，中职生就能立足专业成长成才，在建设国家中实现人生价值。

探究与分享

小丽：志愿活动实在是一件有魅力的事情。我一开始只是想去赚学分，可能是因为我极幸运地一直拥有爷爷奶奶外公外婆的陪伴，对老人家有一种天然的亲近感，与杨奶奶聊天时，尽管连理解她的方言都颇为困难，却能感到一种踏实与快乐。

小朱：有一天，我突然发现认识很久的朋友一直在默默宣传反诈知识，并为有需要的人提供法律方面的帮助。他是一个默默无闻的志愿者，当他听到我问他为什么要做这些事时，他没有直接回复，只是说：“我觉得有意义，这的确能帮助别人。”

我对做志愿者的期待：________________________________

____

____

____

____

劳动境界篇

敢将十指夸针巧，不把双眉斗画长。

——［唐］秦韬玉《贫女》

大儿锄豆溪东，中儿正织鸡笼。最喜小儿亡赖，溪头卧剥莲蓬。

——［宋］辛弃疾《清平乐·村居》

舍后荒畦犹绿秀，邻家鞭笋过墙来。

——［宋］范成大《春日田园杂兴》

我觉得人生求乐的方法，最好莫过于尊重劳动。一切乐境，都可由劳动得来，一切苦境，都可由劳动解脱。

——李大钊

项目五
劳动精神　合格的成绩单

学习目标

知识目标

了解我国劳动精神的形成与发展。

了解劳动精神的内涵及时代要求。

认识新时代劳动精神的内涵。

能力目标

从多层面体悟劳动精神的发展。

践行劳动精神。

素质目标

感知勤劳是先人创造生活和文明的重要力量。

将对劳动精神的理解应用到劳动实践。

形成勤俭节约、坚韧不拔、积极进取的品格。

榜样示范

精益求精的“工匠人”

0.5mm是航天固体发动机药面精度允许的最大误差，但是徐立平雕刻的火药药面误差却不超过0.2mm，堪称完美。作为中国航天科技集团公司某研究院的高级技师，面对火药整形这一世界难题，徐立平一次次“亮剑”。经过近30年的锻造，他将一件件大国利器送入太空，自己也从一名普通职工成长为“大国工匠”。

导弹固体燃料发动机上千道制造工序中，固体燃料微整形极为关键，也是一个无法完全用机器代替的世界性难题。在火药上动刀，稍有不慎蹭出火花，就可能引起燃烧爆炸，这项极度危险的工作，国内只有不到20个人可以胜任。

徐立平的母亲比任何人都知道这项工作的重要性和危险性，因为她自己就曾在7416厂火药整形车间工作过。1987年，她对从技工院校毕业还不到19岁的儿子说："我刚参加工作的时候，有位同事整个手指都烧掉了，但那时我们年轻人都愿意到最危险的岗位上去，我想现在的年轻人也是一样的。"就这样，徐立平开始了他近30年的发动机药面整形工作。

工作的第三年，某重点型号发动机出现问题，必须剥开填筑好的火药，工作难度和危险性非常大。徐立平自告奋勇地要求加入师傅带领的突击队，这是他第一次钻进火药堆里挖火药，当时的情形他至今记忆犹新。

在装满火药、仅容一名操作人员半躺半跪的发动机壳体里，用木铲、铜铲非常小心地一点点挖药，每次只能挖四五克，高度紧张和缺氧使人每次最多工作十几分钟。"在里面除了铲火药的沙沙声，都能听到自己的心跳声。"徐立平说。经过两个多月高度紧张的工作，徐立平和同事们挖出了超过300kg火药，成功排除了发动机的故障。

像这样危险的任务，徐立平已不记得完成多少次了。但更多的时候，徐立平是在做导弹发动机火药的微整形工作。"下刀的力道完全要靠自己判断，药面精度是否合格直接决定导弹的精准射程。工作要求0.5mm或0.2mm，我们这一刀铲下去，铲不到要求的厚度的话，就会造成产品报废。"徐立平说，"要做到心手合一并不容易，只能通过用心苦练。"

工作中，徐立平还不断琢磨，大胆创新，针对不同的发动机药面，他先后设计发明了20多种药面整形刀具，其中两种获得国家专利，一种还被单位以他的名字命名为"立平刀"。

他工作的单位远离西安市区，安静而偏僻，最冷和最热的时候，厂房里都很难熬。夏天的蚊子毒性极强，"闻了火药的蚊子战斗力就是强"，徐立平苦笑着。冬天更是没办法，长时间一种姿势会让冻僵的双手麻木，只能在暖气上烤暖再重新拿起刀具。

更多的时候，每个车间里工作的人数最多不超过两个人，戴上护具开始工作后，徐立平感觉世界和时间都静止了。

在近30年的工作中，徐立平就是这样与火药为伴，仰望航天梦，俯刻匠人心。2016年2月，徐立平被评为2015年度"感动中国"人物。颁奖词这样评价他："每一次落刀，都能听到自己的心跳。你在火药上微雕，不能有毫发之差。这是千钧所系的一发，战略导弹，载人航天，每一件大国利器，都离不开你。你是一介工匠，你是大国工匠。"

徐立平说："再危险的工作也要有人去干，因为这是国家工程。""国家才是第一位的，没有国何有家"，徐立平的母亲当年说的这句话，其实也是徐立平现在想要说的。

任务一 劳动精神的来源

伟大的时代需要伟大的精神，伟大的精神来自伟大的人民。劳动精神是关于劳动的理念认知和行为实践的集中体现。劳动是推动人类社会进步的根本力量，中华民族历来就有勤劳勇敢、自强不息的优良传统，在悠久的文明中孕育出了辛勤劳动、诚实劳动、创造性劳动的理念和劳动最光荣、劳动最崇高、劳动最伟大、劳动最美丽的价值观。

无论是科技革命的巨变，还是智能化时代的到来，都需要我们重视劳动精神的培育与养成。从农耕社会“耕读传家久”的传统，到现代社会“劳动创造幸福”的箴言，劳动的形式在改变，但劳动的精神内核始终未变。劳动，是人生的第一主题。广大青年要了解劳动精神的历史底蕴，在动手实践、出力流汗中播撒崇尚劳动的种子，在接受锻炼、磨练意志中涵养艰苦奋斗的精神，通过自己的辛勤劳动，创造自己的精彩人生。

一、我国劳动精神的形成与发展

在漫长的历史进程中，中华民族不仅创造了光辉灿烂、享誉世界的中华文明，也塑造了独特的劳动精神品格，形成了崇尚劳动、吃苦耐劳的优秀传统。这一传统贯穿中华民族筚路蓝缕的奋斗历程，推动中华民族一路向前、发展壮大，是中华民族重要的精神标识。劳动造就了中华民族的辉煌历史，也必将创造出中华民族的光明未来。

1. 勤劳是中华民族几千年来弘扬的精神

人类劳动的发展经历了奴役劳动、谋生劳动、体面劳动、自由劳动四个阶段。中华民族对社会劳动的热爱和推崇，在中国古代典籍及艺术作品中留下了鲜明印记。《大戴礼记·武王践阼》中说“慎之劳，劳则富”，强调的是财富和劳动的关系，即勤劳才能创造财富。《史记》记载，周武王每年都会举行隆重的“亲耕”仪式，皇帝亲耕作为我国封建社会的一项重要制度，起着劝民农桑的作用。中国传统文化中不乏对劳动的肯定和赞美，《尚书·周书·周官》中写道：“功崇惟志，业广惟勤。”《左传·宣公十二年》中写道：“民生在勤，勤则不匮。”意思是人们的生计在于勤劳，勤劳就不会缺乏衣服与食物。荀子在《天论》中说：“强本而节用，则天不能贫”，表达了对勤劳耕作和勤俭节约的认同。

中华民族重视劳动的传统，在先贤思想中得到了系统的阐释。墨家是劳动者的学派，其“兼爱、非攻、尚贤”的主张，是以劳动为本位的积极性劳动理论，也是劳动和知识的有机结合。《墨子·非乐上》说：“民有三患，饥者不得食，寒者不得衣，劳者不得息。三者，民之巨患也。”《墨子·非命下》说：“必使饥者得食，寒者得衣，劳者得息。”这是中国社会福利、劳动保障思想的萌芽。墨家思想兼容并蓄，是中国先进文化的重要组成部分，也是民族振兴、国家进步的一种精神力量。《清仁宗味余书室全集》

中写道："农夫不勤则无食；桑妇不勤则无衣；士大夫不勤则无以保家。"法、儒两家主张繁衍人口，认为劳动力是发展生产的根本保证，孟子曾提出"民为贵，社稷次之，君为轻"的重民思想。经过长期的文化大融合，儒、释、道、墨、法等多家思想互相渗透、互相影响，"勤于劳动"被看作"修身、齐家、治国、平天下"的根本道德品质，深深滋养着一代代华夏儿女的精神心田。

2. 古代劳动人民的辛勤劳动创造了生活本身和美好的精神意境

古代劳动人民通过辛勤的劳动实践，留下了对劳动美好的精神向往和价值追求。魏晋时期诗人陶渊明所作《归园田居·其三》中写道："种豆南山下，草盛豆苗稀。……衣沾不足惜，但使愿无违。"这首诗展现了我国古代人民早起劳作，傍晚收工，期待有好收成的场景，描绘了劳动人民辛勤劳动的形象。唐代诗人李绅在《悯农》中写道："锄禾日当午，汗滴禾下土。谁知盘中餐，粒粒皆辛苦?"将珍惜食物与辛勤劳动结合起来，警示人们要养成勤俭节约的美德。唐代诗人王维写道："屋上春鸠鸣，村边杏花白。持斧伐远扬，荷锄觇泉脉。……"这首《春中田园作》的前四句展现出了古代人民愉快劳动的情境和勇于探索的精神。劳动不仅可以磨练人的意志，劳动的协作性还可以培养人的互助和团结精神。自强不息是古代劳动人民战胜困难的智慧之源，古代物质资源匮乏、自然条件恶劣，但勤劳的中华儿女自强不息，积极探索，到了宋明时期，科技、手工业都已变得十分发达。宋朝时发明了天文仪等多种精密仪器，明朝时期郑和七次下西洋代表了那个时代科技、造船业处于世界先进水平。古代劳动人民智慧的结晶反映在各个领域：栩栩如生的兵马俑、巍峨的长城、巧夺天工的都江堰、贯通南北的大运河，无一不是凝聚着劳动者勤劳和智慧的伟大成果，体现了古代劳动人民尽责、乐业、精益求精的工匠精神。

拓展阅读

曾国藩治家之道中的劳动精神

曾国藩治家有道、教育有方，离不开他亲手制定的"治家八字诀"，分别是早、扫、考、宝、书、蔬、鱼、猪。这八个字让曾家得以长期保持农耕生活方式，子弟勤奋好学，家风严谨、和善而又朴实。湖湘文化中的吃苦霸蛮、重视耕读在一定程度上受到曾国藩的持家治国思想的影响。

早，就是起早，或者喝早茶。一年之计在于春，一日之计在于晨。扫，就是要干净，要整洁。"流水不腐，户枢不蝼"，要经常打扫卫生，持之以恒，养成良好的习惯不是一朝一夕的事情。考，就是"孝"，指祖先祭祀，敬奉考妣，不忘先辈教诲，就是要继承中华民族的优良传统，尊老爱幼，孝敬父母，关爱他人。宝，"亲族邻里，时时周旋，贺喜吊丧，问疾济急"，所谓"人待人，无价之宝也"。以邻为宝，和亲睦邻，建立互帮互助的友好朋友圈，多沟通、多交流，不仅能够互相帮助，而且能开阔眼界，舒展胸怀。书，就是读书治学。要养成读书的好习惯，建立良好的学风，“三人行，必有我师焉”，还要知书达理，修身养性。蔬代表农耕，鱼代表“渔”，猪代表“畜牧养殖”，意思是保持农耕的生活方式，养成健康的饮食习惯，五谷杂粮不偏食。同时技多不压身，农田耕作、捕鱼狩猎、种植养殖等技术都要掌握。职业没有高低之分，只有分工的不同。这也告诉我们要自力更生、艰苦奋斗，不要坐享其成。

“治家八字诀”饱含重视劳动精神的内容。正是曾国藩对家庭的严格要求和教育，才使其整个家族繁荣兴旺，连绵不衰。曾国藩作为晚清四大名臣之首，作为践行中国儒家核心思想的典范，他在精神与文化层面影响着他的家族，也给世人以无限的启示。

3. 中国共产党是中华民族劳动精神的忠实继承者和坚定弘扬者

在革命、建设、改革各个历史时期，中国共产党都强调劳动的重要性，重视发挥劳动精神的能动作用，提倡和践行自力更生、艰苦奋斗的精神，使劳动精神得到进一步发扬光大。

早在革命战争年代，中国共产党就提出劳动是“世界上第一桩神圣事业”，“没有劳动，便没有现在的社会”，“尊重劳动”，“无工无食”；社会主义是“劳动问题的根本解决方法”，“实行社会主义，是我们劳工的责任”；劳动者要觉悟，要联合起来，向资本家争取“人的生活”，进而实现劳动阶级的彻底解放。抗日战争时期，以八路军第三五九旅为代表的抗日军民在南泥湾大生产运动中一边练兵，一边屯田垦荒，发扬“自力更生，艰苦奋斗”的革命精神，在短短的三年内将荆棘遍野、荒无人烟的南泥湾变成了“到处是庄稼，遍地是牛羊”的陕北好江南，创造了“南泥湾精神”等宝贵的劳动精神。

中华人民共和国成立以来，在中国共产党的带领下，伟大的劳动精神迸发出巨大力量，千千万万的劳动者怀着建设新中国的巨大热情，投入了祖国的建设事业，各行各业涌现出了大量的优秀劳动者和建设者，发扬了劳动者伟大的梦想精神、伟大的团结精神、伟大的奋斗精神和伟大的创造精神，如大庆精神、雷锋精神、大寨精神、“两弹一星”精神等，进一步丰富了劳动精神的内涵。只要有志气、有闯劲，普通劳动者也可以在宽广的舞台上实现自己的人生价值。许多劳动模范平凡而感人的事迹，就充分地说明了这一点。“蓝领专家”孔祥瑞、“金牌工人”窦铁成、“新时期铁人”王启明、“新时代雷锋”徐虎、“知识工人”邓建军、“马班邮路忠诚信使”王顺友、“白衣圣人”吴登云、“中国航空发动机之父”吴大观等一大批劳动模范和先进工作者，带动人们锐意进取、积极投身改革开放和社会主义现代化建设，为国家和人民建立了杰出功勋。他们所创造的伟大劳动精神，是我们极为宝贵的精神财富。

二、劳动精神的内涵及新时代劳动精神

1. 劳动精神的内涵

劳动精神是每一位劳动者为创造美好生活而在劳动过程中秉持的劳动态度、劳动理

念及展现出的劳动精神风貌。劳动精神是全体劳动者共同的精神财富，是对广大劳动者劳动实践的高度肯定与科学总结，也是人类为了自身的幸福而不懈努力奋斗的实践结晶。人民创造历史，劳动开创未来，劳动是推动人类社会进步的根本力量。“劳动创造了人本身”“劳动是唯一价值源泉”“劳动创造财富、劳动使人幸福”等思想，已慢慢积淀成为劳动者的精神力量。正是一代代劳动者的共同努力，创造了辉煌的人类历史，书写了人类家园的绚烂篇章。

劳动精神在理念认知上表现为全社会尊重劳动、崇尚劳动、热爱劳动，在行为实践上表现为劳动者辛勤劳动、诚实劳动、创造性劳动。两者构成了劳动精神内涵的整体。

尊重劳动是指对劳动的认识，将劳动作为人类的本质活动，作为创造财富和获得幸福的源泉，并尊重一切有益于人民、造福于社会的劳动者及其劳动价值；崇尚劳动是指对劳动的态度，认为劳动价值有大小，劳动分工无贵贱，劳动最光荣、劳动最崇高、劳动最伟大、劳动最美丽；热爱劳动是指对劳动的情感，焕发劳动热情，积极投身劳动，珍惜劳动成果，将劳动与实现自身价值紧密结合起来。尊重劳动、崇尚劳动、热爱劳动这三个层面涉及对劳动的理性认知、感性把握和内在情感，体现为从对劳动共通的社会认识到个人的品行追求这样一个由表及里、逐步内化的过程。

辛勤劳动是指勤奋敬业、埋头苦干，是对劳动者的基本要求，是诚实劳动、创造性劳动的基础和保障；诚实劳动是指脚踏实地、恪尽职守，遵守法律法规和政策，遵循职业道德规范和工作标准，实事求是地认识和对待劳动过程和劳动成果，是辛勤劳动的升华，也是创造性劳动的前提；创造性劳动是指敢闯敢试、开拓创新，体现了体力劳动和脑力劳动、简单劳动和复杂劳动的结合，是辛勤劳动、诚实劳动的发展。

2. 新时代的劳动精神

马克思主义劳动观认为，劳动是人的根本属性，劳动创造了“人”这个概念。人在劳动的过程中生产满足人类物质需求和精神需求的产品，极大地丰富了人类的物质生活和精神生活，改造了人的主观世界，使劳动现实化。在劳动价值论的指引下，通过中国特色社会主义的具体实践探索，最终形成了具有中国特色的社会主义劳动精神，它进一步引领人民群众在中国特色社会主义道路的建设过程中竭力前进，开始了新时代中国特色社会主义道路的探索。

改革开放以来，中国共产党带领人民在继承和弘扬伟大劳动精神的基础上，赋予劳动精神以新的时代内涵。改革开放进程中涌现出的时代楷模和榜样群体，在平凡的岗位上做出了不平凡的事迹，都生动地展示了新时代的劳动精神。“雕刻火药”的大国工匠徐立平，在悬崖绝壁上书写精彩传奇的“当代愚公”黄大发，用生命叩响“地球之门”、让中国进入“深地时代”的战略科学家黄大年，勇担民族复兴大任的“天眼巨匠”南仁东，对党忠诚、心系群众、忘我工作、无私奉献的优秀县委书记廖俊波，爱生如子、甘做学生成长引路人的高校思想政治理论课教师曲建武……这些代表当代中国精神高峰的时代楷模，在各自的岗位上心怀大我、至诚报国，书写了当代中国最美的时代华章。郭明义、沈浩、杨善洲、张丽莉、吴斌、高铁成……一个又一个“最美教师”“最美司机”“最美护士”等在中国大地上接连涌现，他们用爱心和善行、用坚守和执着，在危急时刻做出英雄壮举，在生死关头展现人间大爱，彰显出当代中国劳动者的风采。他们爱岗敬业、淡泊名利、甘于奉献的劳动品格，他们求真务实、积极探索、勇于创造的劳动精神，他们自强不息、艰苦奋斗、顽强拼搏的劳动态度，都是中国人民在改革开放的伟大实践中展现出来的崭新精神风貌和高尚精神品格，是建设新时代中国特色社会主义的强大精神动力。

(1) 爱岗敬业、甘于奉献的劳动精神。

敬业是社会主义核心价值观的重要内容，奉献是社会主义道德的鲜明特征。作为新时代劳动者，首先要做到的就是立足于自身的岗位，服务他人、服务社会。在新冠疫情期间，广大卫生健康工作者勇于担当，毅然逆行，深入一线救治患者，守护人民群众生命安全和身体健康。他们是最美逆行者，也是最美劳动者。他们中间既有钟南山、李兰娟院士不顾高龄深入病房一线，也有渐冻症院长张定宇的坚守，还有快递小哥、医疗垃圾处理工等无数劳动者默默奉献。这些可爱的劳动者身上体现了中国劳动者的奉献精神和担当精神。

(2) 自力更生、艰苦奋斗的劳动精神。

革命战争年代，革命先辈爬雪山、过草地的“长征精神”，开垦陕北好江南的“南泥湾精神”；新中国成立初期，宁肯少活二十年，拼命也要拿下大油田的“大庆精神”，战天斗地的“红旗渠精神”。大批海外学子心怀殷殷报国心，以钱学森、华罗庚、朱光亚等为代表的专家学者破除一切艰难险阻，纷纷归国效力，为新中国科技事业发展做出了突出贡献。到1957年，归国的海外学者已经达到3 000多人，占新中国成立前全部海外留学生和学者的一半以上。他们中大多数人成为新中国各个领域科学技术发展的奠基人或开拓者。在那个激情燃烧的年代，他们带领着全国科研人员在极为困难的条件下自力更生、艰苦奋斗，创造了一系列举世瞩目的科技奇迹，更给后人留下了宝贵的精神财富。

袁隆平，农学家、杂交水稻育种专家，长期从事杂交水稻育种理论研究和制种技术实践。1964年，他首先提出“不育系、保持系、恢复系”三系法，利用水稻杂种优势进行科学实验；1970年，他与李必湖、冯克珊在海南省发现一株花粉败育的雄性不育野生稻，成为突破“三系”配套的关键；1972年育成中国第一个大面积应用的水稻雄性不育系“二九南一号A”和相应保持系“二九南一号B”，次年育成了第一个大面积推广的强优组合“南优二号”，并研究出整套制种技术；1986年提出杂交水稻育种分为“三系法品种间杂种优势利用、两系法亚种间杂种优势利用及一系法远缘杂种优势利用”的战略设想。袁隆平被誉为“杂交水稻之父”，他为全球粮食安全做出了突出贡献。

（3）勇于创新、敢于创业的劳动精神。

时代在发展，在全球化竞争中，我们作为劳动者，除吃苦耐劳外，更需要勇于创新，敢于创业，在科技、军事及服务社会方面勇立潮头，做强国富民的青年劳动者。20岁出头的申怡飞是中国5G技术最年轻的核心研发人员之一，比肩马斯克的舒畅成功地发射了中国第一枚民营火箭，他们在创新报国的道路上一路飞奔，谱写出时代劳动者的最美青春！经过改革开放40多年的发展，中国涌现出一批又一批优秀的企业家。他们释放才能、发挥创造力，成为社会财富的创造者、创新活动的实践者，在市场经济中发挥了重要的作用。在经济发展新常态的时代背景下，转变经济结构、振兴实体经济，我们更加需要富有企业家精神的创新创业者。

课堂实训

整理寝室

一、活动目标

（1）营造干净、整洁、清新、明快、舒适、个性化的生活空间。

（2）体验劳动的愉悦感、成就感，培养团结协作的优良品质。

（3）以实际行动弘扬热爱劳动的美德。

二、活动准备

1. 培训学习

（1）明确目标。在老师的指导下，班、团干部对全班同学开展培训，明确劳动任务，掌握劳动技巧，感悟劳动意义。

（2）调动激情。各班级可组织一次以“劳动者之歌”为主题的诗歌朗诵会。诗歌可以在网络上查找，可以是描写劳动内容的古诗“串烧”，如“锄禾日当午，汗滴禾下土。谁知盘中餐，粒粒皆辛苦?”“田家少闲月，五月人倍忙。夜来南风起，小麦覆陇黄。”当然，也可以收集现代诗歌或自己编写诗歌，以争取每个同学都能朗诵诗歌。还可以组织开展“讲榜样人物，学劳模精神”活动，同学们自行选择榜样人物并讲述榜样人物故事，分享对劳动的认识。

2. 联络沟通

班、团干部要事先联系生活管理老师，与生活管理老师沟通交流，汇报本次活动的目的、意义、方法，得到生活老师的同意、支持和帮助。

3. 人员分工

根据以下分工安排活动任务，如表5－1所示。

表 5-1 宿舍内务整理活动分组分工表

<table>
<tr><th colspan="2">组织设置</th><th>工作内容</th><th>任职人员</th><th>岗位职责</th></tr>
<tr><td colspan="2" rowspan="2">领导小组</td><td rowspan="2">由班长、团支书、安全委员、各宿舍长组成，推选出组长和副组长各一名。领导小组全面统筹宿舍内务整理活动工作</td><td>组长：</td><td>起到联系、协调作用，在活动中监督检查、把控进度等</td></tr>
<tr><td>副组长：</td><td>协助组长管理，落实安全保障，监督各个活动小组，推进任务</td></tr>
<tr><td rowspan="12">工作小组</td><td rowspan="2">策划协调组</td><td rowspan="2">负责策划本次活动，工作包括征求班主任、生活老师、劳动课老师、全班同学的意见和建议，联系和协调相关工作，设计预热活动方案、整理活动方案、宣传方案等。领导小组成员原则上要参与到本小组中</td><td>小组长：</td><td rowspan="10">小组长：负责落实本组工作内容执行、组员管理、组内分工、组间协调合作

组员：服从小组长管理，自觉遵守活动纪律，积极参与活动，在活动中团结协作</td></tr>
<tr><td>组员：</td></tr>
<tr><td rowspan="2">宿舍创意设计组</td><td rowspan="2">先开展每个宿舍的调研，然后指导宿舍长和成员提出各宿舍具体的整理、布置或美化方案</td><td>小组长：</td></tr>
<tr><td>组员：</td></tr>
<tr><td rowspan="2">整理实施组</td><td rowspan="2">以宿舍为单位划分实施小组，全班同学都分配到相应宿舍，但男生、女生不混合分配。原则上由宿舍长担任小组长。不住校的学生根据自愿原则分到相应宿舍</td><td>小组长：</td></tr>
<tr><td>组员：</td></tr>
<tr><td rowspan="2">后勤物资组</td><td rowspan="2">组织全体同学讨论，充分收集整理意见和建议，根据各宿舍同学的兴趣、爱好、性格和创意设计方案，统计出需要采购的物资，包括吹塑纸、彩色卡纸、皱纹纸、窗花纸、布料、颜料等，同时决定是在实体店铺购买还是网购。经费从班费中支付，或各组员自愿出资。要注意节约、朴素，注重环保，尽量使用手工作品</td><td>小组长：</td></tr>
<tr><td>组员：</td></tr>
<tr><td rowspan="2">安全保障组</td><td rowspan="2">负责开展活动过程中的安全检查，及时发现、提醒、告诫、制止安全问题。提前与学校医务室取得联系，遇到学生受伤的情况，应及时报告医务室处置</td><td>小组长：</td></tr>
<tr><td>组员：</td></tr>
<tr><td rowspan="2">宣传编辑组</td><td rowspan="2">及时撰写宣传稿件，组织班级活动总结时进行介绍点评（注意要宣传那些表现突出的同学）。经过老师指导修改后，报学校广播站播出</td><td>小组长：</td><td></td></tr>
<tr><td>组员：</td><td></td></tr>
</table>

4. 安全事项

(1) 组织学习学校劳动教育及安全管理规定。

(2) 提前向学校管理部门报备活动方案、宿舍内务整理活动分组分工表、学生宿舍内务整理活动安全预案申报表，如表5-2所示，进一步明确组织安排、人员分工、活动流程和安全责任。拟定《安全承诺书》，每位同学签字后留存备查。

表5-2 学生宿舍内务整理活动安全预案申报表

申报班级		部门负责人（签字）	
活动内容		活动地点	
活动时间		参与学生	
带队教师			
宿舍内务整理活动安全预案			
分管部门意见			
分管副校长意见			
校长意见			

(3) 进行任务交代和安全培训，班、团干部应做好会议记录，以留存备查。

5. 物资准备

(1) 活动时应统一着装。

(2) 准备好整理、清洁时所需物品和工具，以及装饰宿舍所需材料。

(3) 准备好摄影、摄像器材。

(4) 准备好宿舍内务整理活动必需的个人防护物资。

6. 场地准备

如果是在上课时间组织本次活动，应当事先联系生活老师，提前打开宿舍，报告整理活动的具体时间、人员、活动内容等。

三、活动步骤

1. 用勤劳的双手改变面貌

(1) 在活动开始时，参加活动的同学在教室或操场集合，带齐所有用品。由老师或班、团干部做动员讲话，强调纪律、安全等注意事项。完成动员工作后，学生干部分区、分头带领大家回到宿舍，开展宿舍内务整理活动。

(2) 到达宿舍后，首先全面检查是否存在安全隐患，如查看电器是否安全正常，墙面是否有脱落危险等。如果存在问题，要马上报告生活老师处置。

(3) 由每间宿舍的宿舍长担任小组长，组织组员进行讨论，根据现场情况再进一步细化分工安排。

(4) 按照从上到下（先打扫天花板，再打扫墙壁，然后收拾地面），先粗后细（先清扫，再擦拭，然后整理），先内后外（先完成装柜、装箱整理，再整理柜子、箱子外面的物品）的原则实施整理。美化布置时会弄脏地面，所以应当最后收拾地面。在整理过程中要注意及时收集垃圾。

(5) 打扫卫生间时，要先用水浇湿墙面和地面，喷洒专用洗涤剂，等待洗涤剂充分溶解污物后再洗刷。打扫过程中要佩戴口罩，要防止人员滑倒。

(6) 擦拭窗户、门板、柜体、桌面、台面时，要先仔细观察，看是否有破损物体、铁钉等容易伤人的东西。擦拭过程中不要攀爬到不安全的地方，应合理运用各种劳动工具。擦拭电气设备和插座时，一定要关闭电源，不得使用潮湿的毛巾。

(7) 整理生活用具和用品时，要将用具和用品规范、整齐地摆放到相应位置或柜子内。宿舍里的劳动工具也要安全、有序地摆放。

2. 用灵巧双手美化宿舍

(1) 打扫、整理完毕后，应根据事先设计好的美化方案进行美化。擅长绘画的同学可以负责绘画，会剪纸的同学可以承担剪纸工作，喜欢手工折纸的同学可以用皱纹纸、彩色卡纸折一些装饰品放在宿舍内起装饰作用。

(2) 负责宣传的同学要注意拍摄寝室整理前和整理后、美化前和美化后的对比视频和照片，并发送到班级QQ群。注意观察在劳动过程中表现突出的同学，并发现其突出事迹。

(3) 美化完毕，应将拖把洗净并拧干水分，将地面从内往外拖干净，这样才算完成本次宿舍内务整理活动。

(4) 生活老师、劳动课老师、班主任老师验收合格后，方可集合整队，由组长清点人数，统一返回教室。

3. 细数感动、反思精进——宿舍内务整理活动主题班会

(1) 表彰奖励。由领导小组收集本次宿舍内务整理的过程资料，协助劳动课老师、班主任老师评选出最佳设计奖、最佳组织奖、最佳制作奖三项个人奖，评选出最佳效果奖、最佳团队奖两项集体奖。

(2) 评价反思。分组制作宿舍内务整理活动总结汇报材料（可选用PPT或其他直观的形式），其中包括本组活动概况、活动现场难忘瞬间、活动收获、活动感悟、活动反思五项内容。围绕本次活动，开展主题班会活动。

(3) 活动感悟。将活动中的感悟记录在表5-3中。

表 5-3 细数感动——宿舍内务整理活动感悟

我的付出	
我的收获	
我的感悟	
活动剪影	（照片张贴处）

任务二 劳动精神的发展

劳动精神既体现马克思主义理论的思想性，又体现广大劳动者劳动的实践性，是理论与实践的统一；既体现与时俱进的时代性，又蕴含文化基因的传承性，是历史与现实的统一。

一、思想基础

马克思主义劳动价值论为新时代劳动精神提供思想源泉。劳动价值论在马克思主义理论体系中处于基础地位，揭示了劳动的本质属性和劳动推动人类发展的重要作用。因此，马克思主义劳动价值论是劳动精神的理论源头。马克思主义认为，整个所谓世界历史不外是人通过人的劳动而诞生的过程。劳动是国家发展的动力，是民族复兴的基石。1889 年 7 月，由恩格斯领导的第二国际在巴黎举行代表大会，会议决定把每年的 5 月 1 日定为国际劳动节，以此向全世界的劳动者致敬。中华人民共和国成立后，党中央高度重视“五一”国际劳动节，积极弘扬劳动精神。2013 年，习近平同全国劳动模范代表座谈时强调：“劳动是财富的源泉，也是幸福的源泉。人世间的美好梦想，只有通过诚实劳动才能实现；发展中的各种难题，只有通过诚实劳动才能破解；生命里的一切辉煌，只有通过诚实劳动才能铸就。”中国共产党人以马克思主义劳动价值论为指导，结合中国发展的实际形成了中国化的马克思主义劳动思想。

二、实践基础

劳动者的劳动实践为新时代劳动精神提供实践基础。伟大的时代需要伟大的精神，伟大的精神来自伟大的人民。在中国社会主义革命、建设和改革中，广大劳动者奋勇拼搏、艰苦创业，这种强大精神力量是新时代劳动精神生成的实践基础。在土地革命时期、抗日战争时期、解放战争时期，广大劳动者通过把劳动实践与革命斗争相结合，形成了艰苦奋斗、不畏艰难、甘于奉献等革命斗争精神，构成了劳动精神的现实基础。在劳动者的创造性实践和不断探索中更是用自己的辛勤劳动、诚实劳动和创造性劳动，为民族精神注入新能量，不断丰富民族精神、时代精神的内涵。

三、文化基础

中华民族的传统文化为新时代劳动精神提供了文化基础。中华民族历来就有勤劳勇敢、自强不息的优良传统，中华民族历来就有辛勤劳动、诚实劳动、创造性劳动的理念，中华民族历来就有劳动最光荣、劳动最崇高、劳动最伟大、劳动最美丽的价值观。劳动精神根植于坚实的中华民族传统文化根基之上，翻阅《诗经》等文学作品，我们可以发现其对劳动实践的赞美、尊重和认同。劳动精神与中华民族崇尚劳动的文化传统分不开，传承劳动精神需要我们将传统文化中的良性基因加以创新性变革。中华民族之所以能创造出璀璨的民族文化和辉煌的民族历史都要归功于劳动。

四、价值导向

社会主义核心价值观为新时代劳动精神提供价值导向。劳动精神生动诠释社会主义核心价值观中蕴含的劳动内容。“富强、民主、文明、和谐”是社会主义核心价值观在国家层面的价值目标，与劳动精神的价值导向高度一致。我们树立正确的劳动观念，积极参加劳动实践，才能确保“富强、民主、文明、和谐”的价值观在中国大地落地生根。同时，劳动精神有利于培养“劳动最光荣、劳动最伟大”的劳动理念，“爱岗敬业、争创一流”的劳动态度，“淡泊名利、甘于奉献”的劳动品德和“艰苦奋斗、勇于创新”的劳动习惯。这与社会主义核心价值观在个人层面提倡的“爱国、敬业、诚信、友善”的价值目标高度契合。而在劳动实践中锻炼出来的职业精神、进取精神、创新精神和奉献精神等，更是对社会主义核心价值观的生动呈现。

课堂实训

绿色校园，从我做起

进入 21 世纪以来，全球气候变暖、生存环境日益恶化，严重威胁人类的健康与生存。应对气候变化，发展绿色低碳经济，是全人类共同的事业。为了你、为了我、为了他，也为了我们赖以生存的地球大家庭，更为了明天的美好生活，我们理应率先身体力行倡导绿色低碳生活、共建绿色校园。

请围绕“低碳生活”制订一个“绿色校园，从我做起”的个人计划，并在生活中执行计划。

【过程记录】

计划要点：

计划思路：

计划可行性评估：

计划实施要点：

【结果评价】

教师可参考表 5-4 对学生制订的个人计划进行评价。

表 5-4 “绿色校园，从我做起”个人计划评价表

评价标准	分值	分数小计	教师评价
计划完整	30 分		
计划切实可行	20 分		
计划有层次，目标有阶梯	20 分		
计划有反馈提升机制	10 分		
计划可评测	10 分		
计划有奖励机制	10 分		

任务三 新时代劳动精神

劳动精神是指劳动者在劳动中展现的精神状态、精神面貌、精神品质。在马克思主义劳动价值论指导下，中国广大劳动者经过革命、建设和改革时期的伟大实践，继承中华优秀传统文化基因。劳动精神在理念认知上表现为全社会尊重劳动、崇尚劳动、热爱劳动；在行为实践上表现为广大劳动者辛勤劳动、诚实劳动、创造性劳动。实现中华民

族伟大复兴的中国梦，必须依靠劳动，必须依靠广大劳动者。

一、新时代劳动精神的内涵

党的十九大以来，习近平总书记关于劳动和劳动精神的系列重要讲话是我们正确理解劳动精神的重要依据，也是大力弘扬劳动精神的重要参考，更为我们正确认识劳动精神的科学内涵指明了方向。我们要在全社会提倡通过诚实劳动来实现人生的梦想、改变自己的命运。全社会都要贯彻尊重劳动、尊重知识、尊重人才、尊重创造的重大方针，维护劳动者利益，保障劳动者权利。坚决维护社会的公平正义，排除阻碍劳动者参与发展、分享发展成果的障碍，努力让劳动者实现体面劳动、全面发展，以辛勤劳动为荣，以好逸恶劳为耻。

1. 新时代的劳动精神是勤劳勇敢、爱岗敬业、诚实守信的实干精神

广大劳动者要爱岗敬业、勤奋工作，锐意进取、勇于创造，不断谱写新时代的劳动者之歌。勤劳勇敢是指有毅力、有勇气、有胆量的劳动。爱岗敬业是指尊重劳动、崇尚劳动、热爱劳动，做到辛勤劳动、勤奋工作。诚实守信是指脚踏实地、恪尽职守，遵守法律法规和政策，遵循职业道德和标准。勤劳勇敢、爱岗敬业、诚实守信的实干精神，是劳动精神的内涵。全体劳动者都要牢记“大道至简、实干为要”的道理，脚踏实地、挽起袖子加油干，在劳动中实现自身价值。

2. 新时代的劳动精神是锐意进取、建功立业、甘于奉献的奋斗精神

锐意进取是指坚决追求上进。建功立业是指建立功勋、成就大业。甘于奉献是指在劳动中忘记“小我”，不计较个人得失，时时铭记祖国需要。锐意进取、建功立业、甘于奉献的奋斗精神，是劳动精神的更高体现。每一个劳动者都应牢记“幸福是奋斗出来的”，生命不息、奋斗不止，在劳动中实现美好的未来。

3. 新时代的劳动精神是精益求精、严谨专注、追求卓越的创新精神

精益求精是指以高品质的要求对待自己的产品，不惜花时间精力精雕细琢，注重细节，把一件事情做到极致。严谨专注是指耐住寂寞、经住诱惑，不达目的绝不放弃。追求卓越是指为了质量而孜孜不倦、乐此不疲。精益求精、严谨专注、追求卓越的创新精神，是劳动精神的专业要求。新时代劳动者要勇于创新、追求品质，为推动“质量强国”提供源源不竭的动力。

二、勤劳是先人创造生活和文明的重要力量

古人辛勤劳作的场景，我们可以通过古代文学作品进行了解。图 5－1 所示为一个古人劳动场景。

《诗经》是我国最早的一部诗歌总集，里面就有大量描绘劳动生产的农事诗。著名的《伐檀》一开头就讲“坎坎伐檀兮，置之河之干兮”，是一首描写伐木工人劳作的民歌。

图 5-1 古人劳动场景

《芣苢》诗曰："采采芣苢，薄言采之。采采芣苢，薄言有之。采采芣苢，薄言掇之。"这是农妇们采摘车前子草的乐歌，既生动又欢快，热情歌颂了劳动人民热爱劳动的高贵品质。

"锄禾日当午，汗滴禾下土。谁知盘中餐，粒粒皆辛苦?"唐代诗人李绅的《悯农》妇孺皆知，寥寥数句，就把劳动者的辛勤和劳苦写到了极致。

陶渊明不为五斗米折腰，甘愿归田务农，他把农活写进诗里，充满诗情画意。如《归田园居·其三》："种豆南山下，草盛豆苗稀。晨兴理荒秽，带月荷锄归。道狭草木长，夕露沾我衣。衣沾不足惜，但使愿无违。"全诗平淡自然，清新质朴，言简意长，真挚感人，抒写了对田园生活的热爱以及享受田园劳作之乐的惬意、闲适。

陶渊明还在《庚戌岁九月中于西田获早稻》一诗中写道："人生归有道，衣食固其端。孰是都不营，而以求自安?"告诫人们要自食其力、勤奋劳动，如果什么事都不做，又怎么能解决自己的温饱问题呢?

白居易在《观刈麦》里把劳动的艰辛描绘得细致入微，生动感人。"田家少闲月，五月人倍忙。夜来南风起，小麦覆陇黄。妇姑荷箪食，童稚携壶浆。相随饷田去，丁壮在南冈。足蒸暑土气，背灼炎天光。力尽不知热，但惜夏日长。"麦收时节，妇女领着小孩往田野去，给正在割麦劳作的男子送饭送水，这些农民在麦田埋头割麦，脚下暑气熏蒸，背上烈日烘烤，累得筋疲力尽也不觉得炎热，为的是珍惜夏天昼长能够多干点活。读着这样的诗句，我们不能不为诗人对农家的同情与怜惜所感动。

"富贵本无根，尽从勤里得。"劳动最光荣，劳动最崇高，劳动最伟大，劳动最美丽。热爱劳动、尊重劳动永远是中华民族的传统美德。

课堂实训

"传承工匠精神，成就出彩人生"主题演讲比赛

一、活动主题

传承工匠精神，成就出彩人生

二、活动目的

通过"传承工匠精神，成就出彩人生"的主题演讲，深刻理解工匠精神的时代内

涵，表达自己在践行工匠精神过程中的行动、收获和感悟。

三、时间地点

初赛时间：2022年5月26日16：30—18：00　地点：教学楼101、105。

复赛时间：2022年6月16日16：30—17：40　地点：办公楼前。

四、赛前准备

1. 做好充分的宣传工作，吸引同学积极参加。
2. 邀请评委：初赛邀请有经验的文化课老师，复赛也可邀请相关老师担任评委。
3. 提前安排好初赛复赛时间，提前布置会场，备好纸笔和计算工具。
4. 宣传部及组织部做好赛前、赛后报道宣传工作及摄影工作。
5. 做好分工，明确任务，责任到人。

五、参赛要求

1. 全体在校学生按班级参加，每班至少2人参加。(5月15日之前上报参赛人数)
2. 初赛演讲尽量脱稿，复赛演讲必须脱稿。
3. 参赛者仪表端庄并用普通话演讲，参赛作品积极向上。
4. 参赛者具有一定的语言表达能力，感情丰富。
5. 所选作品体裁不限，切合主题，内容积极向上，具有时代气息，体现当代学生风采。
6. 演讲时间为3~5分钟；若有配乐或PPT，请提前准备。

六、比赛流程

1. 评委及嘉宾入场。
2. 主持人宣布比赛规则并介绍参赛选手。
3. 选手介绍自己。
4. 比赛结束后，评委代表点评，工作人员进行统分。
5. 宣布比赛结果。
6. 主持人宣布比赛结束，全体工作人员合影留念。

七、评选细则

1. 评分采取百分制，取平均分，如表5-5所示。

表5-5　评分标准

评分内容		分值	分数小计
演讲内容	1. 观点正确、鲜明，主题深刻——10分 2. 选材得当，材料典型、充分——5分 3. 角度新颖、紧密围绕主题、针对性强——5分 4. 逻辑严谨、结构清晰、语言生动，说服力强——10分	30分	

续表

评分内容		分值	分数小计
言语表达	1. 语音：普通话标准、吐字清晰、流畅、自然——15 分 2. 语调：停顿运用得当、抑扬顿挫切合演讲内容——15 分 3. 语速：语速恰当、节奏富于变化——5 分	35 分	
神情姿态	姿态、动作、手势、表情、眼神到位、灵活地表达演讲内容和思想感情，自然、直观	20 分	
仪表形象	服装正式、得体，精神饱满，举止从容	10 分	
演讲时间	遵守时间，严重超时或少时的给予扣分	5 分	

2. 评委要以公平、公正、公开的原则进行评比。

八、奖项设置

奖项设置：本次比赛将设定 9 个获奖名额，所有参赛选手均有纪念奖一份。

设一等奖一名、二等奖二名、三等奖三名，另设最佳风度奖一名、最具幽默奖一名、最佳语音奖一名。

任务四 践行劳动精神

新时代对劳动精神的践行集中体现为忠于职守、爱岗敬业，就是要做到干一行、爱一行、钻一行。在工厂车间，就要弘扬工匠精神，精心打磨每一个零部件，生产优质的产品；在田间地头，就要精心耕作，努力赢得丰收；在商场店铺，就要笑迎天下客，童叟无欺，提供优质的服务。三百六十行，行行出状元。只要做到勤勉工作、精益求精，每个人都能在平凡的岗位上干出不平凡的业绩。工人农民如此，领导干部更要带头践行劳动精神。作为当代中职生，践行劳动精神就是要将个人理想根植于劳动实践创造，从内心形成对劳动实践的充分认同，在点滴劳动中实现劳动创造，这样才能够保证中职生实现个人价值与社会价值相统一。

中职生践行劳动精神的具体实践突出表现在平时的学习生活中，自己的事情自己做、集体的事情一起做，将劳动精神践行于每一件小事上，从而将劳动精神内化于心、实践于行，最终成长为一名社会需要的合格的劳动者。

践行劳动精神是个系统工程，需从塑造劳动人格、重构劳动认同、鼓励劳动创造、完善劳动制度四个方面同时着力，如图 5－2 所示。

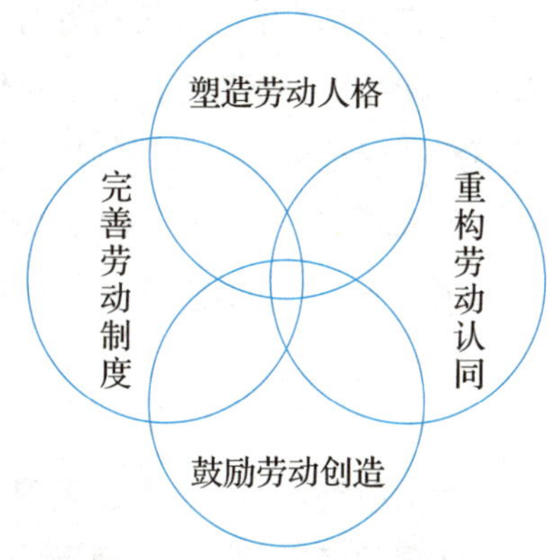

图 5－2 践行劳动精神系统工程

一、塑造劳动人格，践行劳动精神的基本要求

劳动精神的主体是劳动者。践行劳动精神，首先要以尊重劳动者的主体人格、所创造的价值，维护劳动者的尊严为基本要求。

1. 尊重劳动者的主体人格

在推动社会进步的过程中，人们关于劳动的认知和判断会有不同的理解、不同的态度，但我们必须明确，劳动作为人类走向文明、发展自我、改造自然的最基本实践活动，只有存在方式的差异、分工的不同，没有高低贵贱之分，任何形式的劳动都应得到承认和尊重。在社会主义社会，以工人、农民、知识分子等为主体的劳动者，是推动经济社会发展的根本力量，是实现中华民族伟大复兴中国梦的现实基础。是否尊重大多数劳动者的劳动和创造，关系到中国特色社会主义现代化强国的发展进程。在社会主义社会，劳动的性质发生了根本变化，劳动者的主体地位得以确立。中国共产党坚持以人民为中心的工作出发点和落脚点，促使劳动者的个人价值从作为社会政治经济发展的载体要素向作为社会发展过程的出发点和复归点彻底转变。劳动作为人类存在和发展的根本力量，不再仅仅是满足基本的生活需求、促进社会发展的生产手段，而是成为复归人的本质、凸显自身价值的基本途径。

2. 尊重劳动者所创造的价值

在社会主义社会，一切有利于人民和社会的劳动都值得尊重。以工人、农民、知识分子等为主体的劳动者，所从事的基础劳动、复杂劳动、创造性劳动等虽然在形式与报酬上存在差异，但都体现了劳动者的辛勤付出，都创造了社会财富，都为社会主义现代化建设作出了贡献。创造商品价值的是人类劳动。随着社会分工而形成的体力劳动和脑力劳动都能够创造社会价值，社会主义现代化强国的建设需要二者的紧密结合。

3. 维护劳动者的尊严

以习近平同志为核心的党中央始终坚持以人民为中心的发展思想，带领人民朝着共同富裕方向稳步前进。劳动者对于工作的要求不仅体现在对工作薪酬的关注上，还体现在对工作环境、发展空间、权益保护等方面的关注上。劳动者需求的改变是劳动者对自身尊严和权益保护的认识的现实反映。践行劳动精神，维护劳动者尊严是不可或缺的内容。形成尊重劳动的良好社会环境，劳动者才能在劳动创造的过程中充分享受劳动带来的幸福和愉悦，进而塑造良好的劳动人格，实现自己的人生价值。

二、重构劳动认同，形成弘扬劳动精神的社会氛围

所谓劳动认同，一方面表现为劳动者自身在情感上、价值上对自我存在方式、自我价值实现的确证；另一方面涵盖了社会、他人对劳动个体的认知和态度。劳动认同关乎新时代劳动精神的培育，影响社会主义核心价值观的践行，关系中华民族伟大复兴中国

梦的实现。实现劳动认同有以下三个途径：

1. 树立正确的劳动价值观

实现劳动认同，离不开正确价值观的引导，离不开对热爱劳动、辛勤劳动的优良传统的继承和发扬。

2. 开展多种形式的劳动精神宣传教育

劳动精神的培养要注重在信息化、时代化进程中传统资源与网络媒体的有效整合，让劳动模范、大国工匠干一行、爱一行、钻一行、精一行的感人事迹，诚实劳动的真实体会，劳动最光荣、劳动最伟大的具体事例得到人们的关注和了解，从而使人们受到劳动精神的熏陶，将劳动精神融入日常生活，在细微处体会劳动者对社会发展、生活改善的奉献和付出，实现劳动认同。

3. 营造崇尚劳动的文化氛围

人创造环境的同时，环境也创造了人。劳动环境对劳动者的影响潜移默化、持久深远。广大劳动者在切实的劳动实践中创造富有自身特色的劳动文化，既体现了劳动者对日常劳动行为的内在要求，又体现了劳动环境对劳动者劳动热情和创造活力的激发与促进。营造尊重劳动、崇尚劳动、热爱劳动的良好文化氛围，使劳动者浸润其中，提升劳动者的劳动情怀，使劳动者形成正确的劳动价值观。

三、鼓励劳动创造，推进劳动精神的实践养成

劳动精神是在劳动过程中产生的，一个不参加劳动的人是无法产生劳动精神的。劳动者只有在劳动过程中才能体验劳动的甘甜、锤炼劳动的性格、增强劳动的毅力、端正劳动的态度、树立劳动的信心。劳动不仅是自主的实践活动，而且是创造性的实践活动，蕴含浓厚的历史意蕴和鲜明的时代特征。新时代我们倡导和鼓励劳动创造，不断推进劳动精神在实践操作过程中的培养与塑造。鼓励劳动创造的措施有以下三种：

1. 为劳动者提升创新素质提供平台条件，让劳动者拥有劳动实践的广袤空间

在思想文化日益进步的新时代，缺乏创新性劳动的社会是无法良好运转的。我国社会正处于全面深化改革的攻坚时期，以市场为导向、以创新为动力的发展使我国企业面临日趋激烈的竞争。新时代劳动精神扬弃资本主义对人的劳动的异化，恢复自由自觉的劳动本质，必须从劳动者自身素质的提高出发。知识型、技术型、创新型劳动者的培育需要学校、政府、企业和社会形成有效的联动机制，整合、优化劳动教育资源，开展多种形式的就业、创业培训，建立健全持证上岗制度、薪酬制度等；同时，也需要劳动者树立正确的劳动观，不鄙视劳动，积极投身劳动，主动学习，在实践操作中不断提高自身的劳动素质。

2. 为劳动者激发创新热情营造良好环境，让劳动者有敢于劳动实践的大舞台

中国特色社会主义进入新时代，社会稳定、经济繁荣、国力昌盛的背后，是广大劳

动者的付出与贡献。随着劳动人民生活水平的提高，生产安全问题、职业病高发问题、安全卫生立法问题成为广大劳动者极为关切的现实问题。应通过提供舒适的工作环境、建立心理辅导咨询机构、建立健全劳动参与机制等方式改善劳动者工作条件，提升劳动者的待遇和地位，从而更好地激发劳动者的工作热情与创新活力，推动知识创新和技术创新。

3. 为劳动者开展创造性劳动提供政策支持，为劳动者劳动实践提供充分的制度保障

在大众创业、万众创新的时代背景下，劳动者既要具有精益求精的工匠精神、艰苦奋斗的劳动精神，还要具有勇于创新、追求卓越的时代品质。创造性劳动从价值观念转化成人们的自觉行动，从精神领域转化到物质领域，制度安排和规范设计是极为必要的环节。劳动者自身素质的提高、工作条件的改善，为劳动、知识、技术、管理和资本的活力竞相迸发提供了前提条件。破除制约创新驱动发展的体制机制、完善政策和法律法规、创造有利于激发创新活力的体制环境，是创造性劳动得以实现的重要保障。新时代劳动精神的培育要在强化劳动者创新意识和创新思维的基础上，促使劳动者在不断追求卓越、超越自我的过程中勇于实践，积极投身到劳动中去，从而为建设社会主义现代化强国提供强劲的发展动力。

四、完善劳动制度，构建劳动精神的培育机制

我国是一个拥有庞大产业工人队伍的发展中国家，培养具有高素质、创新性、协作性的劳动队伍，是我国步入现代化强国的关键，是实现产业振兴的需要。高素质劳动队伍的建设不仅需要思想和理论的创新，更需要制度的完善。新时代劳动精神的培育，需要保护劳动者合法权益、提高劳动者积极性、强化劳动者制度保障。完善劳动制度可以从以下三个方面着手：

1. 建立高效统筹协调机制，为劳动精神的培育提供顶层设计保障

新时代劳动精神的培育作为一项系统工程，要构建政府主导、企业参与的全员化、全过程、全方位的统筹协调机制。如为劳动者入职提供技能培训，为保护劳动者合法权益提供有效引导；完善就业创业联动机制，为劳动者创造更多工作岗位，消除就业障碍和歧视；建立公平公正的社会保障制度，整合养老保险和医疗保险，实现城乡统筹和平等共享；健全社会救助体系，完善最低生活保障机制。

2. 建立劳动产权保障机制，为劳动精神的培育提供制度依据

劳动产权是劳动者真正占有劳动成果的权利，也是其实现体面劳动、充分劳动的权利。劳动产权实现的关键是劳动者的剩余索取权。随着产权明晰化推进、劳动用工制度和工资制度的变革，要从财产关系上保障劳动者的合法权益、调动劳动者的积极性和主动性。劳动产权制度是劳动者各项合法权益的重要保障，对新时代劳动精神的培育有着重要作用，并进一步促进劳动者从体面劳动走向共同富裕。

3. 完善按劳分配薪资机制，为劳动精神的培育提供科学合理的支撑

分配制度事关广大劳动者的切身利益和劳动积极性的有效发挥。因此，应完善收入分配机制，提高劳动报酬在初次分配中的比重；完善再分配调节机制，建立公共资源出让收益合理共享机制；在具体政策、劳动报酬制度等方面不断提高劳动者的地位，使劳动者获得应有的劳动报酬和劳动保障，努力使劳动者的根本利益得到最大程度的实现，促进社会主义和谐劳动关系的形成。

拓展阅读

凝聚发展的劳动精神、劳动力量

在制度上，构建尊重劳动者、鼓励创造的政策体制环境。人民是推动我国经济社会发展的基本力量和基本依靠，实现我国经济社会发展，归根结底要靠广大劳动者的劳动创造。各级党委和政府要坚持以人民为中心的发展思想，践行全心全意为人民服务的根本宗旨，把全心全意依靠工人阶级方针贯彻到党和国家政策制定过程中，把党的群众路线贯彻到治国理政全部活动中。加强顶层设计，加强统筹规划，做好政策衔接和政策创新，把党和国家相关政策措施落实到位，推动产业工人队伍建设改革落地见效，努力造就一支有理想守信念、懂技术会创新、敢担当讲奉献的宏大的产业工人队伍。

在精神上，大力弘扬劳模精神、劳动精神、工匠精神。伟大的事业需要伟大的精神，伟大的精神来自伟大的人民。应在全社会大力弘扬劳模精神、劳动精神、工匠精神，大力宣传劳动模范和其他典型的先进事迹，树立辛勤劳动、诚实劳动、创造性劳动的理念，涵养全社会的劳动信仰、劳动情怀和劳动品格，鼓励劳动者恪尽职业操守、崇尚精益求精、奋力追求卓越，激发全社会凝心聚力决胜全面建成小康社会、决战脱贫攻坚的雄心壮志。发挥劳动的独特育人价值，把劳动教育纳入人才培养全过程，凝聚劳动精神、激发劳动力量，让劳动最光荣、劳动最崇高、劳动最伟大、劳动最美丽蔚然成风。

在素质上，搭建劳动者更好成长成才成就的平台。劳动者素质对一个国家、一个民族的发展至关重要。2018 年我国制造业增加值占世界份额达到 28%以上，2019 年我国首次跻身全球制造业创新指数 15 强。应进一步完善现代职业教育制度和现代职业教育体系，提高契合度、突出多元化、优化大环境。加强技术技能培训力度，开展多层次、多样化培训和劳动竞赛，释放“互联网+职业技能培训”的潜力和动能，推动做好今后一个时期的职业技能线上培训工作，通过多种形式不断提高劳动者素质和就业能力，培养更多高技能人才和大国工匠。

在权益上，依法维护劳动者的合法权益。全心全意为工人阶级和广大劳动群众谋利益，是我国社会主义制度的根本要求，是党和国家的神圣职责。应健全党和政府主导的维护群众权益机制，关注一线职工、农民工、困难职工等群体，加大对医务人员的关爱

和对困难职工群体的帮扶，帮助广大劳动者排忧解难。面对部分企业缺工严重、稳岗压力大和重点群体就业难等突出问题，积极推动实施就业优先政策，全面落实稳就业举措，扎实做好“六稳”工作，落实“六保”任务。完善政府、工会、企业共同参与的协商协调机制，引导职工依法理性有序表达利益诉求，构建和谐劳动关系，帮助劳动者实现体面劳动、全面发展。

课堂实训

2022 年暑假学生社会实践活动安排

一、活动目的

提高学生的社会实践能力和综合能力，进一步培养学生的社会责任感和全面素质，促进社会实践和中职生思想政治教育的有机结合，从而使学生了解社会、服务社会，为学生就业积累实践经验。

二、活动主题

锻炼自我，服务社会，提高能力。

三、活动时间

2022 年 7 月 19 日—2022 年 8 月 18 日。

四、活动内容

1. 打短工，赚费用——谋生活动。

积极贯彻落实“推动实现更高质量和更充分就业”，提高谋生意识，磨砺职业品质，体验劳动收获，结合创业培育计划，引导广大学生积极关注就业创业。各班要结合专业特点及实际情况，倡导学生以专业实习为重点，参与社会实践，让学生在专业实践中深入了解相关行业动态、社会对人才的具体要求和就业创业政策，科学规划职业发展方向，为将来高质量的就业创业打下坚实基础。学生可以参与餐饮服务、建筑施工、商品促销、广告宣传、旅游服务、家教和家政服务等活动。

2. 做家务，孝父母——感恩活动。

百善孝为先。学会感恩，才能学会做人。每一位莘莘学子都应心存感恩：感恩老师的教诲，感恩父母的培育，感恩朋友的关爱，感恩身边人的关注，感恩良好的社会风貌，感恩优美的自然环境等。切不可遗忘和最需要感恩的莫过于历尽千辛万苦养育和栽培自己的父母。每一位学生都必须尊敬父母，心存感激，学会感恩。由此，每位学生假期应积极主动地为父母做一些力所能及的事，如洗衣服、做饭等，向他们送上作为儿女的一份祝福。

3. 拜师傅，学手艺——增技活动。

为培养学生的技能意识、学习工匠精神、练就工匠技能，学校倡导学生参加培训班或利用网络资源学习平面设计、网页制作、电商、AutoCAD等；也可以通过拜师傅，学习厨艺、手工制作、汽车修理、电焊等技能。

五、活动方式

1. 根据以上内容，每一位学生可以根据自己实际情况任选其一，自主在城镇社区、专业对口单位或本村范围内开展活动。

2. 也可以视情况组成小组，几个人一起开展活动。

六、活动要求

1. 以就近就便为主，提倡专业实践与社会服务相结合。

2. 坚持“安全第一”的原则，在确保安全的前提下开展假期社会实践活动。

3. 社会实践过程中，如有可能，尽量保留一些照片等音像资料，参加打短工或社区服务要有单位证明。

4. 此次活动对学生提高社会实践能力和综合素质有非常重要的意义，要求学生思想重视，积极参加，注重实效。活动时间不得少于30天。学生参与社会实践情况作为总结评优依据，学生干部要带头认真完成社会实践任务。

5. 活动结束后，以团队形式参加社会实践的小组需撰写一份团队社会实践报告，字数不少于3 000字（A4纸打印文稿），以个人形式参加实践需撰写一篇不少于1 500字的实践体会（A4纸打印文稿）。每班至少上交一份团队社会实践报告。

6. 报告内容要紧密结合实践内容，谈自己的真实感受和收获。内容要求有具体实践时间、实践内容、实践收获和体会。

7. 开学第一周由各班班委收齐实践报告并对本班社会实践情况进行统计、总结和评比；开学两周内，上交推选出的优秀实践体会及班级暑期社会实践统计表和社会实践总结。

七、总结

学生参加社会实践活动的表现及成果，作为学生社会实践成绩、“三好学生”“优秀学生干部”等荣誉称号评定的依据之一。各班开展社会实践活动的表现及取得的成绩，作为学校评选先进班集体的考评项目之一。

活动结束后，学校根据各班总结上报情况，进行全校总结，将按照相关意见对完成社会实践态度认真、质量较好、成绩显著的个人和班级给予表扬。

学思之窗

《全国中小学劳动教育典型案例》发布

2021年10月21日，教育部在四川成都召开全国中小学劳动教育现场推进会，交流总结各地中小学劳动教育典型经验，部署下一阶段重点工作。会议发布了《全国中小学劳动教育典型案例》。

会议指出，2018 年全国教育大会以来，各地把加强中小学劳动教育摆在更加突出的位置，扎实推进各项工作，中小学劳动教育制度体系逐步完善，劳动实践深入开展，条件保障不断强化，家校共育持续深化，取得了重要进展和积极成效。

会议强调，劳动教育是中国特色社会主义教育制度的重要内容，是新时期党对教育的新要求，是法律的明确规定，是促进学生全面发展的迫切需要，具有极端重要性。

会议要求，开展好新时期劳动教育，要坚持系统思维，明确实施重点，抓好关键环节，完善工作机制，把握好五个方面的关系。

一是“一育”和“一课”的关系，防止窄化。劳动教育是一育，不只是一课。既要开好劳动教育专门课程，也要全科渗透，将劳动教育的思想观念融入教育教学全过程。

二是劳动和劳动教育的关系，防止走偏。劳动是手段，育人才是目的。既要防止坐在教室里讲劳动，也要防止只有劳动没有教育。要通过真实的劳动体验，出力流汗，让学生接受教育。

三是劳动教育和其他学科成绩的关系，防止阻力。要加强引导，告诉家长劳动教育与其他学科成绩之间不是对立的，劳动教育搞好了，能提高综合素质，其他学科的成绩会更好。

四是劳动教育规定要求和实施能力的关系，防止低效。既要明确劳动教育的规定和要求，也要提升实施的能力。要加强师资培养培训，统筹好校内外资源，细化实施指导，把劳动教育水平提上去。

五是政府、部门和学校的关系，防止推诿。只有分工明确，各司其职，劳动教育才能做好。政府要抓保障，解决好经费、师资、场地、设备等问题；教育部门要抓部署，发挥牵头作用，制定实施方案，加强对学校的指导；学校要抓实施，把劳动教育课开足、上好，融入日常教学实践活动。督导要抓检查，把劳动教育纳入教育督导体系，定期检查，督促落实。

探究与分享

有些人毕业后不想工作，一心想当“网红”。你如何理解这种想法？请站在“弘扬劳动美德”的角度和这个同学谈谈心。

项目六

劳模精神　时代的灯塔

学习目标

知识目标

认识劳模的本质。

知道劳模精神的内涵。

了解新时代劳模精神的内涵。

能力目标

弘扬劳模精神，做新时代的奋进者。

理解劳模精神的核心。

素质目标

认真体会劳模精神，并在日常生活中自觉践行劳模精神。

在日常生活中自觉弘扬劳模精神，争当“劳模”。

养成良好的生活习惯，形成吃苦耐劳的精神，从而提高道德品质修养。

榜样示范

彩色竹编人——陈岚

陈岚继承和发扬青神竹编技艺，带领他的设计团队不断推陈创新。2010 年，陈岚创新发明“彩色竹编”，填补了世界竹编无彩色的空白。从单色竹编到彩色竹编，从名人书画到人物肖像，从乡村风物到女士坤包，他先后创新竹编工艺品 1 000 多个，获得了四川省第三届农村乡土人才创新创业大赛金奖。由陈岚创作的《国宝图》和瓷胎竹编茶具《绽放》作为国礼赠送给外国政要。《我们的总设计师》等被邓小平故居纪念馆等收藏。

陈岚举办了各种形式的竹编培训班，为农村留守妇女、城镇下岗人员、待业人员和残疾人传授竹编技艺，协助编写教材《竹的栽培管理与利用》《竹编工艺概论》，在全县推广。他积极推动文旅融合，通过旅游扩大了竹编的影响力，促进了竹产品销售。他先后为国内外贫困地区培训学员1万余人次，带动3万余名本地农村竹产业从业人员走上致富之路。陈岚被评为“四川省工艺美术大师”，被四川省人民政府授予“金熊猫奖”并获得“全国劳动模范和先进工作者”称号。

任务一 劳模与劳模精神

劳动模范简称“劳模”，是时代的先锋、民族的楷模，他们身上承载和彰显的精神一直发挥引领作用，丰富和拓展了中国精神的内涵，充分展现了我国新时代工人阶级和劳动群众的高度自信，已成为社会主义核心价值体系的重要组成部分。爱岗敬业、艰苦奋斗是劳模精神的基础，争创一流、勇于创新是劳模精神的核心，淡泊名利、无私奉献是劳模精神的本质。中国特色社会主义进入新时代，劳模精神既传承了以往时代特点，又展现出新的内涵和实践指向。

一、解读劳模本质

1. 劳模是工人阶级的优秀代表

在中国革命、建设、改革的各个历史时期，我国工人阶级都具有走在前列、勇挑重担的光荣传统。新中国70多年的实践证明，以劳模为代表的看似平凡的亿万工人劳动者，在全世界挺起了中国的脊梁，在中国史乃至世界史上书写了辉煌。

南京长江大桥、三峡工程、青藏铁路、港珠澳大桥、高速铁路、特高压输电、国产航母、国产大飞机、北京大兴国际机场……一个个标志性事件、一项项超级工程，改变了中国，惊艳了世界。

劳模作为工人阶级的优秀代表，在工作生活中发挥了先锋和排头兵作用，在平凡的岗位上创造了不平凡的业绩，以辛勤劳动、诚实劳动和创造性劳动，持续推动社会进步、国家发展和民族复兴。

2. 劳模是时代的引领者

劳模作为工人阶级的优秀代表，是民族的脊梁，是时代的引领者。一开始，是掏粪工人时传祥，铁人王进喜；到后来，是数学家陈景润，科学家彭加木；再后来，是产业工人许振超，篮球运动员姚明；到如今，是研究发动机的孔祥俊，搞生物科技的潘峰，网络语音架构师贾磊，在商场销售化妆品的龚定玲……也许你没听过他们的姓名，不过他们在各自岗位上做出的骄人成绩，正在深刻地改变你我的生活。

平凡成就伟大，劳动创造辉煌。不同时期，国家发展建设的侧重点有所差异，劳模的使命不尽相同，但在他们的创造性实践和不断探索中，激发出的自主性、创造性、先进性劳模精神，始终激励广大职工建功立业，展现社会进步的发展方向。

二、劳模精神的传承与借鉴

1. 劳模精神是传统文化的结晶

回顾灿烂的中华文明史，中国人民劳动精神的形成与劳动人民的生产和生活实践以及中华民族崇尚劳动的传统文化密不可分。在我国传统文化中，一向推崇对劳动实践的认同、对劳动精神的传承、对劳动文化的传播。远古时代，钻木取火、神农氏教民稼穑、大禹治水的劳动故事广为流传。明朝时期宋应星所著的《天工开物》收录了农事、手工制造如机械、兵器、火药、纺织、染色、制盐、采煤等技术，集中体现了古代劳动人民在自然科学、工业制造等方面的劳动创造和发明成就。中华儿女用辛勤的劳动创造了中国灿烂的历史文化，锻造了中国人朴实、勤奋的优秀品格。这一品格始终贯穿于社会生产的发展和实践当中，不断推动生产力的进一步发展，艰苦奋斗、甘于奉献、不为名利的劳动精神也在历史文化中熠熠生辉。我国优秀的传统劳动文化，为劳模精神的形成注入了民族文化基因，让劳模精神成为创造民族辉煌的根本力量和推动民族继续向前发展的精神支柱。

2. 劳模精神是马克思主义劳动观的体现

在人从自然界分化出来演化成自然人，再进而成为社会人的过程中，劳动发挥着决定性的作用。劳动推动不合理的社会关系发生变革，从而使人获得社会关系的解放。社会主义制度下的劳动真正体现出劳动者的自主性，劳动不再是异化的、外在的、脱离了人的本性的东西，劳动者通过自己的劳动肯定自己，在劳动中感受幸福，在劳动中体现人与人的平等关系，这为劳模精神的产生与发展提供了重要土壤。马克思主义劳动观深刻反映了中国工人阶级和广大群众通过劳动在价值创造中的积极作用，为我们继承和弘扬劳动者伟大的劳动价值精神提供了理论支撑。劳模精神是社会主义劳动者在劳动中推动社会发展和实现精神文明的产物。中国特色社会主义开辟了社会主义在中国的独特发展进程，而劳模精神在这一独特进程中不断焕发出强大的生命力、创造力、战斗力、感染力、凝聚力、影响力，成为中华民族宝贵的精神财富，在中华民族站起来、富起来、强起来的伟大历史进程中发挥不可替代的重要作用。

3. 劳模精神植根于人民的奋斗实践

劳模精神是中国共产党在长期革命、建设、改革实践中积累起来的宝贵精神财富，源于为中国人民谋幸福、为中华民族谋复兴的初心和使命。新民主主义革命时期，中国共产党通过培养和表彰一批批劳动模范，在引领和发展革命根据地经济建设中发挥了巨大的示范和带头作用，为革命取得最后胜利奠定了扎实的社会基础。社会主义建设时期，劳动模范以无私奉献、团结苦干的精神积极投身于经济建设中，为引导广大人民群众集中精力恢复和发展国民经济，树立正确的社会主义劳动观念起到重要的推动作用。

改革开放以来，广大劳动群众不仅发扬吃苦耐劳、艰苦奋斗的高尚品格，更是在开拓创新、苦干实干中创造了中国奇迹，业务精湛、技术卓越、锐意进取、敢为人先的劳模形象更加深入人心。进入新时代，在中国共产党的领导下，中国人民以实干兴邦的劳动精神，继续谱写中国特色社会主义伟大事业的新篇章。劳模精神、劳动精神、工匠精神更成为社会热词，“劳动最光荣、劳动最伟大、劳动最崇高、劳动最美丽”成为时代强音，为建功新时代、实现中华民族伟大复兴中国梦提供了价值引领。

三、弘扬劳模精神做新时代的奋进者

1. 弘扬劳模精神，是对劳动者的尊重

劳模是一种光荣称号，一个个劳模就是一面面砥砺奋进的光辉旗帜。三百六十行，行行出状元。弘扬劳模艰苦奋斗的奉献精神，凝聚各行各样的力量，充分发挥你追我赶的拼劲、说干就干的实劲、不怕苦不怕累的狠劲、坚持不懈的韧劲，充分发挥工匠精神，力求精益求精、尽善尽美。勤劳是中华民族的传统美德，也正是因为拥有勤劳的美德，中国人民用勤劳的双手创造了一个个辉煌的成绩，逢山开路、遇河架桥、化腐朽为神奇，将一个个不可能变成一个个现实，让日子过得更加幸福与富裕。

2. 弘扬劳模精神，是对劳动的尊重

弘扬劳模精神是“劳动最光荣、劳动最崇高、劳动最伟大、劳动最美丽”的真实体现。劳动体现了价值。在知识爆炸和知识集成的新时代，当代先进生产力中的科技和知识含量越来越大，因此价值创造越来越依靠知识劳动，特别是其中的创造性劳动，创造性劳动会成为未来价值创造的源泉。当今国与国之间的竞争是技术的竞争，尤其是核心技术的竞争。弘扬劳模精神，需要各行各业的劳模发挥先锋模范作用，锐意进取、自主创新、争做一流，拿出世界一流的产品，在关键技术和重点领域不求人、不被他国扼住“咽喉”，努力走出一条自强不息之路。

3. 新时代新使命呼唤劳模精神

不同历史时期的劳模的先进事迹、优秀品质，特别是在艰苦创业中孕育而成的伟大的劳模精神，激励一代又一代人为社会主义现代化建设不懈奋斗。今天，中国特色社会主义进入新时代，我们比任何时期都更接近、更有信心和能力实现中华民族伟大复兴。2018 年 5 月习近平给中国劳动关系学院劳模本科班学员的回信中强调，社会主义是干出来的，新时代也是干出来的。新时代中国特色社会主义的伟大实践，呼唤劳模的新贡献，呼唤劳模精神的弘扬扩大。

4. 新时代中国精神呼唤劳模精神

2013 年 4 月，习近平在同全国劳动模范代表座谈时的讲话指出：“长期以来，广大劳模以高度的主人翁责任感、卓越的劳动创造忘我的拼搏奉献，谱写出一曲曲可歌可泣

的动人赞歌，铸就了‘爱岗敬业、争创一流，艰苦奋斗、勇于创新，淡泊名利、甘于奉献’的劳模精神，为全国各族人民树立了光辉的学习榜样。”劳模精神是中国精神的时代体现，新时代弘扬中国精神，以劳模精神这一时代典型为载体，是传承伟大的中国精神的时代要求，也是把伟大的中国精神化为实现中华民族伟大复兴的力量之源的必然要求。

5. 社会主义核心价值观的培育和弘扬呼唤劳模精神

表彰劳模人格、弘扬劳模精神，有利于激发广大群众的集体主义荣誉感，使他们正确处理义与利、奉献与索取、个人与集体之间的关系；有利于激发广大群众的历史使命感和责任感，自觉把人生理想、家庭幸福融入国家富强、民族复兴的伟业之中；有利于营造全社会尊重劳模的社会风尚，激励人们在劳模精神的环境熏陶中认同、践行社会主义核心价值观。

劳模精神中，爱岗敬业是本分，争创一流是追求，艰苦奋斗是作风，勇于创新是使命，淡泊名利是境界，甘于奉献是修为。做一个守本分、有追求、讲作风、担使命、有境界、有修为的劳动者，是每一位劳模的精神风范，更是每一位劳动者应该追求的目标。

拓展阅读

新时代劳模精神的崭新意蕴

劳模精神与中华民族伟大复兴相托相生。2013 年 4 月，习近平在同全国劳动模范代表座谈时的讲话指出：“实现我们的奋斗目标，开创我们的美好未来，必须紧紧依靠人民、始终为了人民，必须依靠辛勤劳动、诚实劳动、创造性劳动。”实现中华民族伟大复兴，是中华民族近代以来最伟大的梦想，这个梦想凝聚了几代中国人的夙愿。现在，我们比历史上任何时期都更接近这一目标。我们也要清醒地认识到，在这一伟大征程中，幸福不会从天而降，梦想不会自动成真。“民生在勤，勤则不匮。”决战脱贫攻坚、决胜全面小康，需要全体中华儿女众志成城、万众一心，把一切力量都凝聚起来，把一切积极因素都调动起来，以劳动托起中国梦。如果每一位劳动者都能身体力行，做劳模精神的践行者，做新时代的奋斗者，那么，中国梦照进的现实，正是每一个中国人用奋斗赢得的未来。

劳模精神与社会主义核心价值观相融相通。社会主义核心价值观传承着中华优秀传统文化的基因，寄托着近代以来中国人民上下求索、历经千辛万苦确立的理想和信念，也承载着每个人的美好愿景。劳模精神作为民族精神和时代精神的重要内容，与社会主义核心价值观在文化传承、教育导向、爱国情怀、道德提升等方面高度契合。作为个体，劳模以“爱国、敬业、诚信、友善”为行为准则，是个人践行的典范；作为公民，他们以“自由、平等、公正、法治”为社会价值取向，是价值引领的旗帜；作为人民一分子，他们以“富强、民主、文明、和谐”为奋斗目标，将“小我”融入国家发展的潮流中，是价值实现的楷模。

课堂实训

讲述劳模故事，颂扬劳模精神

2020年春，医护人员等“战士”冲锋在前，在人民与病毒之间砌起高墙，在没有硝烟的战场上冲锋陷阵；纺织、保障供应等行业的劳模“战斗”在后，他们立足岗位，以行动支援前线……

请以班级或院系为单位，围绕各行各业的劳模事迹举办一场“劳模故事会”，讲述他们的故事，感受并颂扬他们所传递的劳模精神。讲述的形式可以是单个故事讲述或串讲故事，也可以是配乐诗朗诵、小品等。

【过程记录】

确定参与故事会的形式：

准备要点及完成情况：

心得体会：

【结果评价】

教师可参考表6-1对学生讲述的劳模故事进行评价。

表6-1　“讲述劳模故事，颂扬劳模精神”活动评价表

评价标准	评价细则	分值	分数小计	教师评价
故事选取	故事真实、典型	20分		
	体现自身的感悟	10分		
	劳模故事体现时代精神	10分		
语言表达	语速适当，表达有节奏感	10分		
	吐字清晰，声音洪亮	15分		
形象风度	举止自然得体，精神饱满	10分		
	适当运用手势等辅助表达	10分		
综合表现	讲述效果好，富有较强的感染力	15分		

任务二 探究劳模精神

一、新时代劳模精神的内涵

劳模是时代的标杆，劳模精神是宝贵的财富。王进喜、陈双田、蒋筑英、袁隆平、许振超……每个时期的劳模，都是时代的精神符号和力量化身。劳模从过去以工人和农民为主体，到知识分子、农民工、私营企业主活跃其间，劳模的结构不断变化、队伍不断壮大的背后，是劳动内涵的不断拓展，劳动理念的日益革新。随着时代的发展，劳模还将被赋予更多的时代内涵和元素，但无论是生产者还是创业者，无论是比表现还是比贡献，无论是讲精神作用还是讲经济效益，劳模的核心价值都是始终不变的：一是爱岗敬业、争创一流，艰苦奋斗、勇于创新，淡泊名利、甘于奉献的精神；二是对职业、对社会、对国家的道德感、责任感和使命感。

1. 劳模精神是主人翁意识的凸显

主人翁意识是劳模精神的内在本质，是正确认识和理解劳模精神的关键词。“全国劳动模范”、普通矿工陶玉国从事的是高危行业中的高危工种——采面回柱。对于这个工作有个形象的比喻，叫“虎口拔牙”，就是煤层采完后，回收采空区的设备和支撑顶板的柱子。这项看似简单的工作，对技术、体力、耐心、经验和心理承受能力都有极高的要求，陶玉国从未过分渲染这项工作的危险和艰难，也从不向领导提条件、讲报酬，总是默默地承受，一次又一次安全地完成任务，在采面上一干就是 20 余个寒暑春秋。正是因为具有自觉、强烈的主人翁意识，劳模才以车间为家、以厂为家、以企为家、以国为家，才具有积极主动的岗位意识、职业意识、进取精神和创新精神，才在本职工作中充分发挥积极性、主动性和创造性，才能艰苦奋斗、淡泊名利、甘于奉献，自觉把人生理想、家庭幸福融入国家富强、民族复兴的伟业之中，最终建构起个人与集体、个人梦与中国梦、小家与国家融合统一的发展共同体和命运共同体。

2. 劳模精神与社会主义核心价值观相融相通

社会主义核心价值观传承着中华优秀传统文化的基因，寄托着近代以来中国人民上下求索、历经千辛万苦确立的理想和信念，也承载着每个人的美好愿景。劳模精神作为民族精神和时代精神的重要内容，与社会主义核心价值观在文化传承、教育导向、爱国情怀、道德提升等方面高度契合。中国工程院院士袁隆平，从 20 世纪 60 年代开始致力于杂交水稻的研究，杂交水稻的大面积推广应用，为我国粮食增产发挥了重要作用。

3. 劳模精神凝聚建功新时代的磅礴伟力

2018 年“五一”国际劳动节之际，习近平总书记在给中国劳动关系学院劳模本科班学员回信中提出，“用你们的干劲、闯劲、钻劲鼓舞更多的人，激励广大劳动群众争做新时代的奋斗者”。劳模是新时代的排头兵，是实干兴邦的楷模。激励广大劳动群众争做新时代的奋斗者，就是要让实干担当在新时代蔚然成风，让改革创新在新时代焕发活力，让精益求精在新时代落地生根。只要持之以恒地弘扬劳模精神，充分调动广大劳动人民的积极性、主动性和创造性，就一定能最大限度地聚合起人们饱满的奋斗热情，从而为建功新时代、实现中国梦凝聚起磅礴的中国力量。

4. 劳模精神是培育时代新人的重要内容

一方面，劳模精神作为社会主义核心价值观的生动体现，更简单地为人们所理解、更容易为人们所接受、更方便为人们所模仿，将对培育时代新人起到重要推动作用。另一方面，通过强化教育引导、舆论宣传、文化熏陶、实践养成、制度保障，培养和造就具有劳模精神的时代新人，能够激发广大劳动者干事创业的积极性、主动性和创造性。“全国劳动模范”郭明义，入党 40 多年来，他时时处处发挥先锋模范作用，在先后任职的 7 个工作岗位上，都取得了突出业绩。他每天都提前 2 个小时上班，累计加班 15 000 多小时，相当于多干了 5 年的工作量。他发起成立了希望工程爱心联队等 7 个“郭明义爱心团队”，被亲切地誉为“爱心使者”“当代雷锋”。全社会都要紧密围绕培养时代新人这个重大命题，特别是在各级学校教育中培育、弘扬和践行劳模精神，引导全社会特别是青少年树立正确的劳动价值观，全面提升劳动者的整体素质和精神品格。

5. 劳模精神是文化自信的重要支撑

一方面，劳模精神是中国特色社会主义文化的重要组成部分，始终贯穿于建设中国特色社会主义文化的全过程。劳模精神植根于中华民族劳动过程特别是中国特色社会主义伟大实践，充分继承并发展了中华优秀传统文化和社会主义先进文化。另一方面，弘扬和践行劳模精神，有助于坚定文化自信，推动社会主义文化繁荣兴盛。弘扬和践行劳模精神，有助于牢牢把握意识形态工作领导权，有助于培育和践行社会主义核心价值观，有助于加强思想道德建设，有助于促进中国特色社会主义文化繁荣发展。2018 年 10 月 23 日上午 10 点，习近平总书记宣布“港珠澳大桥正式开通”。跨越伶仃洋，东接香港特别行政区，西接广东省珠海市和澳门特别行政区，港珠澳三地首次合作共建的总长约 55 千米的超大型跨海交通工程——港珠澳大桥正式开通，如图 6－1 所示。一桥连三地，天堑变通途，被称为“世界桥梁建设史上的巅峰之作”。“凝结着过去数十年中国桥梁设计、施工、材料研发、工程装备等各项成果”的港珠澳大桥不仅仅是联结港珠澳三地的“圆梦桥”“同心桥”“复兴桥”，

图 6－1 港珠澳大桥

更是让中国桥梁、中国技术、中国创造走出去的“自信桥”！自 2009 年 12 月 15 日港珠澳大桥正式开工建设以来，劳动者遇到了许许多多的困难与挑战，正是由于参与港珠澳大桥建设的劳模始终高举中国特色社会主义伟大旗帜，坚定“四个自信”，一路攻坚克难、披荆斩棘，这才筑就了这座创下多项世界纪录的“自信桥”！

广大青年学生要坚定中国特色社会主义“道路自信、理论自信、制度自信、文化自信”，保持政治定力，坚持实干兴邦，始终坚持和发展中国特色社会主义，以昂扬的精神、奋进的姿态共筑自信桥，共圆中国梦！

6. 劳模精神与中华民族伟大复兴相托相生

2013 年 4 月，习近平同全国劳动模范代表座谈并发表重要讲话：“实现我们的奋斗目标，开创我们的美好未来，必须紧紧依靠人民、始终为了人民，必须依靠辛勤劳动、诚实劳动、创造性劳动。”中华民族伟大复兴的中国梦，是中华民族近代以来最伟大的梦想，这个梦想凝聚了几代中国人的夙愿。现在，我们比历史上任何时期都更接近这一目标。我们也要清醒地认识到，在这一伟大征程中，幸福不会从天而降，梦想不会自动成真。全体中华儿女要众志成城、万众一心，把一切力量都凝聚起来，把一切积极因素都调动起来，以劳动托起中国梦。

二、劳模精神的核心

劳模身上体现的“爱岗敬业、争创一流，艰苦奋斗、勇于创新，淡泊名利、甘于奉献”的劳模精神，是伟大时代精神的生动体现，也是劳模之所以能在广大劳动者群体中脱颖而出的根本原因。

1. 爱岗敬业

爱岗敬业是劳模精神的基础。所谓“爱岗”，就是要干一行，爱一行；所谓“敬业”，就是要钻一行，精一行。热爱本职工作，对待工作勤勤恳恳、兢兢业业、一丝不苟、认真负责是对爱岗敬业精神的完美诠释。

2. 争创一流

争创一流是劳模精神的精华。争创一流即追求一流的技术水平，干出一流的工作业绩，达到一流的工作效率。一代代劳模在自己所钻研的领域内争创一流，正是这种工作态度使他们在众多劳动者中脱颖而出，获得了“劳模”的称号。

3. 艰苦奋斗

艰苦奋斗是劳模精神的本质。艰苦奋斗是中华民族的优良传统，也是劳模精神的根本内涵。劳模之所以能够成为劳模，最根本的是依靠艰苦奋斗创造了不平凡的业绩。奋斗是艰辛的，没有艰辛就不是真正的奋斗。

4. 勇于创新

勇于创新是劳模精神的核心。勇于创新的精神即运用已有的知识、信息、技能和方法进行发明创造、改革、革新的意志、勇气和智慧。创新精神是一个国家和民族发展的不竭动力，也是推动人类文明不断向前发展的重要力量。

5. 淡泊名利

淡泊名利是劳模精神的灵魂。淡泊名利是一种境界，追逐名利是一种贪欲。新时代的劳模不会只看重眼前的利益，而是心怀大志、心无杂念，用纯粹的心投入所从事的事业。

6. 甘于奉献

甘于奉献是劳模精神的底色。奉献是一种态度，是一种行动，也是一种信念。一代代劳模在自己的岗位上用劳动为祖国和人民奉献一切，在奉献中实现自己的人生价值，体现出无私奉献的优秀品质，体现出报效祖国、服务人民的崇高追求。

三、践行劳模精神

1. 在学习中践行劳模精神

劳模精神体现在学习中，就是刻苦钻研、不畏艰苦，孜孜不倦地学习科学文化知识，勇于探索和创造，不断提高政治理论和科学文化水平，不断完善自己的人格。

作为学生应时刻牢记：在学习上没有捷径可走，正确的学习方法可以提高学习效率；但科学的方法不等于捷径，有好的方法，如果不付出艰苦的劳动，任何人都无法取得成功。

2. 在工作中践行劳模精神

劳模精神体现在工作中，就是要在平凡岗位上践行劳动理念，在本职工作中培育劳动情怀，自力更生、奋发图强、不怕困难、不畏艰险地完成各项任务。

在工作中践行劳模精神，还要求学生学习践行劳模的工作态度、工作作风、工作方式，学习他们看待工作的视角，推动工作的贯彻落实、创新发展。

课堂实训

组装 LED 灯

一、材料准备

首先要备好灯具组件，也可到网上购买 LED 灯泡套件，如图 6-2 所示，这里采用的样例是铝基体散热壳的灯泡套件。配件主要包括：铝质散热器、连接器、螺口、尾钉、驱动电路、灯罩、固定螺丝、LED 灯珠和圆形的铝基电路板。灯罩为高透奶白色，LED 灯珠为暖光色调。

图 6-2　LED 灯泡套件

准备焊接工具及耗材：电烙铁、焊锡丝、数字万用表、镊子、热缩管（或者绝缘电工胶带）、导热硅胶等必备工具和耗材。

二、组装灯泡

1. 检测灯珠

用数字万用表通断测试挡检测灯珠的质量。首先要找到并区别 LED 灯珠引脚上的正负极标志。红表笔接灯珠正极，黑表笔接灯珠负极。如果灯珠发出微弱的亮光，说明灯珠是正常的，即发光二极管能够导通；如果不能发光，说明灯珠可能存在质量问题，最好更换，以防安装后不能正常发光。

2. 焊接灯珠

检测好灯珠后就可以逐一焊接了，要注意灯珠的正负极要和灯板标注的正负极对应焊接，否则属于反接，不能正常发光。焊接前为了保证灯珠充分散热，最好在灯珠和灯板接触的地方涂抹一点导热硅胶，以利于灯珠散热。

焊接时要严格按照手工焊接法进行操作，值得注意的是这里的灯珠是贴片元件，焊接贴片元件时应分步操作，如表 6-2 所示。

表 6-2 焊接贴片元件操作步骤

步骤	图示
先在一个焊点上镀锡，然后用镊子拾取元件，放上元件的一头	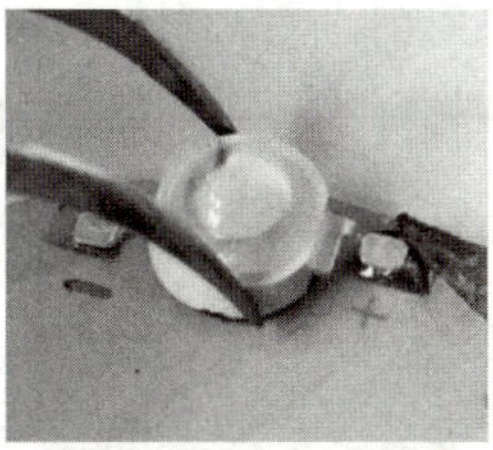
如放置到位，再焊接另一端；若不正确，重新进行调整	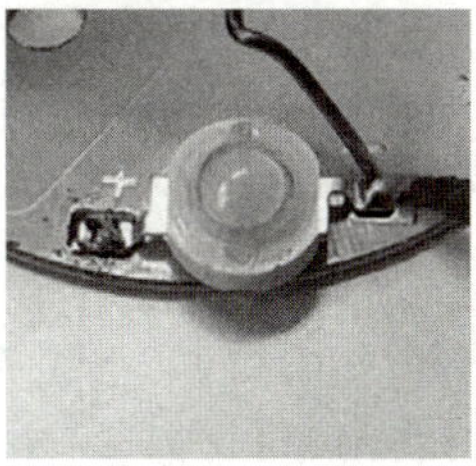

3. 固定灯板

在散热器的平面部分和灯板背面均匀地涂抹上导热硅胶，然后用螺丝钉固定灯板。

4. 装驱动板

(1) 先把热缩管裁剪成合适的长度，将驱动板包裹在里面，如图 6-3 所示，然后用电烙铁靠近热缩管，使之受热收缩；或者用绝缘电工胶带缠绕 2 圈，这样可以起到绝缘作用。

图 6-3　灯尾和灯板

（2）驱动板上粉红色和白色导线分别为驱动电路板输出正负极引线，使这两根线由散热器铝壳圆口处进入，从散热器铝壳与灯板的中间圆孔穿出。

（3）对应正负极焊接在焊点上，粉红色为正极，白色为负极，若为其他颜色，应以驱动板上输出端标识为准，焊接完毕将驱动板塞进散热器的内部。

5. 连接灯口

（1）驱动板另一端是两条白色电源线，现将两条线由白色塑料连接器的大头穿入，从有螺纹的一侧穿出。

（2）将其中一根白线由螺口尾部中间小孔穿出，将尾钉与引线芯充分接触并压入螺口尾部中间的小孔。

（3）将另一根白线由塑料连接器的豁口处引出，用力拧紧螺纹灯口，固定引线，注意要保证将引线芯与螺纹充分接触以保证通电良好。

6. 完成组装

旋转连接器与散热器的上部进行连接，旋转灯罩与散热器的下端进行连接，这样一只节能 LED 灯泡的组装就完成了。

7. 检验测试

将组装好的 LED 灯泡安装在普通的螺灯座上，接通电源，就可以体验并享受既节能又环保的成果了，如图 6-4 所示。这是一个 3W 的 LED 灯泡，成套配件和驱动电源只需要 5 元左右，而一个成品的 3W LED 灯泡售价一般在 15 元左右。市场售卖的套件还有不同颜色的铝质散热器，能起到很好的装饰效果。

图 6-4　作品展示效果

同学们动手改善一下自己家中的照明灯泡吧，初学者一定要注意用电安全哦！改善后完成表6-3。

表6-3 任务评价表

操作内容	分值	评分内容及评分标准	自我评价	家长评价	教师评价	同学评价
工作态度	10分	认真细致力求精致（10分）				
前期准备	10分	清点套件及材料（5分）				
		工具准备（5分）				
检测焊接	50分	检测灯珠（10分）				
		涂抹硅胶（10分）				
		焊接灯珠（10分）				
		安装灯板（10分）				
		工具使用正确、熟练（10分）				
组装接线	20分	驱动板的安装（10分）				
		灯尾螺口电源线安装（10分）				
成品验收	10分	加盖灯罩通电测试（10分）				
总分		100分				

学思之窗

2009年4月28日，习近平在庆祝“五一”国际劳动节暨保增长促发展劳动竞赛推进大会上讲话指出：“一代又一代劳动模范既创造了巨大的物质财富，又创造了宝贵的精神财富。他们以自己的模范行动铸就了爱岗敬业、争创一流，艰苦奋斗、勇于创新，淡泊名利、甘于奉献的伟大劳模精神。劳模精神是以爱国主义为核心的民族精神和以改革创新为核心的时代精神的生动体现，是激励我国工人阶级和劳动群众不为任何风险所惧、不被任何干扰所惑、在中国特色社会主义道路上奋勇前进的强大精神动力。”

探究与分享

企业家们从不缺少时尚光鲜的头衔，对他们来说，重要的不是获得“劳模”的荣誉，而是保持如同“劳模”般的信念和奋斗劲头。

（1）企业家们为什么愿意十年如一日地努力奋斗？他们的动力是什么？

（2）你体验过劳动、付出的快乐吗？你愿意为了什么而努力？

项目七
工匠精神　职业的勋章

学习目标

知识目标

认知工匠精神的基本内涵。

了解工匠精神的当代价值。

能力目标

如何做优秀的“大国工匠”。

按照岗位的要求，进行工匠精神的应用。

素质目标

向大国工匠和高技能人才看齐，学习他们身上的工匠精神。

认真体会工匠精神，自觉传承、践行工匠精神。

让工匠精神融入校园文化和专业文化，养成职业素养，意识到工匠精神在未来职业中的关键作用。

榜样示范

大高铁首席研磨师——宁允展

CRH380A型列车，曾以世界第一的速度试跑京沪高铁，可以说是中国高铁的一张国际名片。打造这张名片有一位不可或缺的人物，他就是高铁首席研磨师——宁允展。

486.1千米/小时，这是380A型列车在京沪高铁跑出的最高时速，刷新了高铁列车试验运营速度的世界纪录。

如果把高铁列车比作一名长跑运动员，车轮是脚，转向架就是他的腿，而宁允展研磨的定位臂就是脚踝。

每片转向架的重量有1.1吨，定位臂落在四个车轮的节点上，每个接触面不足10

平方厘米，当列车以时速 300 千米运行时，接触面承受的冲击力有二三十吨。缝隙大了，车轮可能会松脱；完全焊死，转向架就无法再打开，影响列车检修。

宁允展负责的这道工序，不只在中国，在全世界所有高铁生产线上，都要靠手工研磨。按照国际标准，留给手工的研磨空间只有 0.05 毫米左右，相当于一根头发丝的直径。过去的十多年，宁允展就是在这细如发丝的空间里施展自己的绝技。

磨小了，转向架落不下去；磨大了，价值十几万元的主板就报废了。宁允展的同事说，宁允展的绝活也正在这里，他可以像绣花一样，把切口表面这些隐约的竖线织成一张纹路细密、摩擦力超强的网，“0.1 毫米的时候，国内大概有十几个人能干。到了 0.05 毫米，别人都干不了了，目前就只有他能干”。

宁允展这双魔术师般的手，传承了父亲的基因。他的父亲是村里的铁匠，宁允展小时候经常跟着父亲帮乡亲们打磨家具，也因此喜欢上了学手艺。

初中毕业后，宁允展考上了铁路技校。没有想到的是，2006 年，他被万里挑一，成为第一位学习 CRH380A 型列车转向架研磨技术的中国人，宁允展对技术的精准把握，让日本专家都由衷地赞叹。

宁允展成了高铁研磨的第一把手，很快还当上了班长。可是，没过多久，他却找到领导说：“我不想当班长，还是让我干活吧。”他说，自己对管理不感兴趣，感觉还是干技术工作比较拿手。

随着 CRH380A 型列车冲刺高速成功，宁允展投入到了更高速度列车的生产中，并在工作中不断研发新工艺，先后获得多项国家技术专利。宁允展说，工匠就是凭实力干活，想办法把手里的活儿干好，这是本分。他说，我不是完人，但我的产品一定是完美的。如果要做到这一点，需要工匠一辈子踏踏实实地做手艺。

任务一 工匠精神的当代化

一、工匠精神的基本内涵

在我国几千年文明史中，工匠精神源远流长，“巧夺天工”“技近乎道”等典故都是对这种精神的高度概括。新中国成立以来，大庆精神、“两弹一星”精神、载人航天精神……工人阶级不断为工匠精神注入新的内涵，也正是在工匠精神的激励下，中国路、中国桥、中国港口、中国核电等，成为一张张让国人引以为傲的“中国名片”。

工匠精神属于职业精神的范畴，是从业者的一种职业价值取向和行为表现。具体而言，它是从业者，尤其是工匠，对产品精雕细琢、精益求精的理念，是不断地雕琢产品、改善工艺、享受产品升华的精神追求。工匠精神的核心是对品质的追求，工匠精神的目标是打造本行业的精品，其基本内涵包括以下四个方面：

1. 全身心投入的敬业精神

敬业精神是人们基于对一件事情、一种职业的热爱而产生的一种全身心投入的认认真真、尽职尽责的职业精神状态，其本质是奉献的精神。

具体地说，敬业精神就是在自己的领域树立主人翁意识，把职业当作事业来对待，在工作中秉承认真踏实、恪尽职守、精益求精的工作态度，培养积极向上的劳动态度和艰苦奋斗的精神，力争为企业、行业乃至国家做出自己的贡献。

2. 追求卓越的精益精神

精益即精益求精，精益精神是指对精品的执着坚持和追求，是从业者对每件产品、每道工序都凝神聚力、追求极致的职业品质。精益求精的过程是反复改进、不断完善、将品质从99%提高到99.99%的过程。正如老子所说："天下大事，必作于细"。每个大国工匠无不是凭着精益求精的精神才获得了成功。

3. 持之以恒的专注精神

专注就是内心笃定、着眼于细节的耐心、执着、坚持的精神。专注是所有"大国工匠"必须具备的精神特质。从中外实践经验来看，工匠精神意味着一种执着，即一种几十年如一日的坚持与韧性。

成功的人大都"术业有专攻"。他们一旦选定行业，就一门心思扎根下去，心无旁骛，在各自领域中积累优势、追求卓越。中国早就有"艺痴者技必良"的说法。古代工匠大多穷其一生只专注于做一件事，或几件内容相近的事情。《庄子·养生主》中记载的游刃有余的厨师庖丁，《核舟记》中记载的奇巧人王叔远等大抵如此。

4. 追求突破的创新精神

工匠精神意味着执着、坚持、专注甚至是陶醉、痴迷，但它绝不等同于因循守旧、拘泥于一格的"匠气"。因为它包括追求突破、追求革新的创新内蕴。这意味着，工匠必须把"匠心"融入生产的每个环节，既要有对职业敬畏、对质量严苛的职业精神，又要富有追求突破、追求革新的创新活力。

事实上，古往今来，热衷于创新和发明的工匠一直是世界科技进步的重要推动力量。改革开放以来，从事高铁研制生产的铁路工人和从事特高压、智能电网研究运行的电力工人等都是"工匠精神"的优秀传承者，他们让中国创新重新影响了世界。

拓展阅读

工匠及工匠精神

很多人认为工匠是一种机械重复作业的工作者，其实工匠有着更深远的意思。他代表一个时代的气质，坚定、踏实、精益求精。工匠不一定都能成为企业家。但大多数成功企业家身上都有这种工匠精神。在工匠眼里，只有对质量的精益求精、对制造的一丝不苟、对完美的孜孜追求，除此之外，没有其他。

所谓工匠精神，其核心是：不仅仅是把工作当作赚钱的工具，而是树立一种对工作执着、对所做的事情和生产的产品精益求精、精雕细琢的精神。在众多企业中，工匠精神是企业领导人与员工之间形成的一种文化与思想上的共同价值观，并由此培育出企业的内生动力。

二、工匠精神“复兴”的历史必然性

无论是何种表征的工匠精神，它的“现代复兴”不是偶然的，是历史必然的选择，它有独特的社会价值和思想基础。

1. 消费有层次之分，但无单一之求

伴随人们生活水平的提高，消费观念在发生巨大的改变，表现在消费层次：由原先的低层次的消费品转向中高档的消费品，由消费性产品转向艺术性产品，对于产品的质量要求更加严格；还表现在人们消费文化的“求异”上：对产品的要求不再是批量生产、单一结构化，而是倾向于个性化以及工艺品的多元化。所以，工匠精神的发扬便是顺势而为的事。

2. 制造有阶段之分，但无地位之同

《中国制造 2025》指出：“我国经济发展进入新常态，制造业发展面临新挑战。”“形成经济增长新动力，塑造国际竞争新优势，重点在制造业，难点在制造业，出路也在制造业。”而制造业有不同阶段之分，我国的经济总量虽已跻身世界前列，制造业总量也在 2015 年达世界第一，但是制造业处于生产链的中间环节的低附加值制造环节，与制造业强国所要求的处于生产链环节的高附加值（早期研发、后期营销环节）环节仍有距离。目前一些产业为了降低成本，将制造业的工厂转移到亚洲其他地区，国内的制造业实现可持续发展优势也面临前所未有的挑战。实现可持续发展最为关键的要素是自主创新。自主创新的实现需要工匠精神。

3. 技术有重要之别，人有信仰之分

社会科技发展日新月异，现代化大机器生产的投入使用，使得产品批量化生产成为常态，但是技术的进步不是抹杀人的价值，而是人的价值日益凸显的结果。技术很重要，但是技术背后的人更加重要，没有信仰，技术只是工具；有了信仰技术才能变成真正的生产力、创造力。技术是一种“去蔽”的手段，我们只有在艺术——这个技术的最高形式中，才能完全把握住技术的意义。而工匠精神则为一种信仰，这种信仰将艺术实践者（具体的人）以及操作下具体的物，赋予了创造性和活力。对于工匠来说，从产品的构思到产品的生产及产品的销售无不体现匠人的理念，残留“雕琢”的痕迹。因此，技术的有效实现需要有工匠精神。

4. 职业有分工之异，但无贵贱之分

职业无贵贱之分，只有分工不同。德国制造业享誉全球，与其重视职业教育密切相关，宣传职业无贵贱的思想，便是其职业教育发达的重要文化因素之一。随着全球职业教育的发展，以及时代的变迁，自由、平等思想的不断渗透，职业无贵贱的思想逐步深入人心。通过职业实现自我价值的途径已不再只是成为“达官显贵”。在每一个微小的岗位上，每个人都可以实现自己的人生价值，获得生活的愉悦和满足感。而这一良好氛围的进一步渲染，须进一步弘扬工匠精神。

三、工匠精神的当代价值

实现中华民族伟大复兴中国梦，不仅需要大批科学技术专家，同时也需要千千万万的能工巧匠。更为重要的是，工匠精神作为一种优秀的职业道德文化，它的传承和发展契合了时代发展的需要，具有重要的时代价值与广泛的社会意义。

1. 工匠精神是中国制造前行的精神源泉

经过改革开放 40 多年的发展，中国早已成为世界第一制造业大国。尽管中国成了“世界工厂”，贴着“MADE IN CHINA”标签的产品在世界随处可见，大到汽车、电器，小到笔、鞋，国内许多产业的规模居于世界前列。

2. 工匠精神是企业竞争发展的品牌资本

塑造良好的品牌形象，有效开发、经营品牌资本，是企业参与市场竞争、占领市场制高点的重要手段。工匠精神对企业品牌形象塑造和品牌资本创造具有很大的促进作用。此外，工匠精神也是企业品牌内涵的重要体现，是企业品牌知名度、美誉度以及顾客忠诚度的有效培育途径，更是企业品牌资本价值增值的重要来源。“中华老字号”全聚德能够驰名世界，正是得益于其“食不厌精、脍不厌细”的工匠精神。

3. 工匠精神是个人成长的道德指引

工匠精神作为一种职业精神，是提升个人精神追求、完善个人职业素养、实现个人成长进步的重要道德指引。事实上，个人所具有的高尚职业操守和强烈的工匠精神，同拥有较高专业知识技能一样，是自身、立足职场的重要条件和在未来职业生涯中脱颖而出的制胜法宝。

拓展阅读

庖丁解牛

庖丁为文惠君解牛，手之所触，肩之所倚，足之所履，膝之所踦，砉然向然，奏刀騞然，莫不中音，合于《桑林》之舞，乃中《经首》之会。

文惠君曰：“嘻，善哉！技盖至此乎？”

庖丁释刀对曰：“臣之所好者道也，进乎技矣。始臣之解牛之时，所见无非全牛

者；三年之后，未尝见全牛也；方今之时，臣以神遇而不以目视，官知止而神欲行。依乎天理，批大郤，导大窾，因其固然。技经肯綮之未尝，而况大軱乎！良庖岁更刀，割也；族庖月更刀，折也。今臣之刀十九年矣，所解数千牛矣，而刀刃若新发于硎。彼节者有间而刀刃者无厚，以无厚入有间，恢恢乎其于游刃必有馀地矣。是以十九年而刀刃若新发于硎。虽然，每至于族，吾见其难为，怵然为戒，视为止，行为迟，动刀甚微，謋然已解，如土委地。提刀而立，为之四顾，为之踌躇满志，善刀而藏之。"

文惠君曰："善哉！吾闻庖丁之言，得养生焉。"

课堂实训

演话剧，颂匠心

学习、弘扬、践行工匠精神，是对每个肩负中华民族伟大复兴任务的从业者的要求。作为国家未来的高素质技能人才，学生更应为营造劳动光荣的社会风尚和精益求精的敬业风气而努力，为成为知识型、技能型、创新型从业者大军中的一员而奋斗，自觉传承、践行工匠精神。

6～10人为一组，围绕大国工匠或匠心故事排一场话剧，讲述匠人奋斗故事，感受匠心力量，传承工匠精神。

【过程记录】

选定人物：

故事脉络：

排演要点及完成情况：

心得体会：

【结果评价】

教师可参考表7-1对小组的话剧表演进行评价。

表 7-1 "演话剧，颂匠心"活动评价表

评价标准	评价细则	分值	分数小计	教师评价
剧本构思	剧本主题符合要求	10分		
	剧情编排合理	15分		
	构思巧妙，很好地展现了工匠精神	15分		
表演水平	舞台表现感染力强	10分		
	语言流利	10分		
	小组成员配合默契	10分		
	表情及眼神到位	10分		
舞台效果	服装、道具使用恰当	10分		
	表演完整，反响热烈	10分		

任务二 工匠精神成就职场骄子

一、做优秀的大国工匠

1. 职业素养与工匠精神的承接

素养是通过训练和实践而获得的一种道德修养。每个劳动者，无论从事何种职业都必须具备一定的思想品德素质、生理素质、心理素质、科学文化素质和审美素质等，但不同职业对以上五种素质的要求是不同的。人对职业的适应与不适应，主要取决于人的职业素养是否达到了职业对人的要求。如果缺乏职业素养，即使工作条件再好，也无法适应。

职业教育是为社会培养人才的摇篮，除了专业教育，应该把职业素养作为培养重点。2019年9月23日，习近平总书记对我国选手在第45届世界技能大赛上取得佳绩做出重要指示：要健全技能人才培养、使用、评价、激励制度，大力发展技工教育，大规模开展职业技能培训，加快培养大批高素质劳动者和技术技能人才。要在全社会弘扬精益求精的工匠精神，激励广大青年走技能成才、技能报国之路。政府和社会对大国工匠精神期盼与职业教育中提高学生职业素养的办学目标一拍即合。大力弘扬大国工匠精神，爱岗敬业、一丝不苟、刻苦钻研、百折不挠、滴水石穿、精益求精的工匠精神成为职业教育培养人才职业素养的核心理念，把职业素养写入人才培养方案中，将工匠精神的培育贯穿于职业教育教学改革全过程，让工匠精神印刻在每个学生的心中。

从学生到大国工匠有一个较长的过程，如果说成为大国工匠是每位学生想要成为的人，那么职业学校就是大国工匠的起点。从入校的专业教育开始，就应该把与本专业对

应的岗位和岗位群所要求的职业素养渗透给每名学生，老师在理论教学中，讲授工匠精神的重要性，在实训教学中，应该按照岗位的要求，进行工匠精神的渗透，让工匠精神融入校园文化和专业文化，使学生在学校就养成职业素养，意识到工匠精神在未来职业中的关键作用。

2. 职业教育与社会责任感的融合

作为当代工匠精神的生力军，社会责任感是必须有的，职业教育应培养学生忠于祖国、有同情心、有正义感、愿为他人奉献的精神，作为未来的大国工匠要对集体和他人负责。

首先，国家、政府部门应出台法律法规和相关政策。俗话说："天下兴亡，匹夫有责"，这就是每个人的家国情怀和责任担当的意识，每个人都应该对国家和社会有一种责任感。企业和个人都要在道德上有正确主张，要有正义感，愿意无私地为他人奉献，践行社会主义核心价值观。政府部门要将表现突出的企业和个人予以表彰，提高大国工匠的工资待遇和社会地位，让整个社会都认识到大国工匠的重要性，形成一种社会主流的责任观和价值观。同时，对一些违背社会道德的企业和个人给予批评、监督和指导。

其次，职业学校、家庭和企业要建立相互统一的责任培养机制，社会责任感不是职业学校单方面教育就能够完成的。家庭是学生的第一个学校，家长是学生的第一位老师，家长的言行举止、道德品质对学生的影响非常大，学校应该与学生家长达成一致，这是能让学生接受责任感教育的先决条件。职业学校要修改人才培养方案，将社会责任感与素质教育的课程相结合，并贯穿于整个教学过程。校园中应营造每人都要有社会责任感的氛围，教学中应搭建让学生身临其境的平台，建立有关社会责任感的评价体系和奖惩机制，使学生通过理论和实践，深入理解社会责任感。企业在招聘的时候要把学生的社会责任感作为像学习成绩一样重要的因素考虑进去，进入企业后要有相应的考核机制，因为只有在社会实践中学生才能学会承担责任，才能真正提高思想，把社会责任感融入自己的血液。

3. 职业技能与工匠技术的锤炼

技能型人才是指掌握专门知识和技术，能进行实际操作的人员。职业教育要更好地完成技能型人才的培养，以下两点必不可少。

（1）校企合作共同研究人才培养方案。职业学校的理论与实践教学，是为了让学生学到职业技能，能胜任未来的工作岗位，而工作岗位是企业提供的。所以，企业需要的人，才是职业学校培养的方向。随着科学技术的飞速发展、设备的更新换代、新产品新工艺的产生，企业对技能型人才的要求也越来越高。如果企业积极参与制定职业学校的人才培养方案，甚至让企业的大国工匠、技术专家到学校授课，企业可做校外实训基地，这样的话就会很好地解决校企技术脱钩的现象，学生毕业后，也能很快适应自己的工作岗位，企业也不需要再花大量的时间和精力培养员工。

（2）以职业技能大赛为契机，提高学生技能水平。国家文件中明确要求，要积极开展并办好各种职业技能、技术竞赛活动。各级各类职业技能大赛已经成为职业学校、企业展示自我、切磋技艺、相互学习、创新创造的一个重要平台，赛项内容是以国家职业技能标准和企业岗位能力需求为依据制定的。职业学校应以职业技能大赛为契机，以赛促教、以赛促学，将专业课程与相应专业的职业技能大赛紧密结合，丰富理论与实践教学内容，推动专业建设的发展。教师通过大赛的锻炼提升专业能力，更新知识，提高专业技能，增强团队意识，不断优化教学方法，完善自我，以实现“双师型”教师队伍的建设。

“中国制造”向“中国质造”与“中国智造”的大步迈进，是全面提升产业技术水平和国际竞争力的一项重要发展战略。我国有大量的企业和丰富的产品，可以形成持续的竞争优势，这就需要大量的大国工匠。职业教育是大规模培养未来大国工匠的基地，必须把工匠精神融入职业教育，培养学生具有社会责任感，锤炼学生掌握适合企业需要的专业技能，这是职业教育不可推卸的责任。职业教育人必须不忘初心，牢记使命，为中华民族伟大复兴中国梦的实现提供更多的大国工匠，为实现制造强国而努力奋斗！

二、传承工匠精神，共建共享中国梦

匠心筑梦，大国崛起。随着时代进步和社会发展，曾经的一些老手艺因与现代生活不相适应而逐渐消失，但是工匠精神却传承下来，永不过时。作为新时代的先锋力量，学生应接力传承工匠精神，为实现中华民族伟大复兴而奋斗。

1. 重新审视工匠的作用与地位

我国古代鲁班、李春等工匠大师以其独特的工匠技艺奠定了古代建筑文明的基础，影响了建筑行业与建筑文化几千年的发展，改善和丰富了人们的物质文化生活；我国现代涌现出的高凤林、宁允展、胡双钱等国家级工匠，对航空工业、航海工业、高端电子产品的发展起到了较好的推动作用，以勇于创新、敢于试错的工匠精神，做出了改变世界的创新成果。可以说，能工巧匠的巨大作用伴随人类文明发展的整个进程。

很多学生认为工匠只是技术工人，没有认识到工匠在人类文明发展史上的重要作用，更没有认识到工匠精神的广泛性。我们应重新审视工匠的作用和地位，在工艺知识和技能方面下功夫，通过专题讲座、实践实习、观看纪录片等方式，了解工匠对工艺精益求精的钻研精神，以及工匠、工匠精神对经济建设和社会发展的重要意义。

2. 在实践中传承工匠精神

工匠精神作为一种看不见摸不着的东西，它熔铸在产品里面，表现在作品的细节和作品的创意上面。工匠精神以产品、故事、传说等载体被人们广泛传播和熟知，激励无数人追求。

工匠精神熔铸于产品中，体现工匠对于技艺的精益求精的追求以及认真工作的态度。工匠精神不是与生俱来的，它有着自己的成长模式，至少包含以下三个方面的水平：第一个水平是行为水平，所谓的行为水平指的是一个人能够主动培养与所从事行业的能力，或者他能够被触动从事一些事情，但这只是在行为水准上的水平；第二个水平是态度水平，工匠还要有更富创造性的革新精神，不能满足于现存的状态，要不断地追求创新，这种态度是不能用数量表示的，可以说是本能的职业意识；第三个水平是一个人的基本信仰和信念，这种信念基于他要做成某事的强烈的愿望。拥有工匠精神的人是有着将自己所从事的行业做到极致的信念。工匠精神的践行策略可以通过以下几种方式进行：

（1）弘扬职业平等的价值取向。未来，在经济地位上，各职业的劳动与薪酬将逐步调节，会更加合理。学生应明确现代社会中体力劳动者与脑力劳动者不是对立的，两者相互交融。未来的职业发展中，脑力劳动中渗透体力劳动，体力劳动中渗透脑力劳动，两者间的关系是“你中有我，我中有你”的状态。例如，一个好月嫂不仅仅需要付出体力劳动，做相应的粗活，也需要运用相应的脑力劳动，把握产妇的产后心理以及初生婴儿的保健问题，是一个融合体力与脑力活动的职业。

（2）关注工匠精神的去精英化典范树立。现如今大家所关注的工匠精神的典范树立一般从工艺大师着手，殊不知，能成为手工艺大师者，必然经历长期的风雨洗礼、岁月的打磨。而这对普世中的芸芸众生来说则是难以做到的，况且工匠精神若仅仅体现在手工业巨匠身上，则工匠精神不能引起共鸣。从工匠精神的内涵剖析则可看出，工匠精神是一种去精英化的职业道德，是平民化的职业思想。因而在进行工匠精神的宣传中要注意去精英化典范的树立，合理分配“平民”与“精英”的比重，确保对工匠精神宣传导向的正确性。

（3）注重现代学徒制中的工匠精神培养。现代学徒制是以校企合作为基础，以学生（学徒）的培养为核心，以课程为纽带，以学校、企业的深度参与和教师、师傅的深入指导为支撑的人才培养模式。在现代学徒制中，和传统教学模式相比，出现了以下的转变：由于身份的转变，学生由学生转向学徒和学生；学习地点的转变不仅仅是在学校学习还在生产的一线进行学习；学习方式的转变也由单纯的理论学习转向工学交替；考核方式由原来的教师考核到由师傅评价与教师评价相结合。这些为学生的工匠精神培养提供了丰厚的土壤，学校在企业中精挑细选具备资格的工匠对学生进行指导，使学生从言语交流以及非言语交流中都能感悟工匠精神。

总之，工匠精神不是仅对工匠提出的素质要求和殷切希望，同时也是整个社会对“职业有分工不同、无高低贵贱”的深刻认识，更是多元文化下的个性化消费的内在要求。我国能不能实现经济结构转型，在工匠精神下创造性人才的培养至关重要。

课堂实训

制作孔明锁

俗话说："榫卯万年牢"，不用一颗铁钉，仅靠榫卯工艺，便可做到扣合严密、间不容发、天衣无缝，使用百年而依旧坚固美丽，榫卯结构在我国建筑史上起到了至关重要的作用。

榫卯是古代中国建筑、家具及其他器械的主要结构方式，是在两个构件上采用凹凸部位相结合的一种连接方式。凸出部分叫榫（或叫"榫头"）；凹进部分叫卯（或叫"榫眼""榫槽"）。

榫卯工艺堪称媲美京剧的中国国粹，不仅外形精致唯美，而且遵循力学原理，实用性极强，不易锈蚀又方便拆卸。如今再来看这些经典榫卯结构的工艺，仿佛重温了惊艳世界的中国之美，如图 7-1 所示。

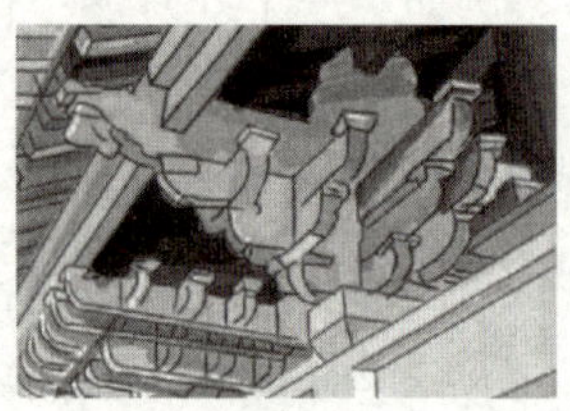

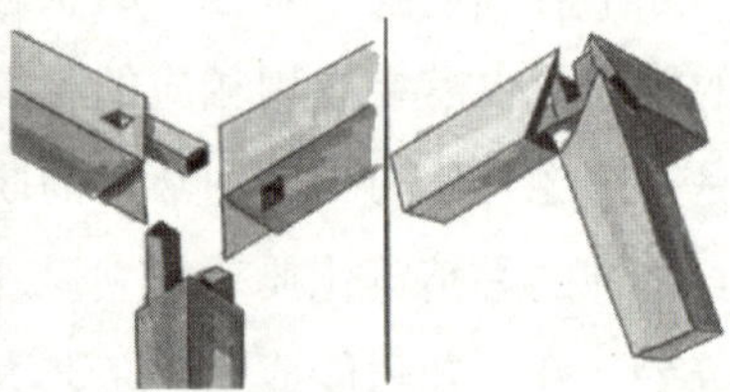

图 7-1　榫卯工艺示意图

下面就来制作一个简单的榫卯小物件——孔明锁！

一、孔明锁的制作

1. 主要材料

方木条。木条粗细要合适，一般可用横截面为边长 2cm 左右的正方形、10cm 左右长的方木，方木最好是硬木，结实耐用。

2. 所需工具

台钳、钢锯、锤子、凿子、木锉、直角尺、铅笔、橡皮、砂纸等。

3. 下料

将方木条固定在台钳上，用锯子截下 10cm 长的短木条 3 节。

4. 画线

用直角尺、铅笔在木条上画线。这些线是后期制作榫卯时要用锯子切开的标记，画线要精确。先画出每一面的中线，并延伸到四周，如图 7-2 所示。

以长边中线为对称轴，画出宽 2cm 的加工线，四周画线垂直于棱，如图 7-3 所示。

5. 读图

图纸是生产中重要的技术资料，为了在加工之前做到胸有成竹，提前预知所要加工部件的形状，就要学会读懂图纸。

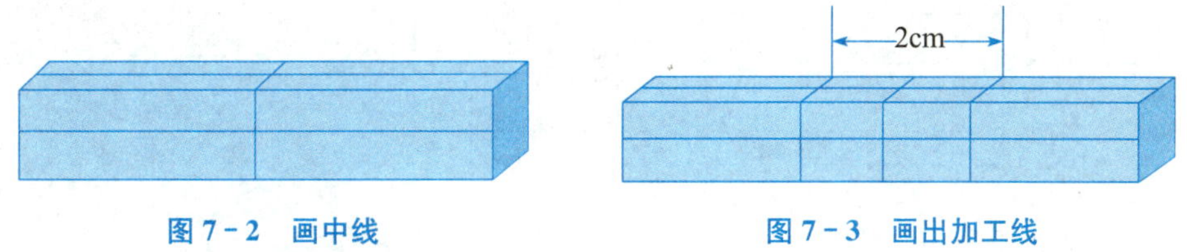

图 7-2 画中线　　　　图 7-3 画出加工线

常用的图纸采用三视图方式。如图 7-4 所示，对于部件来说，分别从三个方向看就会得到三幅图，这也能够全方位理解部件的结构。从部件的正面看到的是主视图，是上方中央的部分被锯掉了。从部件的上方看得到的是俯视图，是靠近自己一侧的中央部分被锯掉了。从部件的侧面看得到的是侧视图，是在中间某一位置只保留了虚线内的四分之一，其余部分被锯掉了。实际上，前面的画线也是依据图纸来进行的。

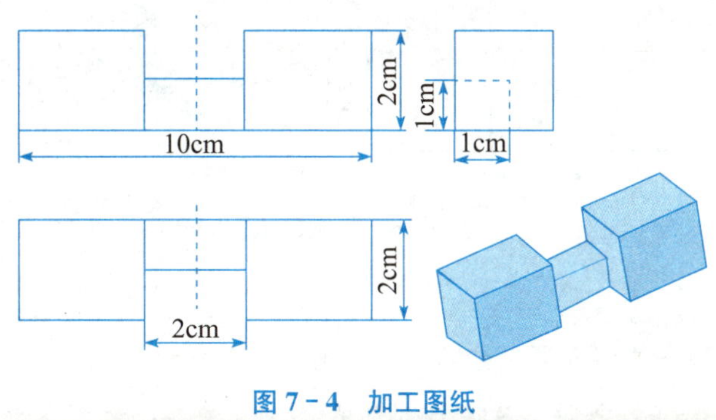

图 7-4 加工图纸

根据图纸，明白了部件的结构，就可以在木条上标示保留面了，如图 7-5 所示。

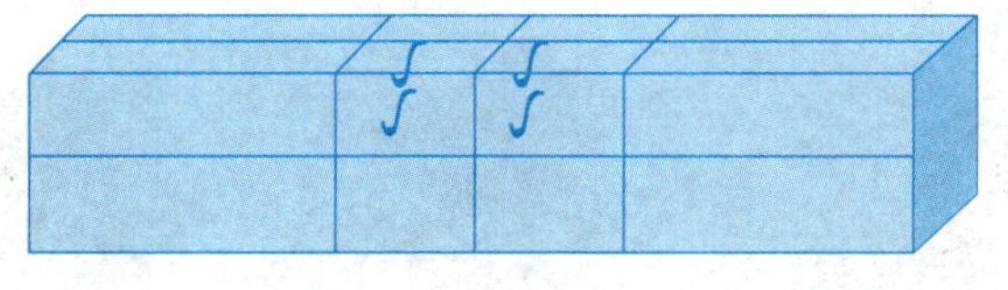

图 7-5 标示保留面

6. 加工

(1) 锯：将木条固定在台钳上，为防止将木条夹出痕迹，可在木条两侧垫上薄木片或纸板。用钢锯开口，钢锯要在线的内侧，贴近线，不能把线锯掉。锯时锯片要垂直，锯口不能越过中线，造成锯口过深。

(2) 凿：用凿子将需要去掉的部分剔除。在凿的时候，凿子要始终竖直。要从边缘开始，每次不能剔除太多，要一点点慢慢剔除，防止木料沿纹理炸裂。

(3) 锉：用木锉将槽锉平，要注意木锉保持水平，均匀用力，不能长时间反复锉同一地方。尺寸修到位后可用细砂纸打磨。

按照同样的方法加工另外两个部件，加工图纸，如图 7-6 所示。需要注意的是中央部分要打磨成圆柱形。

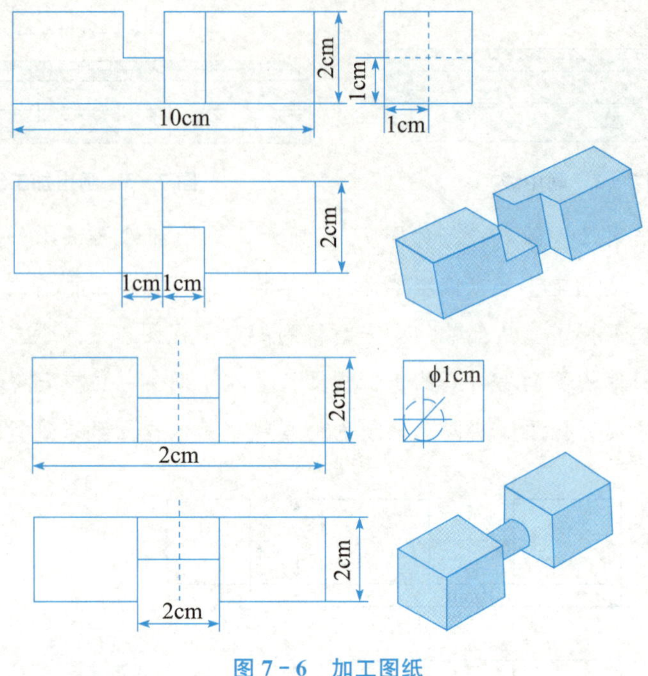

图 7-6　加工图纸

7. 成型

做好后按照以下方法将孔明锁组装好，如图 7-7 所示。首先将 A 部件所示放在 B 部件上；其次将 C 部件由上向下放在 B 部件的另一个槽内，使之与 B 部件上表面相平，最后将 A 部件顺时针旋转 90°或逆时针旋转 270°即可。

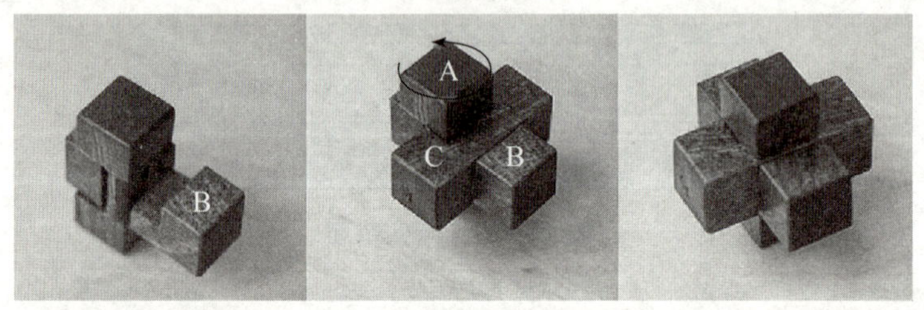

图 7-7　组装孔明锁

二、孔明锁的组装

上边是一个三根孔明锁，接下来以稍有难度的六根孔明锁为例进行组装。

六根孔明部件锁解方法如图 7-8 所示。

(1) 将 1 号和 2 号拿出来，按图 7-8(a) 的样式先摆好。

(2) 孔明锁最关键的就是 3 号的组装，只要装好了，后面的组装就水到渠成，如图 7-8(b) 所示。

(3) 当 1 号、2 号、3 号都组装好了之后，如图 7-8(c) 所示位置将 4 号装上。

(4) 到了这一步，相信大家都知道该如何装剩下的 5 号和 6 号了吧，先按图 7-8(d)

装好5号。

(5) 装好5号后，装6号就完全没什么悬念了，如图7-8(e)所示，往空洞一插，孔明锁就装好了。

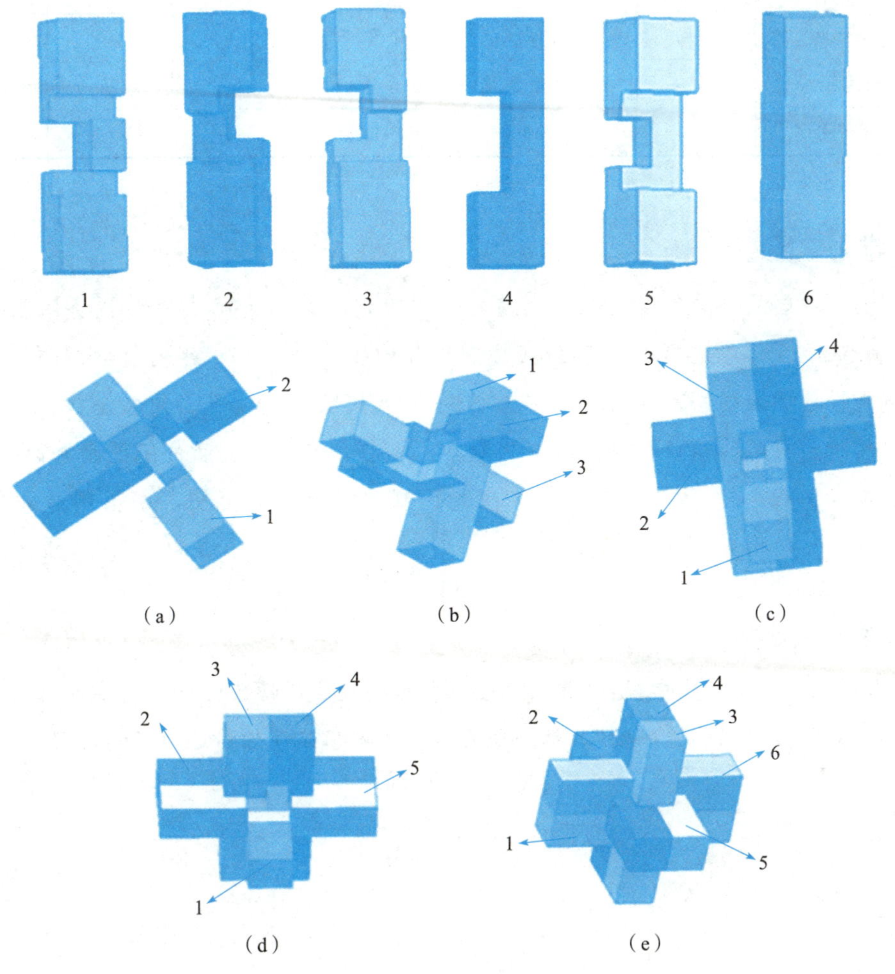

图7-8 六根孔明锁

为了对榫卯结构有更深入的了解，学生在课下时间可以利用木方制作一个榫卯结构的三根孔明锁，并填写表7-2。

表7-2 任务评价表

评价维度	分值	评分细则	自我评价	家长评价	教师评价
工作态度	10分	认真、严谨、规范、创新			
准备材料	10分	材料齐全、工具使用规范			
设计与制图	15分	能按要求设计、制图			
下料与净料	10分	下料精准、打磨光滑			

续表

评价维度	分值	评分细则	自我评价	家长评价	教师评价
画线	15 分	画线精准			
开榫	20 分	下锯精准、剔槽到位			
榫口打磨	10 分	操作规范、榫口光滑			
组装	10 分	方法正确、阻力适当			
综合评分	100 分				

学思之窗

为实现中国从全球制造大国到制造强国的跨越，2015 年 5 月 8 日国务院正式印发《中国制造 2025》，提出了中国政府实施制造强国战略第一个十年的行动纲领。中国要迎头赶上世界制造强国，成功实现中国制造 2025 战略目标，就必须在全社会大力弘扬以工匠精神为核心的职业精神。只有当敬业、精益、专注、创新的工匠精神融入生产、设计、经营的每一个环节，实现由“重量”到“重质”的突围，中国制造才能赢得未来。

探究与分享

《盛世危言·技艺》中说：“泰西人士往往专心致志，惨淡经营，自少而壮而老，穷毕生之材力、心思以制造一物”。结合今天学习的内容谈谈你对这句话的理解。

安全与法律篇

居安思危，思则有备，有备无患。

——［春秋］左丘明《左传·襄公》

千丈之堤，以蝼蚁之穴溃；百尺之室，以突隙之烟焚。

——［战国］韩非《韩非子·喻老》

令必行，禁必止。

——［战国］韩非《韩非子·饰邪》

法施于人，虽小必慎。

——［宋］欧阳修《〈春秋〉论下》

项目八

谨记职业安全　护航职业健康

学习目标

知识目标

了解劳动安全的定义。

了解职业健康的概念。

熟悉劳动安全与职业健康相关法律。

能力目标

学会规避劳动中的危险因素。

掌握劳动者的权利和义务。

素质目标

树立劳动安全意识。

了解社会实践劳动安全知识。

能够在不同的劳动环境下用防护用品保护自己，规范操作，为职业安全和健康保驾护航。

榜样示范

为女职工谋福利的范银莲

范银莲，1977 年出生在山西省忻州市忻府区三交乡一户贫困家庭，良好的家教与纯朴的民风使她养成了勤劳朴实的性格。2008 年，一次偶然的机会，范银莲成为高陶瓷业公司的一名工人。这份工作对于范银莲来说，是一件梦寐以求的事情。“我是个农村人，对这份工作很珍惜，因为它改变了我的人生轨迹，我非常热爱我的工作，高陶就是我的第二个家”。

因为对工作的热爱，范银莲通过自己的努力，从一名普通工人成长为“操作能手”

“班组长”。她利用工作之余自学施釉工段所有操作技能，渐渐地对制作陶瓷的 18 道工序的作业方式了如指掌，成为公司为数不多的全能型员工。在 2012 年忻府区劳动竞赛委员会举办的技能大赛中，她获得了“操作能手”称号。

由于工作突出，范银莲于 2016 年先后当选山西省十三届人大代表、山西省总工会十三届代表；2017 年当选忻州市总工会第二届委员会委员；2020 年荣获“全国劳动模范”称号。

范银莲深知，作为一名人大代表，就要履行自己的职责，为民解忧，为民办事。因此，为了给广大女职工争取各项劳保福利待遇，范银莲还专门学习《中华人民共和国宪法》《中华人民共和国代表法》等法律法规知识，为女职工们争取了更多的劳动保障。

为了更好地进行管理，范银莲把“情绪化”管理引入班组管理活动中，并且向忻州市工会反映，请求设立一间专供女职工使用的小屋——“妈咪小屋”。她还多次向相关部门提出建立“妈咪小屋”的重要性和紧迫性：“高陶瓷业公司百分之七十多的员工都是女性，所以在工作之余，不少在哺乳期或是生理期的女职工们难免会有一些不方便的时候，所以通过建立‘妈咪小屋’，为广大女职工提供一个安全温暖的空间，这样对她们的工作是很有益处的。”

随后的一段时间，经过范银莲的努力，“妈咪小屋”挂牌落成。女职工们有身体不舒服，或者需要休息的时候，都会到“妈咪小屋”坐一坐，说说话或喝杯热水，有效地缓解了女职工们因为各种原因造成的压力与不安。慢慢地，范银莲用实际行动为女职工及村民们办实事、办好事，获得了大家的认可和好评。

面对大家的肯定和赞扬，范银莲却认真地说道：“作为一名人大代表，我只是尽了自己应尽的义务，这些还远远不够，在今后的时间里，我会用自己的全部精力，在人大代表履职中发挥带头表率作用，用质朴的行动、执着的奉献，诠释一位人大代表的职责与使命。”

任务一 劳动安全与职业健康概述

一、劳动安全概述

1. 劳动安全

劳动安全又称“职业安全”，是指为保护劳动者在生产劳动过程中的安全，防止或消除伤亡事故所采取的各种安全措施。劳动安全属于劳动保护的范畴，其目的是防止危及劳动者人身安全的事故发生，保障劳动者在生产劳动过程中的人身安全，免受职业伤害。

2. 危险源与重大危险源

（1）危险源。《职业健康安全管理体系要求及使用指南》（GB/T 45001—2020）将危险源定义为：可能导致伤害和健康损害的来源。在系统安全研究中，一般将危险源分为第一类危险源和第二类危险源。

第一类危险源是在生产过程中存在的，可能意外释放的能量，通常指能量或危险物质及其载体。第一类危险源是事故产生的根源和根本原因，如加油站汽油储油罐或高速行驶的汽车都属于第一类危险源。在安全管理实践中很少研究第一类危险源，因为它是客观存在的。虽然它可能造成的危险极大，但我们不能因此使加油站没有储油罐、禁止汽车上路。第二类危险源是指造成约束和限制危险物质措施无效的各种不安全因素，主要包括：人的不安全行为、物的不安全状态和管理缺陷。如储油罐年久失修有腐蚀，这属于物的不安全状态和管理上的缺陷；酒后驾车或者开车打电话则属于人的不安全行为。

第一类危险源是事故发生的前提，决定事故的严重程度；第二类危险源是事故发生的必要条件，决定事故发生的可能性大小。例如，汽车的速度越快则能量越大，可能造成的事故危害就越大；开车看手机等不安全行为越多，则意味着发生事故的概率就越大。因此，企业对危险源的管理，重点是通过对人的行为控制、技术控制、管理控制消除第二类危险源，从而避免第一类危险源发生事故。

（2）重大危险源。20 世纪 70 年代以来，预防重大工业事故引起国际社会广泛重视，随之产生了“重大危险源的概念”，国际上也称为“重大危害设施”。重大危险源是指长期地或者临时地生产、搬运、使用或者储存危险物品，且危险物品的数量等于或者超过临界量的单元（包括场所和设施）。主要涉及易燃、易爆、有毒有害物质的储罐、库区、生产场所等，有可能会导致比较严重的火灾、爆炸、泄漏等事故，造成较大的人员伤亡和财产损失。《危险化学品重大危险源辨识》（GB 18218—2018）规定了危险化学品的重大危险源临界量，可以此作为重大危险源的判定依据。另外，还可以依据可能导致事故的伤亡人数或经济损失数目来确定重大危险源。

按照《危险化学品重大危险源监督管理暂行规定》的要求，重大危险源根据其危险程度分为一级、二级、三级和四级，其中一级为最高级别。分级管理是为了防止重大事故的发生，对于重大危险源，各级监管部门会有更加严格监管制度；企业会有更严格的管理制度，包括对重大危险源的辨识、评估、备案和应急等。

除重大危险源之外的危险源为一般危险源。

3. 劳动事故

事故的定义为：在劳动过程中意外发生的设备损坏和人身伤亡的统称。

《企业职工伤亡事故分类》（GB 6441—1986）将事故分为 20 大类，分别为：物体打击、车辆伤害、机械伤害、起重伤害、触电、淹溺、灼烫、火灾、高处坠落、坍塌、冒顶片帮、透水、放炮、火药爆炸、瓦斯爆炸、锅炉爆炸、容器爆炸、其他爆炸、中毒和窒息、其他伤害。该分类适用于企业职工伤亡事故统计工作。

在《生产安全事故报告和调查处理条例》中，根据造成的人员伤亡或者直接经济损失将生产安全事故分为四个等级，该分类适用于安全生产事故报告和调查处理，如表 8-1 所示。

表 8-1 生产安全事故等级划分

等级	伤亡或损失情况		
	死亡人数	重伤人数	直接经济损失
特别重大事故	30 人以上	100 人以上	1 亿元以上
重大事故	10 人以上 30 人以下	50 人以上 100 人以下	5 000 万元以上 1 亿元以下
较大事故	3 人以上 10 人以下	10 人以上 50 人以下	1 000 万元以上 5 000 万元以下

4. 事故隐患

事故隐患的定义为：能导致伤害事故发生的人的不安全行为，物的不安全状态或管理制度上的缺陷。从定义上看，事故隐患恰与第二类危险源吻合。《安全生产事故隐患排查治理暂行规定》中将事故隐患分为一般事故隐患和重大事故隐患。一般事故隐患是指危害和整改难度较小，发现后能够立即整改排除的隐患。重大事故隐患是指危害和整改难度较大，应当全部或者局部停产停业，并经过一定时间整改治理方能排除的隐患，或者因外部因素影响致使生产经营单位自身难以排除的隐患。

危险源失控就会演变成事故隐患，如果事故隐患不能被及时排查治理，就会从量变转为质变，质变到一定程度，就有可能造成人员伤亡或财产损失等事故的突然发生。因此安全生产事故隐患的排查治理工作是安全生产工作的一项重要内容。隐患排查是指生产经营单位组织安全生产管理人员、工程技术人员和其他相关人员对本单位的事故隐患进行排查并分级登记。隐患治理是指消除或控制隐患的活动或过程。

5. 本质安全

《职业安全卫生术语》(GB/T 15236—2008) 将本质安全定义为：通过设计等手段使生产设备或生产系统本身具有安全性，即使在误操作或发生故障的情况下也不会造成事故。通俗来讲，就是通过技术措施，在人为操作失误或发生故障时仍能确保安全，或者系统能够自动阻止错误操作的发生。日常生活中最常见的本质安全的例子是洗衣机盖板打开后，电机会立即停止转动，从而避免事故发生。工厂里传动装置的保护罩、电气线路中的漏电保护等都是为了本质安全而设立的。因此，本质安全是预防事故的最高境界。

知识链接

海因里希法则

海因里希法则是美国著名安全工程师海因里希提出的300∶29∶1法则，意思是330起隐患或违章，必然要发生29起轻伤或故障，另外还有一起重伤、死亡或重大事故。也就是说，每一起重大事故背后，都经历了29起轻伤事故和300次隐患或故障。例如，一名司机驾车时，每发生300次酒驾的不安全行为，就可能会发生29次一般交通事故和1起重大交通事故。也可以这样理解：每300名司机发生酒驾的不安全行为，就可能产生29起一般交通事故和1起重大交通事故。这个法则说明，多次意外事件必然会导致重大事故的发生，安全事故的防止要防微杜渐，必须减少和消除无伤害事故隐患，才能防止重大事故的发生。

6. 安全设施

日常生活中经常能够见到的灭火装置、消防应急照明、安全疏散指示标志、安全护栏等都属于安全设施。在安全生产领域，安全设施是指企业在生产经营活动中，将危险、有害因素控制在安全范围内，以及减少、预防和消除危害所配备的装置、设备和采取的措施。安全设施分为三类：一是预防事故设施，包括检测、报警设施（如感烟器）、设备的安全防护（如防护罩）、作业场所的防护（如防护栏、防护网）、防爆设施、安全警示标志等；二是控制事故设施，包括泄压和止逆设施（如泄压阀、止逆阀）、紧急处理设施（如备用电源、紧急停车装置）；三是减少与消除事故影响设施，包括防火设施（如防火门）、灭火设施、应急救援设施、逃生避难设施、劳动防护用品和装备。

劳动防护用品是人在生产和工作中为防御物理、化学、生物等外界有害因素伤害人体而穿戴和配备的各种物品的总称。劳动防护用品的种类很多，如表8-2所示，各类劳动防护用品是保障劳动者安全和健康的最后一道防线，企业应严格按照国家有关规定向劳动者发放、维护、更换劳动防护用品，并对劳动者进行相关培训。劳动者也需要在生产劳动过程中正确使用和佩戴劳动防护用品，如图8-1所示。

表8-2 劳动防护用品

分类依据	防护用品一览
防护部位	头部防护（如安全帽）、面部防护（如电焊面罩）、眼睛防护、呼吸道防护（如防毒口罩）、听力防护、手部防护、脚部防护、身躯防护
防护用途	防尘、防毒、防酸碱、防油、防高温、防辐射、防火、高空作业、防噪、防冲击、防触电、防寒

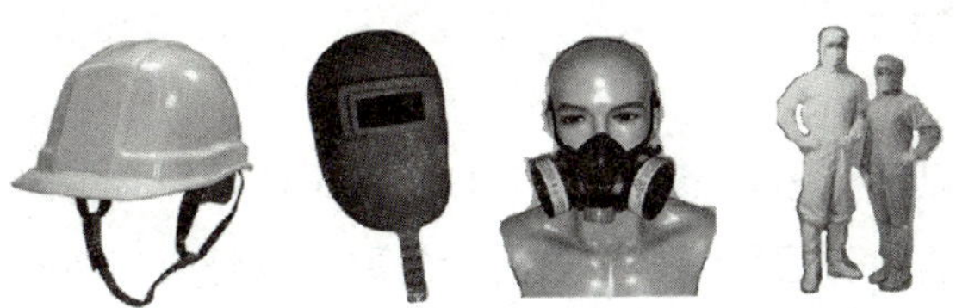

图 8－1 安全帽、电焊面罩、防毒口罩、防辐射服

二、职业健康概述

1. 职业健康

职业健康符合我国“健康中国”发展战略。职业健康工作的目标不仅仅是针对由各种有害因素造成的职业病，同时也要关注工作条件对劳动者生理、心理的影响，关注劳动者在劳动过程中的舒适度。企业不仅要做好粉尘、噪声等职业病危害因素的控制，同时也要为劳动者提供舒适的工作环境，促进劳动者身心健康，提高劳动者对社会适应的良好状态。

2. 职业危害因素

职业危害因素又称“职业性有害因素”或“职业病危害因素”，是指在职业活动中产生和（或）存在的，可能对职业人群健康、安全和作业能力造成不良影响的因素或条件，包括化学、物理、生物等因素。《职业病危害因素分类目录》中将职业病危害因素分为 6 大类 459 种，包括 52 种粉尘（如矽尘、煤尘等）、375 种化学因素（如铅、汞及其化合物等）、15 种物理因素（如噪声、高温、振动等）、8 种放射性因素、6 种生物因素和 3 种其他因素。

职业危害因素按照来源可分为三大类：一是生产过程中的有害因素，主要是与生产工艺、设备、原辅料等有关的粉尘、化学因素、物理因素等危害因素；二是劳动过程中的有害因素，主要包括劳动组织的不合理、劳动强度大、劳动时间长、长期不良体位等因素；三是劳动环境中的有害因素，主要包括厂房布局不合理、室外不良气象条件、室内照明不良及通风不畅等因素。

3. 职业病

职业病是指企业、事业单位和个体经济组织的劳动者在职业活动中，因接触粉尘、放射性物质和其他有毒、有害物质等因素而引起的疾病。广义地讲，由职业有害因素所引起的疾病统称为职业病。

《职业病分类和目录》将职业病分为 10 大类，包括职业性尘肺病及其他呼吸系统疾病 19 种、职业性皮肤病 9 种、职业性眼病 3 种、职业性耳鼻喉口腔疾病 4 种、职业性化学中毒 60 种、物理因素所致职业病 7 种、职业性放射疾病 11 种、职业性传染病 5 种、职业性肿瘤 11 种、其他职业病 3 种。狭义上讲，职业病必须是《职业病分类和目录》里所列出的职业病。

4. 职业禁忌证

职业禁忌证是劳动者从事特定职业或者接触特定职业性有害因素时，比一般职业人群更易于遭受职业危害、罹患职业病、可能导致原有自身疾病病情加重，或者在从事作业过程中诱发对劳动者生命健康构成危险的疾病的个人生理或病理状态。例如，Ⅱ期高血压是噪声作业的职业禁忌证，长期在高噪声环境下，会使患有Ⅱ期高血压的劳动者病情加重。也就是说，相比绝大多人而言，患有Ⅱ期高血压的劳动者更容易遭受噪声伤害。因此，患有职业禁忌证的劳动者应调离该工作岗位。

5. 职业健康促进

职业健康促进又称“工作场所健康促进”，《职业健康促进名词术语》（GBZ/T 296—2017）将其定义为：采取综合干预措施，以改善工作条件，改变劳动者不健康的生活方式和行为，控制健康危险因素，预防职业病，减少工作有关疾病的发生，促进和提高劳动者健康和生命质量为目的的活动。劳动者在劳动过程中面临众多健康问题，除了以上提到的职业危害因素之外，还面临压力大、心里紧张等因素的威胁。因此开展职业健康促进活动能有效确保劳动者的安全和健康，从而提高企业生产效率、提高国民健康水平。

任务二 劳动安全与职业健康制度

通过一系列法律、法规、规章及标准规范的颁布实施，我国在劳动安全和职业健康领域形成了比较完善的法律法规体系，在推进我国安全生产法治建设、改善作业场所职业卫生条件、保障劳动者职业安全和健康权益等方面发挥了重要的作用。

一、劳动安全与职业健康相关法律

我国法律是由全国人民代表大会及其常务委员会经一定立法程序，制定颁布的规范性文件。

1. 宪法

《中华人民共和国宪法》规定了劳动安全健康的基本要求：加强劳动保护，改善劳动条件，并在发展生产的基础上，提高劳动报酬和福利待遇。这是劳动安全健康其他法律法规的基本依据。

2. 安全生产法

《中华人民共和国安全生产法》于 2002 年 11 月开始实施，2009 年、2014 年、2021 年进行了 3 次修正。该法旨在加强安全生产工作，防止和减少生产安全事故，保障人民群众生命和财产安全，促进经济社会持续健康发展。该法对加强我国安全生产法治建设、加强监督、规范经营、遏制事故、保障人民生命安全、促进经济发展和社会稳定都具有深远的意义。

该法的基本方针是：安全第一、预防为主、综合治理。主要内容有：生产经营单位的安全生产保障，主要包括生产经营单位的安全生产条件、主要负责人的安全生产职责、资金投入、组织和人员保障、基础保障和管理保障、从业人员的安全生产权利义务；安全生产监督管理，包括安全生产的监督管理体制、各级政府的监督管理职责、安全生产事项的审批和验收、安全生产监督管理过程、社会和舆论监督、对安全生产违法行为的举报及管理和安全生产守信单位的激励；安全生产事故，包括安全生产事故的概念、分类、等级、应急救援和调查处理；安全生产的法律责任，包括责任追究、责任形式、责任主体、行政执法主体和法律责任。其中，法律责任包括地方政府、监管部门及其工作人员、生产经营单位及其负责人、安全生产服务机构和从业人员的法律责任。

3. 职业病防治法

《中华人民共和国职业病防治法》于 2001 年开始通过，到 2018 年经过了 4 次修正，2020 年 6 月，国家卫生健康委职业健康司召开了《职业病防治法》修订起草工作启动会。该法的颁布实施是我国职业卫生领域的一件大事，关系到我国亿万劳动者的职业健康，极大地推动了我国职业卫生管理工作与国际接轨。

该法律旨在预防、控制和消除职业病危害，防治职业病，保护劳动者健康及其相关权益，促进经济社会发展。其基本方针是：预防为主，防治结合。

该法律的主要内容有：职业病防治的总体要求，包括职业病防治工作的方针和原则，以及对劳动者、用人单位、工会、各级政府、相关部门的总体要求；职业病的前期预防，包括源头控制和消除、职业病危害项目申报制度和建设项目职业病危害的预防；劳动过程中的防护与管理，包括职业病防护、职业卫生技术服务、劳动合同的告知事项、职业卫生培训、劳动者的健康检查和监护档案、职业病危害事故应急救援、劳动者的职业卫生权力、工会组织的作用和其他保障措施；职业病诊断与职业病病人保障，包括职业病诊断的医疗卫生机构资质条件、职业病诊断须综合分析的因素、职业病诊断委员会专家构成、职业病病人待遇等；监督检查，包括卫生行政部门履行监督检查职责时可采取的措施、发生职业病危害事故时可采取的控制措施、不得发生的监管行力等；法律责任，包括建设单位、用人单位、向用人单位提供可能产生职业病危害的设备和材料的企业、职业卫生技术服务机构、职业病诊断鉴定委员会和各级人民政府及职业卫生监管部门的法律责任。

4. 基本医疗卫生与健康促进法

《中华人民共和国基本医疗卫生与健康促进法》于 2020 年 6 月 1 日起实施，其目的是发展医疗卫生与健康事业，保障公民享有基本医疗卫生服务，提高公民健康水平，推进健康中国建设。

该法律对国家、各级政府和用人单位的职业健康工作提出要求：国家要加强职业健康保护，鼓励用人单位开展职工健康指导工作，提倡用人单位为职工定期开展健康检查；县级以上人民政府应当制定职业病防治规划，建立健全职业健康工作机制，加强职业健康监督管理，提高职业病综合防治能力和水平；用人单位应当控制职业病危害因素，采取工程技术、个体防护和健康管理等综合治理措施，改善工作环境和劳动条件，积极组织职工开展健身活动，保护职工健康。

5. 劳动法

制定《中华人民共和国劳动法》的目的之一是保护劳动者合法权益。

在劳动安全卫生方面，要求用人单位必须建立健全劳动安全卫生制度、劳动安全卫生设施必须符合国家标准、对劳动者进行安全卫生教育、为劳动者提供符合国家规定的劳动安全卫生条件和必要的劳动防护用品、对从事有职业危害的劳动者进行定期健康检查；要求从事特种作业的劳动者必须经过专门培训并取得作业资格；要求劳动者必须遵守安全操作规程，同时赋予劳动者拒绝违章指挥、对危害生命安全和身体健康行为的批评、检举和控告的权利；要求各级政府建立伤亡事故和职业病统计报告和处理制度；要求对女职工和未成年工实行特殊劳动保护。

6. 劳动合同法

《中华人民共和国劳动合同法》涉及劳动者安全和健康的内容有：用人单位在制定、修改或者决定有工作时间、休息休假、劳动安全卫生、保险福利等直接涉及劳动者切身利益的规章制度或者重大事项时，应当经职工代表大会或者全体职工讨论，提出方案和意见，与工会或者职工代表平等协商确定；用人单位招用劳动者时，应当如实告知劳动者工作内容、工作条件、工作地点、职业危害、安全生产状况、劳动报酬，以及劳动者要求了解的其他情况；劳动合同应当具备劳动保护、劳动条件和职业危害防护条款；劳动者拒绝违章指挥、强令冒险作业、对危害生命安全和身体健康的劳动条件提出批评、检举和控告时，不视为违反合同；用人单位未按照劳动合同约定提供劳动保护或者劳动条件的，劳动者可以解除劳动合同。用人单位违章指挥、强令冒险作业危及劳动者人身安全的，劳动者可以立即解除劳动合同，不须事先告知用人单位；劳动者从事接触职业病危害作业的、劳动者未进行离岗前职业健康检查，或者疑似职业病病人在诊断或者医学观察期间的、劳动者在本单位患职业病或者因工负伤并被确认丧失或者部分丧失劳动能力的，用人单位不得依照该法第四十条、四十一条的规定解除劳动合同。

7. 工会法

《中华人民共和国工会法》与劳动安全卫生相关的内容有：企事业单位不提供劳动

安全卫生条件、随意延长劳动时间和侵犯女职工和未成年工特殊权益时，工会应当代表职工要求企事业单位采取措施予以改正；工会依照国家规定对新建、扩建企业和技术改造工程中的劳动条件和安全卫生设施与主体工程同时设计、同时施工、同时投产使用进行监督；工会发现企业违章指挥、强令工人冒险作业，或者生产过程中发现明显重大事故隐患和职业危害，有权提出解决的建议，企业应当及时研究答复；发现危及职工生命安全的情况时，工会有权向企业建议组织职工撤离危险现场，企业必须及时做出处理决定；职工因工伤亡事故和其他严重危害职工健康问题的调查处理，必须有工会参加；县级以上各级人民政府及其有关部门研究制定劳动安全卫生政策、措施时，应当吸收同级工会参加研究，听取工会意见。

另外，与劳动安全和职业健康相关的法律还有：《中华人民共和国突发事件应对法》《中华人民共和国消防法》《中华人民共和国道路交通安全法》《中华人民共和国矿山安全法》《中华人民共和国矿产资源法》《中华人民共和国煤炭法》《中华人民共和国特种设备安全法》《中华人民共和国建筑法》等。

二、劳动安全与职业健康相关法规

法规指国家机关制定的规范性文件。

1. 煤矿安全监察条例

《煤矿安全监察条例》于 2000 年开始施行，2013 年进行了修订。该条例旨在保障煤矿安全，规范煤矿安全监察工作，保护煤矿职工人身安全与身体健康。该条例规定了煤矿安全监察机构职责、煤矿安全监察内容和罚则。

2. 安全生产许可证条例

《安全生产许可证条例》于 2004 年开始施行，2014 年进行了第二次修订。该法旨在严格规范安全生产条件，进一步加强安全生产监督管理，防止和减少生产安全事故。国家对矿山企业、建筑施工企业和危险化学品、烟花爆竹、民用爆炸物品生产企业实行安全生产许可制度。其主要内容是对以上企业的安全生产许可证的办法管理、获取条件、获取程序、监督管理和法律责任做了详细规定。

3. 生产安全事故报告和调查处理条例

《生产安全事故报告和调查处理条例》于 2007 年开始施行，旨在规范生产安全事故的报告和调查处理，落实生产安全事故责任追究制度，防止和减少生产安全事故。其主要内容是对安全生产事故的分级、报告、调查、处理和法律责任做了详细规定。

4. 安全生产事故隐患排查治理暂行规定

《安全生产事故隐患排查治理暂行规定》于 2008 年开始施行，旨在建立安全生产事故隐患排查治理长效机制，强化安全生产主体责任，加强事故隐患监督管理，防止和减少事故，保障人民群众生命财产安全。其主要内容有：一是安全生产事故隐患排查治理总则。二是生产经营单位的职责。三是监督管理。四是罚则。

5. 工伤保险条例

《工伤保险条例》于 2004 年开始施行，2010 年修订，旨在保障因工作遭受事故伤害或者患职业病的职工获得医疗救治和经济补偿，促进工伤预防和职业康复，分散用人单位的工伤风险。其主要内容有工伤保险的适用范围、工伤保险基金、应当认定和视同工伤的情形、不应当认定和视同工伤的情形、劳动能力鉴定、工伤保险待遇和法律责任等。其中将劳动能力鉴定分为劳动功能障碍程度等级和生活自理障碍程度等级。劳动功能障碍分为十个伤残等级，最重的为一级。生活自理障碍分为三级：生活完全不能自理、生活大部分不能自理和生活部分不能自理。

6. 中华人民共和国尘肺病防治条例

《中华人民共和国尘肺病防治条例》于 1987 年开始施行，旨在保护职工健康，消除粉尘危害，防止发生尘肺病，促进生产发展。主要规定了尘肺病防治工作的适用范围、工作原则、治理措施、监督监测、健康管理、奖励和处罚等。该条例是在我国还未制定职业病防治法的情况下颁布的，体现了我国对尘肺病防治工作的重视，但由于年代久远，已经不能适应目前职业病防治工作的要求。

7. 使用有毒物品作业场所劳动保护条例

《使用有毒物品作业场所劳动保护条例》于 2002 年开始实施，旨在保证作业场所安全使用有毒物品，预防、控制和消除职业中毒危害，保护劳动者的生命安全、身体健康及其相关权益。条例的主要内容是：作业场所的预防措施、劳动过程的防护、职业健康监护、劳动者的权利和义务、监督管理和罚责等。

8. 突发公共卫生事件应急条例

《突发公共卫生事件应急条例》于 2003 年开始施行，2011 年进行修订，旨在有效预防、及时控制和消除突发公共卫生事件的危害，保障公众身体健康和生命安全，维护正常的社会秩序。其主要内容是重大传染病疫情、重大食物中毒、职业中毒等突发公共卫生事件的预防与应急准备、应急处理、相关制度（报告、举报、信息发布）和法律责任。

另外，与劳动安全和职业健康相关的法规还有：《生产安全事故应急条例》《大型群众性活动安全管理条例》《烟花爆竹安全管理条例》《建设工程安全生产管理条例》《危险化学品安全管理条例》《特种设备安全监察条例》《民用爆炸物品安全管理条例》《国务院关于预防煤矿生产安全事故的特别规定》《女职工劳动保护特别规定》《放射性同位素与射线装置安全和防护条例》等。

知识链接

《国家职业病防治规划（2021—2025年）》

2021年12月，十七部门联合发布《关于国家职业病防治规划（2021—2025年）的通知》，《通知》指出，深化源头预防，改善工作场所劳动条件。强化用人单位主体责任，严格落实职业病危害项目申报、建设项目职业病防护设施“三同时”、职业病危害因素检测评价、劳动者职业健康检查和健康培训等制度。以粉尘、化学毒物、噪声和辐射等职业病危害严重的行业领域为重点，持续开展职业病危害因素监测和专项治理。

知识链接

应急预案

一、应急预案的意义

应急预案有助于识别风险隐患、了解突发事件的发生机理、明确应急救援的范围和体系，使突发事件应对处置的各个环节有章可循。主要有以下三个方面的意义。

（1）有利于对突发事件及时做出响应和处置。

（2）有利于避免突发事件扩大或升级，最大限度地减少突发事件造成的损失。

（3）有利于提高全社会的居安思危、积极防范社会风险的意识。

二、应急预案的作用

建立覆盖全国各地区、各行业、各单位的应急预案体系，在应对突发事件的过程中发挥极为重要的作用。

（1）可以科学规范突发事件应对处置工作。明确各级政府、各个部门以及各个组织在应急体系中的职能，以便形成精简、统一、高效和协调的突发事件应急处置体制机制。

（2）可以合理配置应对突发事件的相关资源。通过事先合理规划、储备和管理各类应急资源，在突发事件发生时，按照预案明确的程序，保证资源尽快投入使用。

（3）可以提高应急决策的科学性和时效性。突发事件的紧迫性、信息不对称性和资源有限性要求快速做出应急决策，应急预案为准确研判突发事件的规模、性质、程度并合理决策应对措施提供了科学的思路和方法，从而减轻其危害程度。

任务三 劳动者权利和义务

我国的法律对劳动者劳动安全健康权利和应承担的相关义务都做了明确的规定。学习和了解这些规定，有助于劳动者明确自己的权利和义务，维护自己的安全健康权益。

一、劳动者的权利

1. 获得劳动保护

加强劳动保护、改善劳动条件是《中华人民共和国宪法》赋予劳动者的权利，《中华人民共和国劳动法》规定，劳动者享有获得劳动安全卫生保护的权利。《职业病防治法》也规定，劳动者依法享有职业卫生保护的权利。用人单位应当为劳动者创造符合国家职业卫生标准和卫生要求的工作环境和条件，并采取措施保障劳动者获得职业卫生保护。

2. 休息休假

保障劳动者休息休假的权利，使劳动者获得充足的休息时间，能够有效减少人的不安全行为，有效降低劳动者接触有害因素累计时间，从而降低事故和患职业病的风险。《中华人民共和国劳动法》中对劳动者工作时间、休假节日和带薪年休假制度都有规定。用人单位因为生产经营需要延长工作时间的，须与工会和劳动者协商，并按照标准支付高于正常工作时间的劳动报酬。

3. 知情权

《中华人民共和国安全生产法》规定，生产经营单位应当向从业人员如实告知作业场所和工作岗位存在的危险因素和职业病危害因素，防范措施以及事故应急措施。产生职业病危害的用人单位，应当在醒目位置设置公告栏，公布有关职业病防治的规章制度、操作规程、应急救援措施和职业病危害因素检测结果。对产生严重职业病危害的作业岗位，应当在醒目位置设置警示标识，说明职业病危害的种类、后果、预防以及应急救治措施等内容。劳动者享有了解工作场所产生或者可能产生的职业病危害因素、危害后果和应当采取的职业病防护措施的权利。

4. 拒绝权

《中华人民共和国劳动法》规定，劳动者对用人单位管理人员违章指挥、强令冒险作业，有权拒绝执行。《中华人民共和国劳动合同法》规定，劳动者拒绝用人单位管理人员违章指挥、强令冒险作业的，不视为违反劳动合同。用人单位与劳动者订立劳动合同时违反相应规定的，劳动者有权拒绝从事存在职业病危害的作业，用人单位不得因此解除与劳动者所订立的劳动合同。同时，劳动者享有拒绝违章指挥和强令进行没有职业病防护措施的作业的权利。

5. 建议、批评、检举和控告权

《中华人民共和国安全生产法》规定，生产经营单位的从业人员有权了解其作业场所和工作岗位存在的危险因素、防范措施及事故应急措施，有权对本单位的安全生产工作提出建议。从业人员有权对本单位安全生产工作中存在的问题提出批评、检举、控告；有权拒绝违章指挥和强令冒险作业。生产经营单位不得因从业人员对本单位安全生产工作提出批评、检举、控告或者拒绝违章指挥、强令冒险作业而降低其工资、福利等待遇或者解除与其订立的劳动合同。

6. 紧急撤离权

《中华人民共和国安全生产法》规定，从业人员发现直接危及人身安全的紧急情况时，有权停止作业或者在采取可能的应急措施后撤离作业场所。生产经营单位不得因从业人员在紧急情况下停止作业或者采取紧急撤离措施而降低其工资、福利等待遇或者解除与其订立的劳动合同。

7. 参加教育和培训

《中华人民共和国职业病防治法》规定，用人单位应当对劳动者进行上岗前的职业卫生培训和在岗期间的定期职业卫生培训，普及和职业卫生知识。

8. 参加健康检查、防治和治疗

《中华人民共和国职业病防治法》赋予劳动者享有获得职业健康检查、职业病诊疗、康复等职业病防治服务的权利。用人单位应对从事接触职业病危害作业的劳动者进行职业健康监护，在劳动者上岗前、在岗期间、离岗时和应急时进行职业健康检查并建立职业健康监护档案。同时，劳动者享有查阅、复印职业健康档案的权利。

9. 特殊劳动保护

《中华人民共和国劳动法》第五十八条规定，国家对女职工和未成年工实行特殊劳动保护。

为了减少和解决女职工在劳动中因生理特点造成的特殊困难，保护女职工健康，《女职工劳动保护特别规定》对用人单位的职责、相关部门的监督检查、女职工享有的产假及生育津贴等权益、女职工禁忌从事的劳动范围等都做了明确规定。

未成年工是指年满 16 周岁，未满 18 周岁的劳动者。《未成年工特殊保护规定》明确规定了未成年工不能从事的劳动范围以及用人单位对未成年工进行定期健康检查的要求。

《中华人民共和国职业病防治法》明确规定，用人单位不得安排未成年工从事接触职业病危害的作业；不得安排孕期、哺乳期的女职工从事对本人和胎儿、婴儿有危害的作业。

二、劳动者的义务

劳动者享有上述劳动安全健康权益的同时，也应承担相应的义务。

1. 遵规守纪

《中华人民共和国劳动法》规定，劳动者在劳动过程中必须严格遵守安全操作规程。《中华人民共和国安全生产法》规定，从业人员在作业过程中，应当严格遵守本单位的安全生产规章制度和操作规程，服从管理，正确佩戴和使用劳动防护用品。《中华人民共和国职业病防治法》规定，劳动者应当学习和掌握相关的职业卫生知识，增强职业病防范意识，遵守职业病防治法律、法规、规章和操作规程，正确使用、维护职业病防护设备和个人使用的职业病防护用品。

2. 接受学习和培训

《中华人民共和国安全生产法》规定，从业人员应当接受安全生产教育和培训，掌握本职工作所需的安全生产知识，提高安全生产技能，增强事故预防和应急处理能力。《中华人民共和国职业病防治法》规定，劳动者应当学习和掌握相关的职业卫生知识，增强职业病防范意识。

3. 及时报告

劳动者发现安全生产事故隐患或其他不安全因素、职业病危害事故隐患时，应当及时向安全管理人员、职业卫生管理人员或单位负责人报告。

三、劳动者的权益维护

1. 积极学习相关法律法规

学习与劳动安全和职业健康有关的法律法规，一方面可以明确劳动者本人的权利和义务，还可以了解用人单位在保障劳动者安全健康权益方面的法律责任，以便劳动者知道自己的权益是否受到侵犯；另一方面，要了解一些处理劳动保护争议的法律法规，以便劳动者权益受到侵犯时，知道维护权益的途径。

2. 依法签订劳动合同

签订劳动合同对劳动者维护自身权益十分重要，劳动合同是证明劳动关系最有利的证据。尤其是很多职业病要多年后才会发病，一些职业病患者由于没有与用人单位签订劳动合同而陷入维权困局。劳动合同中应当具备劳动保护、劳动条件和职业危害防护条款。用人单位未按照合同约定提供劳动保护或者劳动条件的，劳动者可以解除劳动合同。用人单位以违章指挥、强令冒险作业危及劳动者人身安全的，劳动者可以立即解除劳动合同，不需事先告知用人单位。

3. 通过协商、调解、仲裁、诉讼维护劳动权益

当劳动者利益受到侵犯时，首先可以和用人单位协商解决问题。如通过协商仍达不成一致意见，劳动者可以向本单位的劳动争议调解委员会申请调解。企业劳动争议调解委员会由职工代表和企业代表组成。职工代表由工会成员担任或者由全体职工推举产生，企业代表由企业负责人指定。未达成调解协议或约定期限内不履行调解协议的，劳动者可以向当地人力资源和社会保障主管部门申请仲裁；如果对仲裁裁决不服，可以向人民法院起诉，维护劳动者权益。

安全标志大讲堂

一、活动目标

认识各种安全标志，提高安全意识。

二、活动时间

建议 30 分钟。

三、活动流程

1. 教师将学生按照禁止标志、指令标志、警告标志、提示标志分组，建议每组 4～6 人。

2. 各组搜集本组负责的安全标志，并讨论给全班分享的方式，每个安全标志要解释其用途。

3. 各组轮流分享本组负责的安全标志，越全越好，其他小组可以对该组进行提问，小组内成员都可以回答提出的问题；通过问题交流，将每一个需要研讨的问题都弄清楚。

4. 教师进行分析、归纳、总结。

5. 教师根据各组在活动过程中的表现，给予点评并赋分。

学思之窗

习近平总书记在十九大报告中提出“实施健康中国战略”，这是新时代健康卫生工作的纲领。2016 年中共中央、国务院印发了《“健康中国 2030”规划纲要》，提出要遵循“健康优先”的原则，把健康摆在优先发展的战略地位；也明确指出要强化安全生产和职业健康。2019 年，健康中国行动推进委员会发布了《健康中国行动（2019—2030 年）》等文件，提出将开展 15 个重大行动，其中实施“职业健康保护行动”是重大行动之一。

优秀的劳动者不仅知道自己作为劳动者的权利和义务，还需要懂得劳动安全与职业健康的相关法律法规，避免潜在危险和事故的发生，必要时通过法律武器维护自己的权益。

探究与分享

1. 学生在校内劳动时要注意的安全事项有哪些？

2. 参加劳动实践课要采取哪些安全防范措施？

项目九

知法懂法用法 职业保障安心法

学习目标

知识目标

了解劳动法的概念与特征、劳动法的适用范围。

了解劳动法对劳动者有哪些保护制度。

熟悉《中华人民共和国劳动合同法》。

能力目标

学会通过《中华人民共和国劳动合同法》维护自己的合法权益。

熟悉劳动争议仲裁和劳动争议诉讼。

素质目标

通过运用职业法律法规，规避职业风险，理性维权。

树立安全意识，掌握有关劳动保护的方法和知识，用法律武器维护自己的劳动权益。

榜样示范

申纪兰的故事

申纪兰，曾任山西省平顺县西沟村党总支副书记，第一届至第十三届全国人大代表。她积极维护新中国妇女劳动权利，倡导并推动“男女同工同酬”写入宪法。改革开放以来，她勇于改革，大胆创新，为发展农业和农村集体经济，推动老区经济建设和老区人民脱贫攻坚做出巨大贡献，荣获“全国劳动模范”“全国优秀共产党员”“全国脱贫攻坚‘奋进奖’”“改革先锋”等称号。

她是一位普通的农家妇女，也是唯一连任13届的全国人大代表。几十年来，她初心不变，奋斗不止，为当地脱贫和建设做出巨大贡献。用她自己的话说：“按照党的要求干，就没有什么干不成的事。”1951 年西沟村成立初级农业合作社时，她成了副社长。这对奉行“好男走到县，好女不出院”古训的山里人来说，已让人刮目相看。但在她心里，有一个坎始终过不去：为啥妇女的劳动报酬要少一半？申纪兰介绍说，按照当时的分工计酬方式，如果男社员干一天活记 10 个工分，那么女社员只能记 5 个，不平等的报酬挫伤女社员的劳动积极性。村里本来是男女共同协作劳动的，经申纪兰申请，社里专门给女社员划出一块地，和男社员进行劳动竞赛。被发动起来的女社员为了争取自己的权益，始终在田间争分夺秒。最后，女社员赢得了竞赛。

在申纪兰和西沟妇女们的不懈努力下，太行山深处的这个小山村，在全国率先实现了男女同工同酬。1954 年，申纪兰当选为全国第一届人大代表，在第一届全国人民代表大会上，“男女同工同酬”被正式写入宪法。

任务一 劳动法的基本问题

一、劳动法的概念与特征

现代劳动法诞生于 19 世纪的英国，是从调整平等法律关系的民法中独立而来，但同时又兼具国家公权力干预的特征，因此是典型的社会法。劳动法以劳动关系为调整对象，以保护劳动者的合法权益和促进劳动关系和谐发展为立法宗旨，是各国法律体系的重要组成部分。

1. 劳动法的概念

劳动法的概念有广义和狭义之分，其中狭义的劳动法仅指一个国家的劳动法典，而广义的劳动法包括劳动法典和与劳动法典实施相配套的一系列劳动法律和规章。

在中国，狭义的劳动法即指《中华人民共和国劳动法》，由全国人民代表大会常务委员会于 1994 年 7 月 5 日审议通过，自 1995 年 1 月 1 日起施行。广义的劳动法不仅包括《中华人民共和国劳动法》，还包括宪法、法律、行政法规、部门规章、地方性法规和规章、部分国际劳工公约中的劳动规范，以及规范性的劳动法律、法规解释、国际惯例等。

2. 劳动法的特征

（1）兼具公法性和私法性。从法律的历史演进过程来看，劳动法从民法中分离而来，自然与民法有着天然的联系。因此，私法的调整方法和基本原理对劳动法律制度的构建具有基础性作用。但劳动法又突破了单一私法理念的束缚，私法自治、平等协商、等价有偿等私法原则在劳动法的适用中亦引入了一系列公法理念和调整方法，如劳动基准的设置、解雇保护制度的建立、反就业歧视立法的推进等，使得劳动法成为兼具公法性和私法性的典型的社会法代表。

（2）兼顾劳动者与用人单位的利益。维护劳动者的合法权益是劳动法的立法宗旨。劳动法强调保护劳动者的合法权益是由劳动者的弱势地位决定的，劳动法要平衡两者间的不平等地位，实现实质平等，则必然需要对劳动者进行倾斜保护。这点在劳动法具体条文中随处可见，如劳动法关于最高工时的规定、关于劳动合同的变更和解除的规定等，均是通过国家的强制性规范，为劳动者的权益保护设定最低标准，用人单位只能按照更高的标准去做，而不能低于该标准。

劳动法在倾斜保护劳动者合法权益的同时，也兼顾用人单位的利益。劳动法保护用人单位合法的用工管理权，对劳动者的义务亦进行明确的规定，如劳动者单方解除劳动合同的预先告知义务、劳动者的竞业限制义务、劳动者如果存在欺诈行为需要承担相应法律责任等。

（3）兼容实体法和程序法。一般而言，一部实体法会对应一部程序法。但劳动法是个例外，其本身既有实体性法律规范，也有程序性法律规范。劳动法第十章规定了劳动争议的解决程序和途径。当然，劳动法中单纯的程序法内容占比不大，大部分是实体法内容或者两者兼而有之，这是劳动法较为特殊的地方。

二、劳动法的适用范围

1. 劳动法中的“劳动”

“劳动”一词在生活中经常被使用。劳动是人类生存的永恒条件。但在不同的学科领域，“劳动”的含义是不同的。在劳动法领域，“劳动”有五重内涵。

（1）合法劳动。劳动有合法和违法之分，劳动法中的劳动只包括合法的劳动，因此犯罪活动就不属于劳动法中的劳动。

（2）职业劳动。劳动法中的劳动是劳动者谋生的方式，是一种职业劳动。因此，不以谋生为目的的劳动，如志愿者从事的劳动、军人从事的劳动等都不是职业劳动，不属于劳动法上的劳动。

（3）受雇劳动。提供劳动岗位的一方必须是本人和家人之外的其他人，如自由职业者、农民在自己的承包地或责任田中从事的劳动、家庭作坊内家人从事的劳动等都不属于劳动法范畴的劳动。

（4）从属性劳动。劳动者相较于用人单位而言处于从属地位，必须服从用人单位的管理，遵守用人单位的规章制度。

（5）自由劳动。劳动者必须具有人身自由，能依据自己的意志出卖劳动力。因此监狱中犯人所从事的劳动不是劳动法范畴的劳动。

基于上述要件，劳动法范畴的劳动是指劳动者为谋生而从事的，履行劳动法规、集体合同和劳动合同所规定义务的集体劳动，是劳动者有偿转让自身劳动力，与用人单位的生产资料相结合进行相关生产或服务活动的过程。

2. 劳动法中的“劳动关系”

在劳动的过程中，不同主体之间会有很多关系，劳动关系是指劳动者与用人单位（包括各类企业、个体工商户、事业单位等）在实现劳动过程中建立的社会经济关系。

（1）劳动关系的特征。

1）劳动关系的主体包括劳动者和用人单位。劳动者即劳动力的所有者，在劳动关系中通过将自己的劳动力与用人单位进行交换，获取劳动报酬。用人单位即劳动力的使用者，包括企业、个体经济组织、民办非企业单位等组织和国家机关、事业单位、社会团体。

2）劳动关系兼具人身关系和财产关系的属性。劳动是劳动力与生产资料相结合的过程，当劳动力作为生产要素进入劳动过程的时候，客观上劳动者的人身也进入了劳动过程，因此劳动关系具有人身关系的属性；另一方面，劳动作为劳动者谋生的手段，劳动者通过向用人单位转让劳动力使用权以获取一定的报酬，因此又具备了财产关系的属性。

3）劳动关系兼具平等性和不平等性特征。平等性是指劳动者与用人单位建立劳动关系时，双方通过自由选择，平等协商，以合同的形式建立、变更、解除或终止劳动关系。但实质上，从劳动者与用人单位缔结劳动合同之始及之后，双方实质上是处于不平等地位的。劳动者在经济实力、信息掌握数量及选择成本等方面与用人单位存在较大差距，因此其在劳动力市场处于弱势地位。劳动关系建立后劳动者的弱势地位更加凸显，劳动者必须服从用人单位的指挥和调配，遵守用人单位的劳动纪律和规章制度，因此不平等性是劳动关系的重要特征，这也是劳动法需要倾斜保护劳动者的根本原因。

（2）劳动法调整劳动关系的范围。

根据《中华人民共和国劳动合同法》第二条的规定，中华人民共和国境内的企业、个体经济组织、民办非企业单位等组织（以下称用人单位）与劳动者建立劳动关系，订立、履行、变更、解除或者终止劳动合同，适用该法。国家机关、事业单位、社会团体和与其建立劳动关系的劳动者，订立、履行、变更、解除或者终止劳动合同，依照该法执行。

另外，农村务农人员、现役军人、家庭保姆等人员不属于劳动法的调整范围，而是由相对应的《中华人民共和国农业法》《中华人民共和国军事法》《中华人民共和国民法典》等调整。

知识链接

不受《中华人民共和国劳动合同法》保护的工作

目前不受《中华人民共和国劳动合同法》保护的行业中，以保姆、保险代理人、学生兼职、退休返聘和协议承包人等尤为典型。

1. 保姆

据不完全统计，全国约有 1 500 万名保姆，占进城务工人员人数的 1/10 以上。保姆行业属于一种非典型劳动关系，从雇主来说，基本上都是个人。依照《中华人民共和国劳动法》《中华人民共和国劳动合同法》的相关规定，我国境内的企业、个体经济组织、民办非企业单位、国家机关、事业单位、社会团体可以与个人建立劳动关系。因此，在法律层面，雇主无法成为《中华人民共和国劳动法》意义上的用人单位。当然，这并不是说保姆不受法律保护。如果是雇主和保姆双方直接商谈的，那么保姆的权益可以按照《中华人民共和国民法典》的规定进行保护。当事人可以以侵权、合同违约等案由，直接向法院提起民事诉讼。

2. 保险代理人

保险推销行业的人事制度是代理制，而非雇员制。保险代理人一头联系保险公司，一头联系被保险人。保险代理人与保险公司之间的关系，属于民事代理关系。从合同履行情况看，虽然保险公司要求雇员遵守公司管理制度，接受公司管理和监督，并参加有关培训，但这种管理和培训是保险公司拓展业务和提高保险代理人工作能力的需要，不能等同于劳动合同中用人单位和劳动者的管理和培训。

3. 学生兼职

由于学生的身份所限，在校学生实习和见习，不属于《中华人民共和国劳动法》的调整范围，用人单位不必与其签订劳动合同，也不必为其购买社保，因此相对而言企业也喜欢用兼职学生，这样可节省开支。

4. 退休返聘

《中华人民共和国劳动合同法》规定，劳动者开始依法享受基本养老保险待遇的，劳动合同终止。相关司法解释明确规定，用人单位与其招用的已经享受养老保险待遇的人员发生用工争议，向法院提起诉讼的，应当按劳务关系处理。因此，在返聘期间，雇员已经享受基本养老保险待遇，仅能与用工单位建立劳务关系。

5. 协议承包人

承包协议不是劳动合同，不受劳动法保护，如河道维护、街道打扫、机场以及车站卫生承包等。在承包工程或者其他工作之前，双方都会签订相关协议，但这种协议并不是劳动合同，双方之间也不存在劳动关系，这些承包只是承揽合同关系，是定期给劳动者支付报酬的合作关系，一旦出现报酬纠纷，也得不到《中华人民共和国劳动法》保护。

3. 劳动法中的“人”

劳动法范畴的“人”是指劳动关系的主体：劳动者和用人单位。

（1）劳动者。劳动者是指达到法定年龄并具有劳动能力，以获取劳动报酬为目的而从事社会劳动的自然人。他们依照法律规定或者合同约定，在用人单位管理下从事职业劳动并获取劳动报酬，常常也被称为“职工”“工人”“劳工”“雇员”。作为《中华人民共和国劳动法》范畴的行为人，劳动者必须具备法律规定的下列条件：

第一，达到法定年龄。劳动者的最低就业年龄为16周岁，禁止用人单位招用未满16周岁的未成年人；某些特殊职业，如文艺、体育和特种工艺单位确实需要招用未满16周岁的人（如演员、运动员）时，则必须报县级以上劳动行政部门批准。

第二，具有劳动能力。劳动法上的劳动者，应具有相应的劳动权利能力和劳动行为能力。若无劳动能力，就不能参与劳动法律关系、享受权利并承担义务。

(2) 用人单位。用人单位在其他国家又称为“雇主”“雇用人”“资方”等，中国在法律上统一使用“用人单位”这一称谓。具体是指招收录用劳动者，使用劳动者的劳动力，并按照劳动者提供的劳动支付工资和其他待遇的劳动关系主体。根据我国现行《中华人民共和国劳动合同法》的规定，用人单位的范围包括企业、个体经济组织、民办非企业单位等组织和国家机关、事业单位、社会团体。《中华人民共和国劳动合同法实施条例》把依法成立的会计师事务所、律师事务所等合伙组织和基金会也纳入了用人单位的范围。

三、劳动法的体系

1. 劳动法的法源体系

劳动法的法源又称为“劳动法的渊源”，也就是劳动法的形式。它表明劳动法律规范以哪些形式存在于法律体系中。我国劳动法的法源体系包括宪法、法律、行政法规、部门规章、地方性法规和规章、国际公约、司法解释等，如图9-1所示。

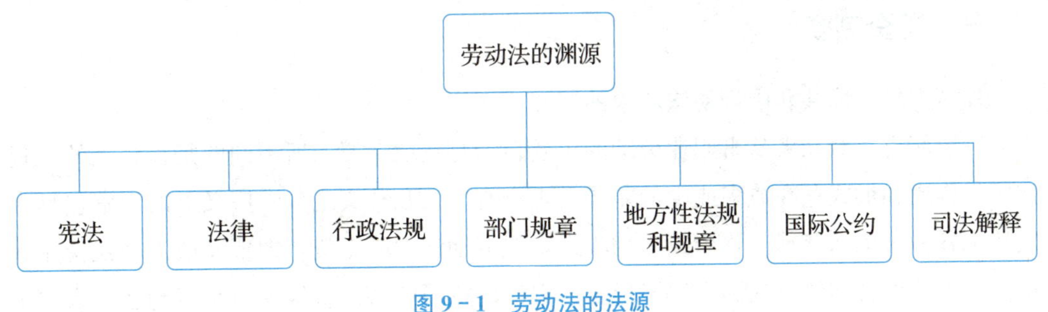

图9-1 劳动法的法源

2. 劳动法的内容体系

劳动法的内容按照一定标准进行分类组合，包括7大类。

(1) 促进就业制度。促进就业制度以《中华人民共和国就业促进法》为代表，包括国家的劳动就业方针，政府为劳动者创造就业条件，提供就业服务、预防失业等方面的责任与措施。

（2）劳动合同制度。劳动合同制度是规范劳动者与用人单位之间经协商达成的合同关系的法律制度。

（3）集体谈判和集体合同制度。集体谈判和集体合同制度是缓解劳资矛盾、构建和谐劳动关系的有效手段，是劳动法的重要组成部分。

（4）劳动基准制度。劳动基准制度是国家为保护劳动者权益而制定的有关劳动条件与劳动待遇的最低标准。

（5）社会保险制度。社会保险制度是为劳动者在年老、患病、工伤、失业、生育等情况下能够从国家和社会获得物质帮助和补偿的制度，是劳动者生活保障权的体现。

（6）劳动争议处理制度。劳动争议处理制度是协调劳动关系、解决劳动争议纠纷、维护劳动关系主体权益的重要途径。

（7）劳动监察制度。劳动监察制度是国家劳动监察机关对用人单位执行劳动法律、法规的情况，依法进行监督检查，以确保劳动法的贯彻实施的制度，是劳动争议解决的方式之一。

任务二 劳动法对劳动者的保护

劳动法保护劳动者需要基于一系列制度，包括工资制度、工作时间制度、休息休假制度和社会保险制度等。这些制度与每一个劳动者密切相关，是劳动者职业发展的基础性保障。

一、工资制度

1.《中华人民共和国劳动法》中的工资

一般而言，劳动者从事职业劳动的主要目的是获取工资，所不同的是每个人的工资数额、构成和形式存在或多或少的差异。工资有广义和狭义之分。广义上的工资包括人们从事各种劳动而获得的货币或实物收入，但劳动法中的工资，即狭义的工资仅指用人单位依据劳动合同约定或国家法律规定，以法定货币的形式直接支付给劳动者本人的劳动报酬，一般包括基本工资、奖金、津贴、补贴、加班加点工资以及特殊情况下支付的工资等，但不包括支付给劳动者的保险福利费用和其他非劳动收入。

2. 工资的形式

工资从构成形式而言，主要包括计时工资和计件工资；辅助工资形式主要有奖金、津贴和补贴。

（1）计时工资和计件工资。计时工资是根据计时工资标准和工作时间支付给劳动者的工资。一般分为月工资标准、日工资标准和小时工资标准。劳动者全勤，按月工资标准支付工资；劳动者缺勤或加班加点，按日工资标准或小时工资标准扣发或加发工资。计件工资不直接用劳动时间来计量劳动报酬，而是用一定时间内的劳动成果数量来计算，是对已做工作按计件单价支付的劳动报酬。

（2）奖金。奖金是支付给劳动者的超额劳动报酬和增收节支的劳动报酬。奖金的种类繁多，主要有超产奖、质量奖、节约奖、安全奖和综合奖等。

（3）津贴和补贴。津贴是为了补偿劳动者特殊或额外的劳动消耗而支付给职工的劳动报酬，是一种经济补偿。补贴是为了保障劳动者的工资水平不受特殊因素的影响而支付给劳动者的工资，如为了保证劳动者工资水平不受物价上涨影响而支付的补贴。

3. 最低工资制度

最低工资是指劳动者在法定工作时间或劳动合同约定的工作时间内提供了正常劳动的前提下，用人单位依法应支付的法定最低劳动报酬。需要注意的是，最低工资的适用以劳动者提供正常劳动为前提，并且最低工资标准是政府制定的，劳动关系双方无权自行协商确定。

（1）最低工资标准的确定因素：根据人力资源和社会保障部最低工资规定，确定和调整最低月工资标准，应参考当地就业者及其赡养人口的最低生活费用、城镇居民消费价格指数、职工个人缴纳的社会保险费和住房公积金、职工平均工资、经济发展水平、就业状况等因素。

（2）最低工资标准的效力：最低工资标准依法制定，具有法律效力，劳动合同和集体合同中约定的工资标准不得低于当地最低工资标准；劳动者依法享受带薪年休假、婚丧假、产假等国家规定的休假期间，以及法定工作时间内依法参加社会活动时，用人单位不得向劳动者支付低于当地最低工资标准的工资。

二、工作时间制度

1. 工作时间的概念

工作时间是劳动者为用人单位从事生产和工作的时间，是衡量每个劳动者的劳动贡献和给付报酬的计算单位。劳动法上的工作时间具有基准性，有法定的标准长度和最长限度，具体包括实际完成生产和工作的时间、从事生产和工作所需要的准备和收尾工作时间、劳动者在生产和工作中需要自然中断的时间、连续从事有毒有害工作所需要的间歇时间、女职工哺乳时间、因公外出的时间以及依照法律规定或有关机关的指令履行公民义务的时间等。

2. 我国现行工作时间立法的基本内容

（1）标准工时制度。标准工时制度是指由国家法律规定的职工在正常情况下从事工作的时间的制度。我国的标准工时制度为劳动者每日工作时间不超过 8 小时，每周工作时间不超过 40 小时，用人单位应当保证劳动者每周至少休息一日。任何单位和个人都不得擅自延长职工的工作时间。

知识链接

标准工时制度中工作时间的计算

年工作日：365 天－104 天（休息日）－11 天（法定节假日）＝250 天；

季工作日：250 天÷4 季＝62.5 天/季；

月工作日：250 天÷12 月＝20.83 天/月；

工作小时数的计算：以月、季、年的工作日乘以每日的 8 小时。

（2）特殊工时制度。特殊工时制度是特定工作岗位上的劳动者适用的工时制度。用人单位因工作性质或者生产特点的限制，如不能实行每日工作 8 小时、每周工作 40 小时标准工时制度，按照国家有关规定，可以实行其他工作和休息制度。常见的特殊工时制度主要包括不定时工时制和综合计算工时制等。

1）不定时工作制的基本特点是劳动者每日没有固定工作时数的限制，可以长于或短于标准工作日。不定时工作制不受劳动法对于延长工作时间的限制，并且超过标准工作时间的部分不算延长工作时间，不用支付报酬；短于标准工作时间的，也不扣发劳动报酬。但这并不意味着法律对不定时工作时间毫无限制，一般而言，用人单位仍应以标准工作时间为依据，按照法定的审批手续报批后，在保障劳动者身体健康和听取劳动者意见的前提下，通过采用集中工作、集中休息、轮休调休、弹性工作时间等方式，兼顾生产任务的完成和劳动者休息权的实现。

2）综合计算工时制主要适用于工作性质特殊、需连续作业或受季节及自然条件限制的企业，其特殊之处在于以周、月、季或年为周期综合计算劳动者的工作时间。综合计算工时工作制下职工的平均月工作时间和周工作时间应与标准工作时间基本相同，超过法定标准工作时间部分视为加班时间，应支付职工加班工资。实行综合计算工时制必须办理审批手续。

3. 延长工作时间

延长工作时间是指劳动者的工作时数超过法律规定的标准工作时间。延长工作时间包括加班和加点时间。加班是职工在法定节日或公休日工作。加点是职工在标准工作日以外继续工作。需要注意的是，不定时工作制下不存在加班加点，而在综合计算工时制下周期内劳动者的实际工作小时数超过该周期内标准工作小时数时，超出的部分视为加点。

（1）延长工作时间的限制。根据《中华人民共和国劳动法》第四十一条规定，用人单位由于生产经营需要，经与工会和劳动者协商后可以延长工作时间，一般每日不得超过一小时；因特殊原因需要延长工作时间的，在保障劳动者身体健康的条件下延长工作时间每日不得超过三小时，但是每月不得超过三十六小时。

（2）延长工作时间的工资支付标准。劳动者延长工作时间，即增加了额外的工作量，需要付出更多的劳动和消耗。因此，用人单位安排劳动者延长工作时间的，一般情况下应当向劳动者支付加班费用。

根据《中华人民共和国劳动法》的规定，有下列情形之一的，用人单位应当按照下列标准支付高于劳动者正常工作时间工资的工资报酬：安排劳动者延长工作时间的，支付不低于工资的百分之一百五十的工资报酬；休息日安排劳动者工作又不能安排补休的，支付不低于工资的百分之二百的工资报酬；法定休假日安排劳动者工作的，支付不低于工资的百分之三百的工资报酬。

知识链接

劳动者日工资、小时工资折算方法

根据人力资源和社会保障部 2008 年 1 月 3 日通过的《关于职工全年月平均工作时间和工资折算问题的通知》（劳社部发〔2008〕3 号），法定节假日用人单位应当依法支付工资，即折算日工资、小时工资时不剔除国家规定的 11 天法定节假日。

日工资＝月工资收入÷月计薪天数

小时工资＝月工资收入÷(月计薪天数×8 小时)

月计薪天数＝(365 天－104 天)÷12 月＝21.75 天/月

三、休息休假制度

休息休假是指劳动者按法律规定不需要从事生产和工作，可自行支配的时间。

1. 法定节假日

法定节假日是劳动者用于欢度节日、开展纪念、庆祝活动的休息时间。根据《国务院关于修改〈全国年节及纪念日放假办法〉的决定》（中华人民共和国国务院令第 644 号）的规定，用人单位在下列节日期间应当依法安排劳动者休假：新年、春节、清明节、劳动节、端午节、中秋节、国庆节，共计 11 日。

2. 年休假

年休假是法律规定的职工满一定工作年限后，每年享有的带薪休假制度。具体的休假天数由工龄决定，累计工作已满 1 年不满 10 年的，年休假 5 天；已满 10 年不满 20 年的，年休假 10 天；已满 20 年的，年休假 15 天。用人单位确因工作需要不能安排职工休年休假的，经劳动者同意，可以不安排职工休年休假。对劳动者应休未休的年休假天数，单位应当按照劳动者日工资收入的 300%支付年休假工资报酬。

3. 探亲假

探亲假是指与父母或配偶分居两地的职工，每年享有的与父母或配偶团聚的假期。我国探亲假的具体假期为：职工探望配偶的，每年给予一方探亲假一次，假期为 30 天。未婚职工探望父母，原则上每年给假一次，假期为 20 天。如果因为工作需要，本单位当年不能给予假期，或者职工自愿两年探亲一次，可以两年给假一次，假期为 45 天。已婚职工探望父母的，每四年给假一次，假期为 20 天。

4. 产假

《中华人民共和国劳动法》第六十二条规定，女职工生育享受不少于九十天的产假。从有利于女职工身体恢复和母乳喂养的角度，2012 年 4 月修订的《女职工劳动保护特别规定》（中华人民共和国国务院令第 619 号）将生育产假假期延长至 98 天，其中产前可以休假 15 天；难产的，增加产假 15 天。生育多胞胎的，每多生育 1 个婴儿，增加产假 15 天。同时为保障流产女职工的权益，明确了流产产假，规定：女职工怀孕未满 4 个月流产的，享受 15 天产假；怀孕满 4 个月流产的，享受 42 天产假。

四、社会保险制度

1. 社会保险的概念

社会保险是国家通过立法建立的一种强制保险制度，目的是使劳动者在面临年老、患病、工伤、失业、生育等社会风险的情况下能够获得国家和社会的经济补偿和帮助。社会保险具有分散社会风险和消化损失的功能，通过社会保险能够使得劳动者在遭遇社会风险的情况下仍能继续维持基本生活水平，同时保障劳动力再生产和扩大再生产的正常运行，保证社会安定。中国的社会保险具有强制性，其保险范围、种类、标准、保险金的缴纳、发放都由法律明确规定，用人单位和劳动者不能够随意变更或放弃投保。

2. 社会保险的种类

（1）养老保险。养老保险是劳动者达到法定退休年龄并从事职业劳动达到法定年限后，由国家和社会依法给予一定物质帮助，以维持其老年生活的一种社会保险制度。养老保险制度是为解决劳动者年老丧失劳动能力时的生活而设立的。职工参加基本养老保险由用人单位和职工共同缴纳基本养老保险费。

（2）医疗保险。医疗保险是对于劳动者患病或非因工负伤，发生困难时给予一定经济援助的一种社会保险制度，由用人单位和职工按照国家规定共同缴纳基本医疗保险费。

（3）工伤保险。工伤保险又称“职业伤害保险”，是劳动者在工作中或法定的特殊情况下发生意外事故，或因职业性有害因素危害而负伤（或患职业病）、致残、死亡时，对本人或供养亲属给予物质帮助和经济补偿的一项社会保障制度。工伤分为两种情况：一种是应当认定为工伤的情形，另一种是视同工伤的情形，如表 9 - 1 所示。职工被认定为工伤或者视同工伤的，按规定享受相应的工伤保险待遇。工伤保险费由用人单位缴纳，劳动者无须缴纳。

表 9-1 工伤的情形

类型	具体情况
应当认定为工伤的情形	在工作时间和工作场所内，因工作原因受到事故伤害的
	工作时间前后在工作场所内，从事与工作有关的预备性或者收尾性工作受到事故伤害的
	在工作时间和工作场所内，因履行工作职责而受到暴力等意外伤害的
	患职业病的
	因工外出期间，由于工作原因受到伤害或者发生事故下落不明的
	在上下班途中，受到非本人主要责任的交通事故或者城市轨道交通、客运轮渡、火车事故伤害的
	法律、行政法规规定应当认定为工伤的其他情形
视同工伤的情形	在工作时间和工作岗位，突发疾病死亡或者在 48 小时之内经抢救无效死亡的
	在抢险救灾等维护国家利益、公共利益活动中受到伤害的
	职工原在军队服役，因战、因公负伤致残，已取得革命伤残军人证，到用人单位后旧伤复发的

（4）失业保险。失业保险是以保障劳动者因各种原因失去工作，在重新恢复工作期间的基本生活需要而设立的社会保障制度。由用人单位和职工按照国家规定共同缴纳失业保险费。

任务三 劳动合同与职业的保障

劳动合同制度是劳动法的核心内容。自劳动合同制度实施以来，劳动合同已经成为调整劳动关系的必备基础。同时，劳动合同也是用人单位和劳动者发生劳动争议时最重要的证据。在订立、变更、解除和终止劳动合同时，需要严格遵守法律法规，否则就存在潜在的法律风险。

一、劳动合同的订立

1. 劳动合同的形式

依据《中华人民共和国劳动合同法》的规定，只要用人单位与劳动者建立劳动关系，就应当及时签订书面劳动合同，否则将承担相应的法律责任。具体而言，用人单位应当在用工之日起一个月内与劳动者签订书面劳动合同；超过一个月不满一年未与劳动者订立书面劳动合同的，应当向劳动者每月支付二倍的工资，并与劳动者补订书面劳动合同；满一年仍未与劳动者订立书面劳动合同的，将被视为已与劳动者订立无固定期限劳动合同，同时仍应立即与劳动者补订书面劳动合同。需要注意的是，劳动关系自用人单位用工之日起开始建立，劳动关系的建立和劳动合同的签订没有直接的关系，只取决于劳动用工开始的时间。

2. 劳动合同订立过程中的义务

（1）用人单位的告知义务。用人单位在招用劳动者时应将工作内容、工作条件、工作地点、职业危害等劳动者需要了解或要求了解的情况如实告知劳动者；将直接涉及劳动者利益的规章制度和重大决定予以公示或告知劳动者。

（2）劳动者的告知义务。用人单位有权了解劳动者与劳动合同直接相关的基本情况。例如，劳动者在求职时的受雇状况及以往的工作经历，劳动者的教育背景、培训情况和职业技术等级等，劳动者应当如实告知用人单位。但与劳动合同不直接相关的内容，用人单位无权要求劳动者告知。

（3）用人单位的禁止行为。用人单位招用劳动者，不得扣押劳动者的居民身份证和其他证件，不得要求劳动者提供担保或者以其他名义向劳动者收取财物。

3. 劳动合同的期限

劳动合同的期限分为固定期限、无固定期限和以完成一定工作任务为期限三种类型。

固定期限劳动合同中用人单位与劳动者约定明确的合同终止时间。以完成一定工作任务为期限的劳动合同中用人单位与劳动者约定以某项工作的完成为合同终止的时间，本质上仍属于特殊的固定期限劳动合同，只是表现形式不同。

无固定期限劳动合同与固定期限劳动合同相对，是用人单位与劳动者没有明确终止时间的劳动合同。与固定期限劳动合同相比，无固定期限劳动合同更有利于维持劳动关系的稳定，因此我国设立了无固定期限劳动合同的法定适用情形。根据《中华人民共和国劳动合同法》第十四条规定，有下列情形之一，劳动者提出或者同意续订、订立劳动合同的，除劳动者提出订立固定期限劳动合同外，应当订立无固定期限劳动合同：第一，劳动者在该用人单位连续工作满十年的；第二，用人单位初次实行劳动合同制度或者国有企业改制重新订立劳动合同时，劳动者在该用人单位连续工作满十年且距法定退休年龄不足十年的；第三，连续订立二次固定期限劳动合同，且劳动者没有该法第三十九条和第四十条第一项、第二项规定的情形，续订劳动合同的。

无固定期限劳动合同不等同于长期劳动合同，在合同履行过程中，如果存在法定的劳动合同解除情形，用人单位依然可以依法结束双方的劳动关系。

4. 劳动合同的内容

（1）必备条款。劳动合同的必备条款是指法律要求劳动合同必须具备的条款。必备条款的设置是防止劳动合同双方当事人权利和义务的约定不明确，引发后续纠纷。根据

《中华人民共和国劳动合同法》第十七条的规定，劳动合同应当具备以下条款：用人单位的名称、住所和法定代表人或者主要负责人；劳动者的姓名、住址和居民身份证或者其他有效身份证件号码；劳动合同期限；工作内容和工作地点；工作时间和休息休假；劳动报酬；社会保险；劳动保护、劳动条件和职业危害防护；法律、法规规定应当纳入劳动合同的其他事项。劳动合同除前款规定的必备条款外，用人单位与劳动者还可以约定试用期培训、保守秘密、补充保险和福利待遇等其他事项。

（2）试用期条款。试用期是劳动合同双方当事人约定的一段互相考察的时间。试用期内，一方面用人单位可以考察劳动者是否符合录用条件，另一方面劳动者也可以考察自己是否胜任岗位和是否适应单位的工作环境。关于试用期条款需注意以下内容：试用期包含在劳动合同期限内，不能独立于劳动合同单独存在；试用期的期限。试用期有法定的上限，劳动合同主体不得通过约定突破这一上限。同一用人单位与同一劳动者只能约定一次试用期；试用期工资不得低于法定标准。根据《中华人民共和国劳动合同法实施条例》第十五条的规定，试用期工资不得低于本单位相同岗位最低档工资的80%或者不得低于劳动合同约定工资的80%，并不得低于用人单位所在地的最低工资标准。

（3）服务期条款。用人单位为劳动者提供专项培训费用，对劳动者进行劳动技术培训，相对应地，劳动者应当为用人单位工作届满一定的服务期限。这个期限就是服务期。用人单位为劳动者的专项培训所支出的资金一般是超出国家规定的职工教育经费的，因此，接受培训的劳动者应当在双方约定的服务期内继续留在单位工作，以补偿培训所花费的费用，如果不能完成服务期，就应当承担违约金责任。同时，法律对劳动者承担的违约金设置了上限，从而避免出现用人单位向培训后“跳槽”的劳动者胡乱要价。

（4）竞业限制条款。竞业限制是指一定范围的劳动者在任职期间或离职后的特定时期不得就业于竞争公司或进行竞争性营业活动。竞业限制是通过对劳动者自由择业权进行一定程度的限制来保护用人单位商业秘密的一种手段，《中华人民共和国劳动合同法》第二十三、二十四条对竞业限制条款做出了明确规定。对负有保密义务的劳动者，用人单位可以在劳动合同或者保密协议中与劳动者约定竞业限制条款，同时还需要约定在竞业限制期限内按月给予劳动者经济补偿。如果劳动者违反竞业限制约定则需要支付违约金。但竞业限制的人员仅限于用人单位的高级管理人员、高级技术人员和其他负有保密义务的人员，并且竞业限制期限最多不得超过两年。

二、劳动合同的变更

劳动合同的变更是指在劳动合同履行过程中，当事人一方或双方对劳动合同的内容提出修改或补充，重新确立双方当事人权利义务的法律行为。劳动合同变更包括协商变更和法定变更。协商变更即双方当事人经过协商对劳动合同规定的某些内容进行修改。

法定变更则是根据法律规定对劳动合同的主体和内容进行变更。

《中华人民共和国劳动合同法》第三十三、三十四条说明了用人单位出现名称、法定代表人、主要负责人或者投资人等事项的变更，及发生合并或者分立等变化，在这些情形下，劳动合同的履行不发生变化，这既是为了保护劳动者的就业稳定，也是国际惯例。在法定变更之外，用人单位和劳动者都不能单方变更劳动合同的内容。实践中，经常有用人单位以拥有经营自主权为由，单方变更劳动者的工资、岗位、工作地点以及其他劳动待遇。如果这些变更事先未征得劳动者的同意则是违法行为，变更后的劳动合同无效。

三、劳动合同的解除与终止

劳动合同解除与终止都导致劳动法律关系结束，其区别在于两者发生的时间不同：前者发生在劳动合同有效期届满或者履行完毕之前，而后者发生在劳动合同有效期届满或者履行完毕之时。

劳动合同解除是指在劳动合同订立以后，有效期届满或者履行完毕之前，当事人双方提前结束劳动合同效力的法律行为。劳动合同的解除可分为协商解除和单方解除，如图 9－2 所示。单方解除又可分为劳动者单方解除和用人单位单方解除两种情形。

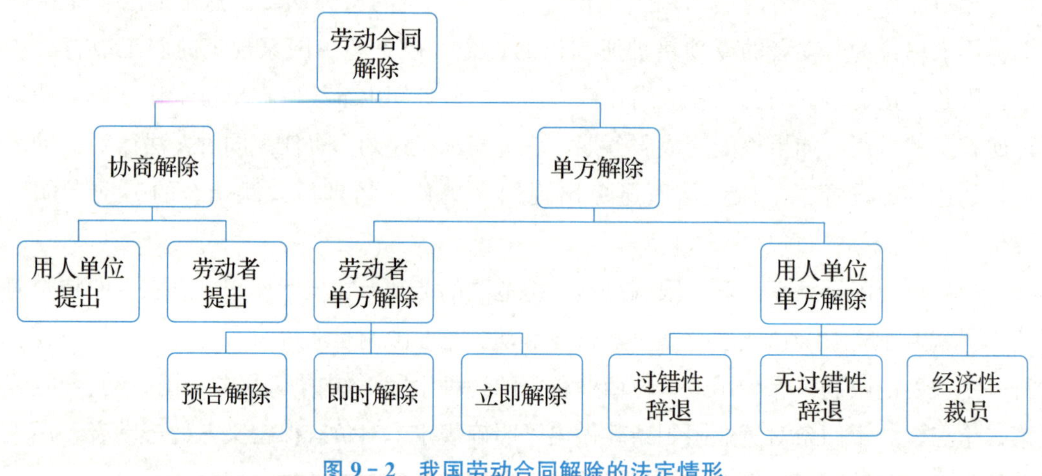

图 9－2　我国劳动合同解除的法定情形

劳动合同的终止是指由于一定的法律事实，劳动合同的法律效力终止，劳动者与用人单位之间的劳动关系不复存在。

1. 劳动合同如何解除

（1）协商解除劳动合同。劳动合同是由双方当事人协商达成的，在履行过程中，双方当事人也有权再通过协商解除劳动合同。当事人协商一致既是劳动合同协商解除的程序，又是协商解除的条件。

（2）劳动者单方解除劳动合同。劳动者在一定条件下可以不经用人单位同意而单方解除劳动合同，具体包括预告解除、即时解除和立即解除三种情形。

1）劳动者预告解除劳动合同：劳动者提前30日以书面形式通知用人单位（在试用期内须提前3日），即可以解除劳动合同。此时劳动者只须履行预告程序，无须用人单位批准，预告期满后劳动者即可离职。需要注意的是，劳动者一定要自觉履行预告程序，为用人单位寻找新的劳动者提供必要的准备时间。

2）劳动者即时解除劳动合同：根据《中华人民共和国劳动合同法》第三十八条的规定，用人单位存在下列情形之一的，劳动者可以解除劳动合同：未按照劳动合同约定提供劳动保护或者劳动条件的；未及时足额支付劳动报酬的；未依法为劳动者缴纳社会保险费的；用人单位的规章制度违反法律、法规的规定，损害劳动者权益的；因该法第二十六条第一款规定的情形致使劳动合同无效的；法律、行政法规规定劳动者可以解除劳动合同的其他情形。由于劳动者有正当理由提出解除劳动合同，因此无须履行预告程序，只要随时通知用人单位即可解除劳动合同。

3）劳动者立即解除劳动合同：当劳动者遭遇用人单位强迫劳动，或者实施危及劳动者人身安全的行为时，劳动者可以立即解除劳动合同，不需要事先告知用人单位。因此，劳动者的生命安全是最重要的，一旦遭遇危险，可以行使立即解除权。

（3）用人单位单方解除劳动合同。用人单位单方解除劳动合同的原因可以分为两类：一是劳动者的原因；二是用人单位的原因。具体的劳动合同解除情形有三种。

1）过错性辞退主要是针对劳动者存在过错的情况，用人单位不需要提前预告劳动者即可以单方解除劳动合同。根据《中华人民共和国劳动合同法》第三十九条规定，劳动者有以下情形之一的，用人单位可以解除劳动合同：在试用期间被证明不符合录用条件的；严重违反用人单位的规章制度的；严重失职，营私舞弊，给用人单位造成重大损害的；劳动者同时与其他用人单位建立劳动关系，对完成本单位的工作任务造成严重影响，或者经用人单位提出，拒不改正的；因该法第二十六条第一款第一项规定的情形致使劳动合同无效的；被依法追究刑事责任的。

2）无过错性辞退：当劳动者不能胜任工作或因客观原因导致劳动合同无法履行时，用人单位可以对劳动者进行无过错性辞退。根据《中华人民共和国劳动合同法》第四十条规定，有下列情形之一的，用人单位提前三十日以书面形式通知劳动者本人或者额外支付劳动者一个月工资后，可以解除劳动合同：劳动者患病或者非因工负伤，在规定的医疗期满后不能从事原工作，也不能从事由用人单位另行安排的工作；劳动者不能胜任工作，经过培训或者调整工作岗位，仍不能胜任工作的；劳动合同订立时所依据的客观情况发生重大变化，致使劳动合同无法履行，经用人单位与劳动者协商，未能就变更劳动合同内容达成协议的。需要注意的是，用人单位需要提前三十日书面通知劳动者或者额外支付劳动者一个月的工资作为补偿。

3）经济性裁员是用人单位生产经营状况发生重大变化时，通过大量辞退劳动者以改善生产经营状态的经济手段。在我国，裁减人员20人以上或者裁减不足20人但占企业职工总数10%以上的，属于经济性裁员。由于经济性裁员将引发大量的劳动者失业，对社会稳定造成不利影响，因此《中华人民共和国劳动合同法》对此进行了严格的规制，用人单位必须依照法定的条件和程序与被裁减人员解除劳动合同。

2. 劳动合同终止的原因

根据《中华人民共和国劳动合同法》第四十四条规定，有下列情形之一的，劳动合同终止：

第一，劳动合同期满的。

第二，劳动者开始依法享受基本养老保险待遇的。

第三，劳动者死亡，或者被人民法院宣告死亡或者宣告失踪的。

第四，用人单位被依法宣告破产的。

第五，用人单位被吊销营业执照、责令关闭、撤销或者用人单位决定提前解散的。

第六，法律、行政法规规定的其他情形。

3. 劳动合同解除与终止中的经济补偿金

经济补偿金是因不可归责于劳动者主观过错的原因解除或终止劳动合同时，用人单位按照法律规定支付给劳动者的生活补助费，目的是为劳动者在结束原有劳动关系寻找到新的工作之间提供一定的生活保障。

（1）经济补偿金的适用条件。根据《中华人民共和国劳动合同法》第四十六条规定，有下列情形之一的，用人单位应当向劳动者支付经济补偿：劳动者依照该法第三十八条规定解除劳动合同的；用人单位依照该法第三十六条规定向劳动者提出解除劳动合同并与劳动者协商一致解除劳动合同的；用人单位依照该法第四十条规定解除劳动合同的；用人单位依照该法第四十一条第一款规定解除劳动合同的；除用人单位维持或者提高劳动合同约定条件续订劳动合同，劳动者不同意续订的情形外，依照该法第四十四条第一项规定终止固定期限劳动合同的；依照该法第四十四条第四项、第五项规定终止劳动合同的；法律、行政法规规定的其他情形。

（2）经济补偿金的支付标准。按照《中华人民共和国劳动合同法》的规定，经济补偿按劳动者在本单位工作的年限，每满一年支付一个月工资的标准向劳动者支付。六个月以上不满一年的，按一年计算；不满六个月的，向劳动者支付半个月工资的经济补偿。劳动者的月工资高于用人单位所在直辖市、设区的市级人民政府公布的该地区上年度职工月平均工资三倍的，用人单位按照当地职工月平均工资三倍的数额支付经济补偿金，向其支付经济补偿金的年限最高不超过十二年。

另外，《中华人民共和国劳动合同法》还规定了赔偿金：用人单位违反该法规定解除或者终止劳动合同的，应当依照本法第四十七条规定的经济补偿金标准的二倍向劳动者支付赔偿金。

任务四 劳动争议的处理

劳动者在工作中可能会遇到劳动纠纷或劳资争议，如果处理不当，会影响正常的工作和未来的职业发展。认识劳动争议处理机制，可以未雨绸缪，有备无患。在遇到争议时，以恰当的方式进行处理，可以最大限度地减少负面影响，更好地实现职业发展。

一、劳动争议处理机制

劳动争议又称为“劳动纠纷”“劳资争议”“劳资纠纷”。劳动法视野范围内的劳动争议仅指劳动关系双方当事人之间因劳动权利和劳动义务所发生的争议。劳动争议处理机制是由劳动争议处理的各种机构和方式在劳动争议处理过程中的各自地位和相互关系所构成的有机整体。中国法律规定的劳动争议处理方式包括协商、调解、仲裁和诉讼四种，并形成了一个从用人单位内部、工会，到劳动争议仲裁部门直至人民法院，从自力救济到公力救济的多元化劳动争议处理机制。

二、劳动争议调解

劳动争议调解是法定的劳动争议调解组织基于中立第三方角色对争议当事人双方进行疏导、说服，促使双方在互谅互解的基础上达成调解协议的纠纷解决方式。

1. 劳动争议调解组织

中国法定的劳动争议调解组织分为三级，包括企业劳动争议调解委员会，依法设立的基层人民调解组织，在乡镇、街道设立的具有劳动争议调解职能的组织。以上调解组织的建立改变了原来劳动争议调解组织和途径的单一化，为更多的社会调解机构依法参与劳动争议调解工作，充分发挥社会力量在解决劳动争议中的作用提供了途径。

2. 劳动争议调解程序

根据《中华人民共和国劳动争议调解仲裁法》（简称《劳动争议调解仲裁法》）的规定，劳动争议调解的具体程序如下：

（1）调解申请。劳动争议的双方当事人以一定方式向劳动争议调解组织提出调解的请求，申请调解是启动调解程序的必要步骤。

（2）调解受理。劳动争议调解组织在收到劳动争议当事人的申请后，经过审查，决定接受申请，启动调解行为。

（3）进行准备工作。劳动调解组织受理当事人的申请后应进行必要的准备工作，具体包括：一是对申请人进行告知和征询；二是对争议案件情况进行调查分析。

（4）实施调解。实施调解是劳动争议调解的中心环节，直接关系到调解的成效。调解的形式主要有直接调解、间接调解和召开会议调解三种。实施调解的结果有两种：一是调解达成协议，依法制作调解协议书；二是调解不成或未达成协议，要做好记录并制作调解处理意见书。

（5）调解执行。调解协议达成后，争议双方执行调解协议书。

3. 劳动争议调解协议的法律效力

达成调解协议后，一方当事人在协议约定期限内不履行调解协议的，另一方当事人可以依法申请仲裁。对于因支付拖欠工资报酬、工伤医疗费、经济补偿或者赔偿金事项达成的调解协议，如果用人单位不履行，劳动者可以依法向人民法院申请支付令。

三、劳动争议仲裁

劳动争议仲裁是法律授权的仲裁机构根据法律的规定和当事人的申请，以第三者的身份，依法对劳动争议进行调解和裁决的法律制度。在中国，劳动仲裁是劳动争议诉讼的必经程序。

1. 劳动仲裁的受理范围

根据《劳动争议调解仲裁法》第二条规定，中华人民共和国境内的用人单位与劳动者之间的下列劳动争议，适用该法：

（1）因确认劳动关系发生的争议；

（2）因订立、履行、变更、解除和终止劳动合同发生的争议；

（3）因除名、辞退和辞职、离职发生的争议；

（4）因工作时间、休息休假、社会保险、福利、培训以及劳动保护发生的争议；

（5）因劳动报酬、工伤医疗费、经济补偿或者赔偿金等发生的争议；

（6）法律、法规规定的其他劳动争议。

此外，根据《最高人民法院关于审理劳动争议案件适用法律问题的解释（一）》第二条，下列纠纷不属于劳动争议的情形：劳动者请求社会保险经办机构发放社会保险金的纠纷；劳动者与用人单位因住房制度改革产生的公有住房转让纠纷；劳动者对劳动能力鉴定委员会的伤残等级鉴定结论或者对职业病诊断鉴定委员会的职业病诊断鉴定结论的异议纠纷；家庭或者个人与家政服务人员之间的纠纷；个体工匠与帮工、学徒之间的纠纷；农村承包经营户与受雇人之间的纠纷。

2. 劳动仲裁的程序

劳动仲裁的程序分为申请、受理、仲裁准备、开庭和裁决、裁决生效与执行五个主要阶段。

（1）申请。申请劳动仲裁一般应当提交书面的劳动仲裁申请书，如果劳动者确实有困难不能书面申请的，可以口头申请，由劳动仲裁委员会记入笔录并告知对方当事人或用人单位。

（2）受理。劳动仲裁委员会收到仲裁申请之日起五日内，应查明当事人的申请是否符合法定条件，符合受理条件的，应当受理，并通知申请人；认为不符合受理条件的，应当书面通知申请人不予受理，并说明理由。

（3）仲裁准备。根据《劳动争议调解仲裁法》第三十条规定，劳动仲裁委员会受理仲裁申请后，应当在五日内将仲裁申请书副本送达被申请人。被申请人收到仲裁申请书副本后，应当在十日内向劳动仲裁委员会提交答辩书。劳动仲裁委员会收到答辩书后，应当在五日内将答辩书副本送达申请人。被申请人未提交答辩书的，不影响仲裁程序的进行。

（4）开庭和裁决。仲裁委员会、仲裁庭在当事人及其他仲裁参与人的参加下，依照法定程序对案件进行实体审理。如果调解不成或者调解书送达前，一方当事人反悔的，仲裁庭应及时做出裁决。

（5）裁决生效与执行。下列劳动争议，除《劳动争议调解仲裁法》另有规定的外，仲裁裁决为终局裁决，裁决书自作出之日起发生法律效力：追索劳动报酬、工伤医疗费、经济补偿或者赔偿金，不超过当地月最低工资标准十二个月金额的争议；因执行国家的劳动标准在工作时间、休息休假、社会保险等方面发生的争议。但以下两种情况除外：劳动者对以上仲裁裁决不服，自收到仲裁裁决书之日起十五日内向人民法院提起诉讼的；用人单位依法申请撤销裁决，仲裁裁决被人民法院裁定撤销的。

四、劳动争议诉讼

当事人对劳动仲裁裁决不服的，可以在法定时间内向人民法院提起诉讼。诉讼是保护劳动者合法权益的最后一道屏障，体现了司法最终救济原则。由于中国没有设立专门的劳动法院、劳动法庭，也没有劳动争议诉讼程序法，因而，目前劳动争议诉讼适用《中华人民共和国民事诉讼法》规定的程序，实行两审终审制，并由各级人民法院的民事审判庭受理，程序上包括劳动争议案件的起诉、受理、调查取证、审判和执行等一系列诉讼程序。

1. 劳动争议诉讼的程序

劳动争议诉讼程序包括一审程序、二审程序和审判监督程序。与二审、审判监督等程序相比，一审具有程序完整和适用广泛的特点，在劳动争议诉讼中的地位最为重要。一审程序包括起诉和受理、庭审前准备、开庭审理和判决四个阶段，其中庭审前准备、开庭审理与劳动争议仲裁程序相同，这里不再赘述。

（1）起诉和受理。

劳动争议诉讼实行“不告不理”原则，因此，起诉和受理是劳动争议诉讼的启动程序。劳动争议诉讼阶段的立案材料与劳动仲裁阶段提供的材料相似，均须提交书面的起诉状、相关证据材料以及原被告身份信息材料，并将劳动仲裁裁决原件及复印件一并提交。

（2）判决。

人民法院在对劳动争议案件进行审理后，根据案件的不同情况，作出劳动争议裁定书、劳动争议调解书和劳动争议判决书。其中，劳动争议裁定书是人民法院在审理和执行过程中，就程序问题或部分实体问题所制作的文书。劳动争议调解书是在人民法院的主持下，对争议双方说服教育，当事人双方协商一致达成的协议。该调解书与劳动争议判决书、劳动争议裁定书具有同等的效力，经双方当事人签收后便具有法律强制力，一方拒绝履行的，对方当事人可以向人民法院申请强制执行。如果未调解成或者调解书送达前一方当事人反悔的，人民法院应当及时作出判决。

2. 劳动争议诉讼的举证责任

劳动争议诉讼过程中，举证责任的分配基本上参照民事诉讼举证规则，即实行“谁主张，谁举证”原则，但基于劳动争议双方当事人在举证能力上的差异，法律考虑到用人单位在证据的收集和掌握方面具有优势，对举证责任作出了特殊规定，在一定条件下将举证责任转移给用人单位，实行“举证责任倒置”。根据《最高人民法院关于审理劳动争议案件适用法律问题的解释（一）》第四十四条的规定，因用人单位作出的开除、除名、辞退、解除劳动合同、减少劳动报酬、计算劳动者工作年限等决定而发生的劳动争议，用人单位负举证责任。这就意味着，在这些劳动争议案件中，用人单位应当承担举证责任，如果用人单位提不出足够的证据证明其决定的合法性，则无须劳动者举证证明，用人单位就承担败诉的法律后果。根据《最高人民法院关于审理劳动争议案件适用法律问题的解释（一）》第四十二条的规定，劳动者主张加班费的，应当就加班事实的存在承担举证责任，但劳动者有证据证明用人单位掌握加班事实存在的证据，用人单位不提供的，由用人单位承担不利后果。

课堂实训

事件树

一、要求

5～7人成立学习小组，以学习小组为单位，选择一项专业实践活动，进行事件树编制。

二、步骤

1. 学习了解事件树分析法的基本知识。
2. 选择一项专业实践活动，进行集体讨论或进行实地考察。
3. 确定初始事件。
4. 判断安全功能。
5. 绘制事件树。

6. 简化事件树。

7. 以小组为单位在课堂上分组展示或分享劳动实践成果（图文、视频、表演等形式），交流劳动心得。

8. 每位同学反思劳动经历和收获，总结劳动心得，并将项目成果上交给劳动教育指导老师。

三、考核标准

参考表 9-2，建议评分标准为：个人自评 30%+组内互评 30%+指导教师评分 40%。

表 9-2　评分表

小组名称	考核内容					总分
	初始事件选择（20 分）	安全功能判断（20 分）	事故连锁查找（20 分）	预防途径选择（20 分）	事件树文案（20 分）	
1						
2						
3						
…						

学思之窗

劳动者权益保护

2020 年 5 月 28 日，十三届全国人民代表大会第三次会议通过了《中华人民共和国民法典》（以下简称《民法典》），自 2021 年 1 月 1 日起施行。从劳动者权益保护的角度看，《民法典》为保护劳动者权益补充了包括人格权等在内的新内容。

第一，民事主体享有人格权。《民法典》第九百九十条规定“除前款规定的人格权外，自然人还享有基于人身自由、人格尊严产生的其他人格权益”。这是对《中华人民共和国宪法》规定的“加强劳动保护”和“改善劳动条件”精神的贯彻，也是对《中华人民共和国劳动法》规定的劳动者劳动权利的细化。因此，该条款实施后，人格权将得到更全面、更到位的保护。

第二，扩大了用人单位的主体范围。《中华人民共和国劳动合同法》规定中华人民共和国境内的企业、个体经济组织、民办非企业单位等组织作为用人单位，《中华人民共和国劳动合同法实施条例》进一步明确会计师事务所、律师事务所等合伙组织和基金会属于劳动合同法规定的用人单位。而《民法典》中列明以下民事主体今后均可以作为劳动法上的用人单位，应当对其招用的劳动者承担相应的法律责任：有限责任公司、股份有限公司和其他企业法人等营利法人，事业单位、社会团体、基金会、社会服务机构等非营利法人，机关、农村集体经济组织、城镇农村的合作经济组织、基层群众性自治组织等特别法人，以及个人独资企业、合伙企业、不具有法人资格的专业服务机构等非法人组织。

第三，误解协议撤销及合伙人报酬更明确。《民法典》第一百五十二条规定“重大误解的当事人自知道或者应当知道撤销事由之日起九十日内没有行使撤销权，撤销权消灭”。根据条文规定，如果个人在职期间或离职时与单位签订了协议书，对内容存在重大误解的一定要在知悉该情形后90日内行使撤销权，否则过期将无法维权。另外，针对合伙人提供劳动有无报酬的问题，《民法典》第九百七十一条规定“合伙人不得因执行合伙事务而请求支付报酬，但是合伙合同另有约定的除外”。也就是说，劳动者作为合伙人为合伙组织提供劳动，执行合伙事务，要特别注意在合伙合同中约定清楚是否支付报酬，否则事后不能依照《中华人民共和国劳动法》的相关规定主张劳动报酬、缴纳社会保险等权益。

第四，用人单位有义务预防和制止性骚扰。《民法典》同时涉及了职场的性骚扰问题，第一千零一十条规定“违背他人意愿，以言语、文字、图像、肢体行为等方式对他人实施性骚扰的，受害人有权依法请求行为人承担民事责任。机关、企业、学校等单位应当采取合理的预防、受理投诉、调查处置等措施，防止和制止利用职权、从属关系等实施性骚扰”。然而，对于制止性骚扰行为，用人单位应该负什么责任、应建立怎样的防性骚扰机制，目前法律草案尚未明确，需要进一步细化法规或司法解释。

第五，劳动者履职造成的损害由单位先担责。《民法典》明确了劳动者因履职造成的损害的责任承担程序，第一千一百九十一条规定“用人单位的工作人员因执行工作任务造成他人损害的，由用人单位承担侵权责任。用人单位承担侵权责任后，可以向有故意或者重大过失的工作人员追偿。劳务派遣期间，被派遣的工作人员因执行工作任务造成他人损害的，由接受劳务派遣的用工单位承担侵权责任；劳务派遣单位有过错的，承担相应的责任”。现行规定下劳动者履职给单位造成经济损失的，只有双方劳动合同有特别约定时，单位才可以按照约定追偿，没有约定则缺乏维权依据。而《民法典》实施后，劳动者履职中因重大过失给单位造成损失的，单位在对外承担赔偿责任后可以直接依法向劳动者追偿。也就是说，对劳动者来说，工作中需要更加谨慎、用心，严格按照操作规程履职，否则赔偿风险增加。

探究与分享

汤某刚刚到一家科技公司上班，当初公司正式录用汤某时，与她签订了为期两年的劳动合同，并在合同中规定，试用期为两个月。可是，从上班的第一周开始，公司就找各种理由要求汤某等员工加班，而且劳动强度非常大。为此，汤某上班半个月后，就提出了辞职。谁料，汤某的辞职请求却被公司拒绝了。汤某现在很迷茫，不知道公司这种强迫自己继续工作的行为是不是可以作为她解除劳动关系的理由，如果劳动关系解除了，自己需不需要承担相应的法律责任。

想一想，汤某现在可以与用人单位解除劳动关系吗？请结合《中华人民共和国劳动法》说出你的理由。

参考文献

[1] 张文胜，彭勇军，柴全喜．劳动创造美好生活：新时代劳动教育教程（含微课）[M]．镇江：江苏大学出版社，2020.

[2] 孟一凡，孙秀娟，展海燕．工匠精神 [M]．北京：航空工业出版社，2018.

[3] 洪应党，朱浩，向米玲．新时代劳动教育教程：中职版 [M]．北京：航空工业出版社，2020.

[4] 张瀚文，韦国．家政服务员上岗手册 [M]．北京：化学工业出版社，2020.

[5] 何卫华，林峰．大学生劳动教育理论与实践教程 [M]．厦门：厦门大学出版社，2019.

[6] 檀传宝．劳动创造美好生活 [M]．北京：中国劳动社会保障出版社，2019.

[7] 陈秋明．大学生志愿服务理论与实践 [M]．北京：商务印书馆，2018.

[8] 张保文．工匠精神 [M]．北京：石油工业出版社，2018.